前　言

当今世界形势正在发生深刻复杂变化，地缘政治冲突加剧，地区焦点、难点问题不时出现；世界一些主要国家和地区出现逆全球化潮流，贸易和投资保护主义抬头，全球化处于徘徊阶段，面临更多的不确定性。尽管新一轮产业革命和技术革命正在兴起，但全球仍缺乏持续强劲的有效需求。2015 年底我在时事出版社出版的《全球要事报告》中，曾指出"技术革命和全球化使全球经济成为一体，有别于过去任何一个时代。2008 年国际金融危机应当是告别旧时代，走向新的时代的转折点。在此背景下，全球发展战略亟须重大调整，以适应新的变化。传统的各国奉行的以邻为壑的发展战略和宏观调控需要重新审慎，放在全球背景下来考量，并在做好预判，有能力管好预期的情况下，出台各项战略"。

2008 年国际金融危机已经过去了九年多，但全球经济仍然面临很大不确定性和复杂性。科技在进步，生产率在提高，以大数据、人工智能、智能制造、移动互联网、云计算为特征的新产业新业态新模式不断出现，新一轮产业革命正在形成，为什么经济危机的影子常年萦绕在全球上空？短期来看，还是供需出现了不匹配，既有数量的不匹配，供大于需，也有结构的不匹配，包括产业结构、需求结构和分配结构。一方面，科技的进步，特别是美国页岩气革命，互联网、智能制造迅速发展大大提高了生产效率，表现在供给端产能过剩；而另一方面，由于政策不恰当、收入结构不合理带来的需求不足。中长期来看，是当前所处的时代特征与政策制定者的惯性思维出现了错配。正如 2015 年 10 月，美国前财长、哈佛大学教授劳伦斯·萨默斯在英国《金融时报》发表的长文中提出，全球经济战略亟须重大改变。全球经济战略是在发生变化，但远远还达不到重大转变的程度。在一个已经全球化了的世界，各国发展休戚与共，利益相关。一国或地区出现问题，其他国家或地区也无法独善其身。同样，一国或地区繁荣发展，也会给其他国家或地区带来正向溢出。但是，各国的经济发展战略和宏观调控政策确局限于一隅，"只扫自家门前雪，哪管他人瓦上霜"。美国特朗普政府一系列的"退出政策"加剧了这一趋势。

英国脱欧、美国奉行的美国优先政策，都预示着全球化需要改革。全球化不会退步，而是在改革。当前全球化最大的问题是不平衡。也就是说在全球化的贸易和投资加深过程中，有的国家感觉利益得到的不如预想的多，有的群体比另外的群体得到的多。实际上，最根本的问题，也是最具体的症结在于跨国公司。目前跨国公司的经营模式和盈利模式导致了国家之间、不同群体之间的分化。也就是跨国公司背后的财团攫取了全球化最大的利益。特朗普之所以提出要对总规模达逾 2.6 万亿美元的美国公司离岸收入征收 10% 税率，背后真正的原因就在于此。因此，未来全球化会进步，进步的方式是如何创造更好的有利于平衡的跨国公司经营模式和盈利模式。

中国在过去融入全球化过程中获得了一定的收益，但是仍然要看到，从价值链的角度，中国的大部分企业还处于低端。未来，要向更高水平迈进，首先就是要提高产品的附加值。而提高产品附加值，来自三个要素：人才、技术和品牌。要促进这三个要素的发展，就需要按照党的十九大报告中所提出的，主动参与和推动经济全球化进程，发展更高层次的开放型经济。

党的十九大开启了中国更高层次开放型经济新征程。习近平总书记做十九大报告时指出，"中国坚持对外开放的基本国策，坚持打开国门搞建设"，"主动参与和推动经济全球化进程，发展更高层次的开放型经济"，并明确提出了参与全球经济的新要求，"创新对外投资方式，促进国际产能合作，形成面向全球的贸易、投融资、生产、服务网络，加快培育国际经济合作和竞争新优势"。在参与全球治理中，"中国秉持共商共建共享的全球治理观，倡导国际关系民主化，坚持国家不分大小、强弱、贫富一律平等，支持联合国发挥积极作用，支持扩大发展中国家在国际事务中的代表性和发言权”。通过对十九大报告的深入学习，特别是对“开放”领域的认真研读，结合作者近年来对“开放型经济”领域的一些研究和思考，形成了本书的总体框架、篇章布局和相关论点。

很多人对本书的完成做出了贡献。例如北京外国语大学的谢林为中欧全球治理合作、中欧能源与气候合作等部分提供了资料支持工作，中国人民大学的杜靖文为国际产能合作、负面清单、全球制造业等部分提供了资料支持工作，中国社会科学院史晨为人民币国际化、负面清单、全球制造业等部分提供了资料支持工作。中国人民大学吴双双为全书做了出色的整理和编辑工作。

张焕波

2017 年 10 月

目　录

第四篇　加快培育国际经济合作和
竞争新优势

第一篇

坚持"引进来"和"走出去"并重

中国重点企业"走出去"遇到的问题与战略对策研究

"走出去"战略是党中央根据我国现代化进程不断加快和全球经济一体化程度不断加深提出的重大发展战略。"走出去"不仅仅是经济行为,更是增强综合国力、提升我国国际政治地位的重要手段。"走出去"战略分为两个层次:第一层次是商品输出,主要涉及货物、服务、技术贸易及劳务承包等,表现为出口贸易与对外经济合作;第二层次是资本输出,主要涉及对外直接投资,表现为企业开展对外直接投资,开展跨国经营,不断增强企业和国家竞争力。国际金融危机后,我国对外直接投资进入快速发展的新阶段,一批重点企业积极"走出去",但是在这个过程中,遇到不少阻力和问题。针对这种情况,本研究从战略角度,针对我国企业"走出去"遇到的问题进行总结,提出相应对策,促进我国对外直接投资的健康发展。

一 中国企业"走出去"遇到的问题

近年来,国家各部门为企业"走出去"做了大量工作,颁布实施一系列对外投资的政策和指导性文件,多次举办各种对外经贸洽谈活动,为企业创造良好的投资环境,对实现我国企业"走出去"战略提供强有力的支撑。总的来说,这些措施取得很大进步,为我国企业顺利"走出去"逐渐铺平道路。但是我国企业"走出去"还面临一些共性的战略问题,从根本上认识现存的战略问题,是采取应对策略的关键。

（一）管理体制方面

首先，我国对外投资项目审批制度涉及部门较多，导致审批环节过多、限制过严和效率较低。对外投资项目审批往往需要经过驻外使领馆、地方部门、国家发改委、商务部、国家外汇管理局等部门的审批，审批内容包括项目建议书、可行性研究报告、中方投资企业情况及投资资金来源等。由于职能交叉、环节多、速度慢，审批一个项目要经过市、省、国家三级，通常一个对外投资项目审批需要一两年，甚至更长时间，容易错失投资机遇。此外，还可能造成一些企业避开正常审批程序，逃避监管，造成国有资产及外汇的损失。其次，在企业"走出去"过程中，管理部门之间的协调存在问题，对企业"走出去"的服务无法及时跟上。目前，商务部有权发放对外投资许可权，是对外投资的一个窗口管理单位，提供管理服务和驻外经商机构的管理。国家发改委则拥有对外投资矿产和大额项目的许可权，在管理方面和商务部有一些职能交叉，二者的职能还需进一步厘清。总之，目前国内还尚未建立一整套适合企业"走出去"的工作机制，在促进对外直接投资战略的管理机制方面还不能完全满足企业"走出去"的新需要。这需要进一步统筹规划对外投资整体战略，各部门既要做到各司其职，又要协调统一，建立透明、高效的对外直接投资管理工作机制。

（二）竞争方面

总体上，我国企业在境外基本都是各自为战、单打独斗，企业间在"走出去"过程中缺乏协调与联合，极大地降低了企业生存能力与风险抵抗能力。恶性竞争带来的直接后果便是履约质量不高，一些海外工程出现质量纠纷和劳资纠纷，不仅损害中国企业在海外市场的形象，更是对中国企业"走出去"自设障碍。中国海外工程有限公司通过"廉价竞标"获得波兰 A2 高速公路华沙至柏林路段工程，这是中国企业首次在欧盟境内中标大型基础设施建设项目。但中方公司的报价仅是预计标价的一半，这一举动开始就引发争议，被外国同行认为是不惜血本、不顾后果的行为，而工程开工后中方公司无力按时支付波兰分包商货款造成工程延期。这不仅在当地引发资金纠纷，更使中方公司在欧洲工程市场信誉扫地[①]，并受到巨额罚款和禁止在该国参与公开投标等处罚。在国外投资涉及国家之间的经济利益关系，我国内部企业如果自相残杀、恶性竞争，损害的是国家自身的竞争优势。所以，在国际市场上，中国企业应该加强对话合作，共同维护自身利益的最大化。

（三）社会文化方面

我国企业在海外的经营发展往往忽视企业海外文化建设、当地的经营理念和风土人情，导致本应为优秀的项目，到我国企业手中就变成中庸的项目。这种社会文化差异不单指企业文化，还包括民族文化以及东道国企业的管理风格、行为差异、思维差异等。不同国家的文化不同，思维方式不同，如果不能很好地认识，会出现管理和沟通上的障碍。比如，一些企业对外直接投资过程中，由于缺乏跨国经营经验，对当地的法规、风俗和文化了解不深，在国外经营过程中容易与当地社区发生冲突，给企业带来风险。对外投资还应追求在当地的社会责任，而我国企业往往在这方面做得还不够。企业社会责任指的是企业追求有利于社会长远目标的一种义务，这种义务超越了法律和经济的要求。在"走出去"初期，中国企业很少自觉从"合作双赢"的角度认识对外投资，盲目追求控股，甚至投资之初就有搬资源、搬工厂、搬技术的简单想法。我国企业在对外直接投资过程中面临企业社会责任缺失风险时，由于经验不足等原因，处理不及时、不到位，加之国外舆论刻意夸大中方企业不道德行为，使企业在投资经营中承受巨大压力。中方企业在进行海外投资与收购时经常保持异常高调的姿态，大张旗鼓，容易引起当地的反感，不利于海外投资的顺利进行。"到美国这样一个比较高傲的大

---

① 《资金纠纷致高速公路停工，波兰或与中国公司解约》，法国国际广播中文网，2011年6月3日。

国去投资，要特别低调、慎重，因为美国是一个以民间企业主导的市场经济，如果太高调，和政治联系在一起就有可能失败。"① 例如，日本收购莆田中心的时候，对其的批评铺天盖地，但之后日本非常低调，收购哥伦比亚影视城的时候，屏幕上的标志一直没变，直到五年以后才出现一行小字：索尼娱乐公司子公司。所以，中国企业在国外收购企业或开采资源产品时，应尽可能采取更加柔性的姿态和方式，与当地政府和民众形成和谐相处的氛围。

（四）政治风险方面

由于我国大部分对外直接投资存量集中于亚洲、拉丁美洲和非洲等诸多不发达和发展中国家，所面临的政治局势动荡风险突出。企业进行海外投资、开展国际贸易、承包工程和劳务合作等，都要面对国际经济活动中客观存在的各种风险。其中，国际政治局势动荡风险是给"走出去"企业带来巨大损失的最主要风险，且在企业层面上难以进行预测和规避。政治风险的表现形式主要包括战争和内乱风险、国家主权风险、征收风险、政策变动风险、法律制度风险等。"走出去"过程中遇到的生命和财产安全问题也比比皆是。国际政治局势动荡风险给中国企业"走出去"带来不可估量的影响和严峻的挑战，迫切需要在国家层面予以关注。很多发展中国家拥有广阔的市场需求，在这些国家进行投资可能会获得很高的收益，但同时这些国家也是政治局势最不稳定的，企业投资面临很大的风险。如何在尽量减少风险的情况下获取较高的收益，保证投资的质量和效益，是我国企业"走出去"所面临的重大风险战略问题。

（五）金融方面

我国外汇管理和银行信贷限制过严导致海外投融资困难，投资规模偏小达不到企业投资的初始目的，难以形成规模经济。我国对于资本项

---

① 张凤波：《海外投资须注意当地民族感情和文化》，腾讯财经，2011 年 8 月 25 日。

目、外汇管理从严控制，限制了许多有好项目但缺乏外汇资金的企业对外投资。在银行信贷方面，国内商业银行由于缺乏相关经验，出于风险考虑，在对外贷款方面控制非常严格，使有意"走出去"的企业很难通过向国内银行贷款来充实海外投资资金，客观上导致企业拿不到好项目，或在拿到好项目后无法按照最合适的经济规模予以经营和发展。我国对境外企业（特别是民营企业）的政策性金融支持范围小、规模不大、优惠程度不高。国家为促进对外直接投资而制定的各种金融优惠政策主要面向国有大型企业集团，而民营企业能享受到的优惠却是微乎其微。当前我国民营企业海外投资正快速发展，但是规模普遍较小，国际知名度有待提高，加上文化差异和较高的融资成本，很难得到投资国银行的信任和融资。而国内尽管已经允许和鼓励银行业对民营企业开放，但实际操作并不理想，国内商业银行对民营企业的海外项目进行贷款并不十分顺畅。企业海外投资所需的金融服务应涵盖信息获取、商业咨询、投融资、国际结算等诸多方面，而我国银行业目前的发展较难满足企业的综合性金融需求。例如，某中国企业获得南美某较优质矿产项目，投资只有 15 亿美元，到当地才发现，由于自然条件限制，仅配套电力和铁路投资就超过 50 亿美元，所运抵的机械设备只能长期搁置。如果能够得到银行等金融机构相关的咨询信息服务就很可能不会造成这样无谓的损失。

（六）人才方面

开放型经济的人才需求能否得到满足已经成为我国企业顺利"走出去"进而实现盈利目标的制约瓶颈。"十二五"时期，国家提出中央企业改革发展的核心目标是"做强做优、培育具有国际竞争力的世界一流企业"。然而，我国目前缺乏具有专业知识的境外投资和国际工程项目人才，而人才不到位势必会影响我国企业"走出去"的发展步伐和前景。不同于一般人才，境外投资人才要求通晓汇率、法律包括当地法律、国际经贸、管理等知识，还要精通外语、具备迅速融入当地文化的能力和市场拓展能力。国际工程项目人才要求精通语言、法律、金融等方面的知识，特别是国际工程承包项目，其通常资金需求量较大，需要在当地融资，国际金融、法律知识和运用能力将是项目成功的重要因素。例如，意大利某企业在承接非洲一公路建设项目时，仅派出七名中高级管理人员就实现了项目盈利，这是我们的目标。尽管国内企业人事制度改革已经进行多年，但是和国外成熟企业相比，国内企业在人才引进、员工激励和人才培养模式等方面仍有一定差距，严重影响国内企业在人才争夺上的竞争力，导致大量优秀人才外流，进而影响"走出去"战略的成效。人才战略从客观上要求教育应该适应"走出去"的发展，全面培养适应"走出去"需求的重点人才。一方面，目前在国外大量的留学生是一个重要的资源；另一方面，可选择在重点高校设置为"走出去"做好人才准备的专业或课程，开设对外投资、评估、咨询、并购等方面的专业教育，方便企业在"走出去"的时候及时招到需要的人才。

二 科学制定重点企业"走出去"的战略定位、目标与原则

科学制定我国重点企业"走出去"的战略定位、目标与原则，是促进这一战略顺利实施和发展的基础。

（一）中国重点企业"走出去"的战略定位

"走出去"战略的提出有利于在更广阔的空间里促进经济结构调整和资源配置优化，不断增强我国经济发展的动力和后劲，促进经济社会的长期可持续发展。在开放型经济条件下，"走出去"战略是我国国家发展战略的重要组成部分，是国家发展战略在全球空间的延伸和体现。通过"走出去"战略，在全球范围内有效配置自然、资本、市场、技术、人才等资源，最终实现全球和谐发展。

在国内定位方面，"走出去"战略是促进我国开放型经济发展，进一步提高改革开放程度，加快转变经济发展方式的重要举措。通过将

"走出去"战略与西部大开发战略、中部崛起战略、可持续发展战略等国家发展战略统筹规划,进一步调整国民经济结构、理顺经济关系,达到促进经济社会和谐、可持续发展的最终目标。

在国际定位方面,"走出去"战略是我国对外开放程度不断加深的体现,是进一步扩大开放型经济的内在要求。通过"走出去"战略,可以为我国现代化建设充分利用广阔的国际市场和各种资源。"走出去"战略表达了我国进一步融入世界经济体系的强烈要求,有助于实现国际社会包容、共享、互利、共赢的局面,促进全球经济社会和谐发展。

(二) 中国重点企业"走出去"的战略目标

进一步提高对外开放水平,积极合理获取国外资源和技术,转移过剩加工贸易,进行劳务输出,促进咨询业和教育事业"走出去"。积极参与全球经济治理和区域合作,以"走出去"战略促进发展、改革和创新,创造国际经济领域合作的竞争新优势。

1. 近期目标(2020 年,第一个百年目标实现,全面建成小康社会)

有研究机构[①]预测,中国在全世界范围内的对外直接投资将在 2020 年增至 1 万亿~2 万亿美元,并说明这一数字还不包括中国所购买的政府债券或在股市和债券方面的被动投资。按照本文的估计,如果按照与"十二五"期间相同的增长率,到 2020 年,我国对外直接投资流量将达到 3300 亿美元,存量将超过 2 万亿美元,达到 2.12 万亿美元。即使增长率降低到 10%,那么,到 2020 年对外直接投资的流量和存量将分别达到 2400 亿美元和 1.9 万亿美元左右。

---

① 亚洲协会、伍德罗·威尔逊国际学者中心,http://finance.huanqiu.com/roll/2011 - 05/1701216. html。

2. 长期目标（2035 年，第二个百年目标第一阶段完成，基本实现社会主义现代化）

如果 2020 年对外直接投资流量和存量分别达到 3300 亿美元和 2.12 万亿美元，再按照 10% 的年均增长率，那么，到 2035 年对外直接投资流量和存量将分别能达到 10000 亿美元和 10 万亿美元左右。

（三）中国重点企业"走出去"应坚持的战略原则

推动"走出去"战略发展应坚持以下四个原则①。一是互利共赢、共同发展，尊重东道国（地）发展意愿，促进当地社会经济发展。二是政府引导、企业为主、市场运作，发挥企业自主决策和市场资源配置作用，加强政府在宏观规划和政策引导等方面的职能。三是多措并举、相互促进，发挥外交工作的服务保障作用，确保中方企业和人员合法权益。四是促进发展和风险防范兼顾，提高对外投资合作质量和效益。

三 支持中国重点企业"走出去"的组织体系建设

（一）政府的作用

政府层面应积极组织各部门协同合作，统筹研究、制定境外投资的总体战略、发展规划和政策措施。加快建立"走出去"战略政策落实和重大项目的快速运作协调机制。可在中央层面成立委员会或领导小组，统筹协调外汇储备运用和企业"走出去"战略。同时，针对全球不同区域，成立专门的综合性、"一站式"经贸管理协调机构。

放松境外投资管制，大幅度下放境外投资审批权限，进一步放宽重

---

① 商务部：《商务部确定"十二五"时期对外投资合作发展主要任务和重点工作》，2012 年 5 月 23 日。

点企业境外投资的限额，以此突出企业的市场主体地位，发挥企业自主决策和市场配置资源的作用。比如像国有重点企业，可以对其在境外投资开办企业审批放松管制，适度授权，对于额度内的投资项目，可实行备案制，不再事先核准。

对企业"走出去"提供"一站式"审批服务，简化审批流程，提高审批效率。可以通过简化资本金汇出的审批手续，将部分审批程序合并，同时加强商务部与国家外汇管理局的协调，缩短审批周期。如1992年印度实行境外直接投资自由化，放宽审批条件，许多对外直接投资项目均可在30天内自动获准。

鼓励外交、商务等部门在各方面给重点企业、银行提供国外投资信息。尤其是驻所在国的大使馆、领事处、商务处等部门，应发挥优势，及时充分汇集当地投资信息和其他各种信息。对于驻我国的外国使领馆、经济办事处，应积极与其合作、对话，明确当地投资环境和投资条件。通过这两方面逐渐形成我国对外直接投资国家的信息库，对安全风险及时预警并发布信息通报，以便企业参考。

强化企业对外投资合作中的金融风险管理意识，引导建立海外投资风险基金。倡导保险、银行等金融机构开展境外投资保险业务，引导企业加强金融风险管理，尽量减少汇率、利率变动造成的损失。通过建立专门的海外投资风险管理基金，加强对企业境外投资金融风险的防范，避免损失扩大及扩散。

建立对外投资安全权益保护体系。建立对外投资合作的经济利益协调和权益保障机制，加强安全信息收集评估。对于工程项目，要加强安全生产和工程质量监管，加强境外中资机构和人员安全管理，指导企业做好安全风险应对工作。

完善境外国有资产监管和责任追究制度，实现境外资产保值增值。不少国有企业境外投资产生很大损失，不仅造成国有资产流失，还对企业声誉造成不良影响，给企业经营造成舆论压力，不利于企业进一步开展对外直接投资。建立健全国有资产损失责任追究制度，避免不负责任的盲目投资，保证境外国有资产的保值增值。

增加国际投资领域的教育资源投入，建立海外投资人才储备库制度。目前，众多企业进行海外投资的瓶颈之一就是专业人才缺乏。应制定对外投资领域人才的发展规划，不断加大对大学、各级教育机构国际投资领域的教育投入。建立海外投资人才储备库制度，为企业选择对外投资人才提供平台。

（二）企业的作用

企业自身要推动对外投资合作的信用和自律体系建设。"走出去"的企业要增强合作意识，避免互相残杀和无序竞争，做到守法经营，履行法律责任、社会责任和道义责任，加强企业文化建设，加快属地化经营步伐。

重点企业应进一步加强跨国经营能力，增强投资风险防控能力。一些大中型"走出去"重点企业，应该采取现代化的管理和经营模式，不断培养自身跨国经营能力。在对外投资中不断加强风险识别、防范和事后处理能力，提高投资合作质量和经济效益。

保持低调、柔和的合作姿态，积极承担对投资国当地的社会责任。我国企业"走出去"（特别是进行控股、收购时）尤其要注意保持低调、柔和的合作方式，遇到舆论炒作时应尽量陈述给当地发展带来的好处。在完成投资的过程中，还要特别注意履行对当地的社会责任，如纳税、捐款，支持当地文化建设，广泛开展与当地居民的各种交流活动，积极融入当地社会。

（三）中介机构的作用

我国企业"走出去"所面临的战略问题，不是仅凭一两家企业的工作就能解决的，除了依靠国家政策和政府规划外，还要积极学习借鉴国外的经验，充分发挥行业协会、智库研究等中介机构的作用，与政府、企业协同一致，增强国际经济领域中的话语权，维护行业整体利益。

行业协会代表行业内所有企业的利益，可以有效表达行业内企业的整体诉求，在发达国家中发挥着政府不能替代的作用。我国重点行业协会虽然发挥了制定行业规范、实现行业自律等作用，但在经济全球化的新形势下，行业协会的作用显然还没有达到相应的高度，其在"走出去"战略中的功能发挥还有很大潜力。在国际市场上，一两个企业的力量显然是弱小的，如果发挥行业协会的力量给对方施加压力，往往能够有效解决诸如贸易摩擦等问题。所以，我国的行业协会应积极探索"走出去"新方式，弥补政府、企业作用的薄弱之处，积极掌握国际经济领域中的话语权，为企业顺利"走出去"铺平道路。

规范行业内部秩序，引导企业良性竞争，互利共赢。国内企业在国际市场上的无序竞争在很大程度上是由于行业协会的弱势造成的。可以想象，如果行业协会充分发挥权威作用，严格规范准入标准、行业内部秩序，就可以促进企业相互支持，相互联合。如发现有低价竞争嫌疑或者某种短期行为，应及时坚决制止，定期进行调查。

整合行业信息资源，建立信息交流共享平台。鉴于"走出去"企业经常面临海外市场信息分割和屏蔽问题，行业协会应充分发挥与企业或者国外行业协会交流便利的优势，对部门、组织之间的信息进行整合，填补政府的信息空白。

加强风险研究，建立风险预警机制。行业协会、智库、咨询等相关研究机构应当充分重视对外投资风险研究，针对市场风险、法律风险、文化风险等，建立风险预警机制。将风险信息定期发布，为企业选择项目、合作伙伴及制定国际化经济战略提供决策咨询。

以五大发展理念推动
国际产能合作

随着我国经济发展进入新常态，推进供给侧结构性改革刻不容缓，国际产能合作不仅能促进我国产业结构调整和经济提质增效，而且有利于拓展国际竞争空间、加强与其他国家的沟通合作。要用五大发展理念指导国际产能合作，将我国经济充分融入全球经济浪潮中，为我国经济发展注入新的生机和活力。

一　国际产能合作提出的背景

国际产能合作是我国在经济发展新常态背景下的战略选择，契合世界发展需求，符合经济发展客观规律，是全球经济转型升级历史浪潮下的新思路、新契机。

一是国外具有市场需求基础。国际产能合作可以将我国自身的发展战略与"一带一路"沿线国家的发展战略相对接，实现互利共赢，促进产业链的全球化。"一带一路"沿线的很多发展中国家正处在城镇化和工业化发展的初期阶段，生产力比较落后，但市场潜力巨大，日益增长的基础设施建设需求不能得到有效满足，且生产要素的成本比较低。这对我国企业来说是"走出去"的良好机遇，不仅有利于我国企业拓展国际发展空间，加强与国外地区的交流与合作，而且能够帮助更多的发展中国家建立完整的工业体系，为当地创造良好的经济效益和社会效益，从而有力地促进较落后地区的经济发展和社会变革。另外，随着全球经济复苏，发达国家也面临基础设施升级的问题，我国与发达国家进行国际产能合作也能有效弥补当地的基础设施缺口。

二是我国有能力进行国际产能合作。随着我国进入工业化中期，装备制造业发展迅速，目前我国装备制造业大约是世界装备制造业总量的1/3，钢铁、电力、铁路、机械、电子、有色金属、建材、轻工纺织等产业具有国际竞争优势，特别体现在性价比的高竞争力。在装备制造能力、运营管理能力、建设能力等逐渐提高的背景下，我国有能力进一步提高对外开放水平，促进与国际的合作与沟通。

三是国际产能合作是我国经济新常态下的需求。虽然我国装备制造业处于世界先进水平，但我国产能利用率低，通过扩大国内投资和刺激国内需求的途径来解决产能过剩问题的余地有限。为了适应、引领新常态，需要逐渐发展以优质产业输出为主的对外直接投资，使我国企业提升国际竞争力，在全球资源配置中扮演资本供给者的新角色。

二 国际产能合作形势总体判断

随着我国工业化水平的提高、发展中国家工业化进程加快以及发达国家再工业化，我国经济与世界各国经济的融合更加紧密，资金、技术和设备越来越多地进入国际市场，产业优势进一步显现。2015年我国国际产能合作增幅强劲，对外直接投资继续保持两位数高速增长，超额完成全年10%的增长目标，境外经贸合作区建设、基础设施建设、对外工程承包亮点纷呈，大型项目显著增加，有效促进了我国经济转型升级和对外合作互利共赢。根据商务部数据，2015年，我国对外非金融类直接投资创下1180.2亿美元的历史最高值，同比增长14.7%，实现中国对外直接投资连续13年增长，年均增幅高达33.6%。"十二五"期间，我国对外直接投资规模是"十一五"的2.3倍。2015年末，我国对外直接投资存量首次超过万亿美元大关。

根据商务部数据，2016年我国境内投资者共对全球164个国家和地区的7961家企业进行了非金融类直接投资，累计实现投资11299.2亿元人民币（折合1701.1亿美元，同比增长44.1%）。2016年我国对外承包工程全年完成营业额 10589.2 亿元人民币（折合 1594.2 亿美元，同比增长 3.5%），新签合同额 16207.9 亿元人民币（折合 2440.1 亿美元，同比增长 16.2%）。

2016 年全年，我国企业对"一带一路"沿线国家直接投资 145.3 亿美元；对外承包工程新签合同额 1260.3 亿美元，占同期我国对外承包工程新签合同额的 51.6%；完成营业额 759.7 亿美元，占同期总额的 47.7%。截至 2016 年底，我国企业在"一带一路"沿线国家建立初具规模的合作区 56 家，累计投资 185.5 亿美元。

（一）政策叠加提供保障

随着经济危机逐渐缓解，国际经济格局发生重大变化，世界各国积极寻求各种途径实现经济复苏，面对国外日益旺盛的市场需求，我国企业不仅要作为商品供应者"走出去"，更要以"资本供应者"的身份"走出去"，提高"走出去"的深度和广度。2015 年 5 月 13 日，国务院发布了《关于推进国际产能合作和装备制造合作的指导意见》，从"重要意义""总体要求""主要任务""提高企业'走出去'能力和水平""加强政府引导和推动""加大政策支持力度"等六个方面提出了建设性的指导意见，此后我国政府还出台了一系列相应的合作规划和配套的政策措施，为我国国际产能合作提供了政策支持和保障。另外，我国与其他国家政府间投资合作协议的签订和多双边高层合作机制的建立也体现了我国政府在政策上对国际产能合作的支持。

（二）"一带一路"引领作用突出

2015 年 3 月，我国政府联合发布了《推动共建丝绸之路经济带和 21 世纪海上丝绸之路的愿景与行动》，标志着"一带一路"建设掀开了新的篇章。目前已经有 70 多个国家和国际组织表达了合作意愿，其中合作项目大多是与国际产能合作相关的加工制造类园区，30 多个国家与我国签署了合作协议，20 个国家与我国开展了机制化产能合作。此外，我国发起的亚投行逐步开始运营，人民币海外合作基金也逐渐设立，将为我国在国外进行基础设施建设、对外承包工程建设等提供金融保障，有力促进我国钢铁、有色金属、建材、电力、铁路、机械等优势装备制造业"走出去"。

（三）企业积极转型升级

随着我国劳动力、土地等生产要素的价格上涨，我国企业的生产成本不断增加，"一带一路"沿线发展中国家正处于工业化起步的初期阶段，我国企业"走出去"不仅能充分利用当地丰富的劳动力或资源能源，而且可以拓展我国企业的国际发展空间，促进我国企业的转型升级。在国际产业结构调整的新浪潮下，我国企业正在积极利用全球智力资源，融入全球创新网络，以用户为核心，以市场为导向，坚持商业原则和国际惯例，通过并购国外企业、建立国外研发中心等途径进行高新技术投资，促进我国先进制造业和优势产业的输出，从长期来看有利于提升企业的全球竞争力。

（四）营商环境持续改进

2014年9月，我国商务部发布《境外投资管理办法》，确立了我国境外投资以"备案为主，核准为辅"的管理模式，只针对敏感国家、敏感地区的敏感项目进行境外投资审批，并逐渐加强事中事后监管。我国政府积极搭建对外投资合作平台，与多、双边国家签署互联互通合作协议，推进对外承包项目工程的实施，并加强境外经贸合作区的建设，为我国国际产能合作提供了良好的营商环境。我国还积极探索境外企业风险预警系统，防范和化解我国企业在境外面临的社会风险、政治风险、经济风险等。另外，我国通过优惠信贷、出口保险、项目融资等各种途径，有效缓解了我国企业在境外融资难问题。

三 以五大发展理念指导国际产能合作

我国国际产能合作时间不长，经验不足，面临各种各样的问题和挑战。例如，部分企业的国际竞争力仍有待提高，不论是技术装备还是管理体制仍有待加强；部分保守观点担心我国优势产业输出会对我国经济造成负面影响，难以用正确的态度来认识国际产能合作；部分企业在"走出去"的过程中很容易只关注自身企业的发展，而忽视对方国的切身需要，没有协调好企业发展与当地社会发展之间的关系。2015 年 10 月，中共十八届五中全会提出"创新、协调、绿色、开放、共享"五大发展理念，反映了我们党对经济社会发展规律认识的深化，也体现了世界先进发展理念，符合全球经济发展潮流。国际产能合作必须以五大发展理念为根本指导，才能走得好，走得远，走得稳。

（一）以创新理念推动国际产能合作

源源不断的创新是人类社会发展的不竭动力。国际产能合作创新体现在三个方面的创新。一是技术装备创新。我国企业"走出去"在海外办厂，绝对不是简单地将我国现在的工厂复制过去，更不是把淘汰的落后产能转移过去，而是结合当地的实际情况，运用一流的技术设备在当地生产。二是管理体制创新。我国企业"走出去"的时间还不长，"走出去"的管理体制也还不完善，特别是事中事后监管制度需要跟上。发达国家在国际产能合作中的一些经验可以借鉴，但是在新技术、新产业、新业态和新模式涌现的全球化时代，面临的新特征、新问题，都是历史上任何国家所未遇到的，这需要我们创新管理模式。三是合作模式创新。国际产能合作涉及面广，需要各国政府、国际组织和金融机构的大力支持，建议各方将国际产能合作纳入双边、多边合作机制的框架里共同促进，我国将发挥自己的优势，对参与国际产能合作的中外企业予以融资便利。

（二）以协调理念推动国际产能合作

国际产能合作要注重以下几个方面的协调。一是国内与国外的协调，即协调好国内产能梯度转移与国际产能合作的关系。中国沿海地区相对发达，而中西部地区仍然较为落后。在东部地区的一些产业或者产能既可以"走出去",也可以在国内实现梯度转移。这就要求从全球产业链的角度,不局限于国内或是国外,进行合理产业布局。二是协调好发达国家市场与发展中国家市场的关系。国际产能合作的合作方既有发达国家,也有发展中国家,例如,发达国家在国际产能合作中的经验、技术和机制都相对成熟;发展中国家有丰富的劳动、土地、资源等生产要素,中国企业"走出去"都可以与这些国家的企业进行合作,取长补短,以合资的形式推进国际产能合作。从市场来看,发达国家基础设施需要大规模升级,发展中国家需要基础设施的大量建设和基础工业的发展,国际产能合作要兼顾发达国家市场与发展中国家市场。根据美国商会估计,2013~2030 年,美国的交通运输、能源和废水处理及饮用水(与水相关)的基础设施建设需要 8 万多亿美元投资,每年约 4550 亿美元。三是协调好远亲和近邻的关系,既要在"一带一路"倡议下加快与周边国家和地区的合作与发展,又不能忽视非洲、拉美等较远地区,要齐头并进,在不同时期、不同领域、不同节点做到重点突出。

(三) 以绿色理念推动国际产能合作

绿色发展已经成为国际社会的共识。中国企业参与全球化进程,必须坚持绿色发展的理念。一是所有企业在国外的投资、工程承包、并购等都要符合当地和国际的环保法律,坚持在保护环境的前提下合作与发展。二是中国企业"走出去"不是转移和淘汰落后产能,而是依托先进的技术、中高端的装备和科学的管理体系,如智能电网、钢铁、核电、高铁技术等。三是推进绿色国际产能合作,要从绿色环保产业入手,为全球提供绿色清洁产品。

(四) 以开放理念推动国际产能合作

一是我国国际产能合作是开放式的,不搞封锁,也不拉帮结派,而是愿意与有共同意愿的国家一起推进全球产业的优化进程。2015 年,我国首次提出与发达国家在第三方市场进行产能合作的理念,意在将发达国家的先进技术同中国性价比高的充裕产能相结合，更好地满足广大发展中国家基础设施建设需求，帮助其加快工业化进程。我国先后与法国、欧盟、英国、韩国、日本、美国等国加强了联系。二是我国的产能合作不把政治理念掺杂进来，而是从当地实际情况和需求出发，按照所在国家的发展意愿和发展诉求实现共同发展。三是我国会把自身成功的经验毫无保留地向其他国家传授。我国的优势产能在国际合作中，并非简单地将装备与技术复制，而应该考虑如何结合产业输出国特点、产业特点、产业承接国的特点，最大程度撬动资源，实现合作。例如，我国在非洲建设的许多工业园区已经是非洲工业化的孵化器和催化剂，我国可以帮助非洲走出一条新型工业化道路。四是我国会积极推动国内改革，以更加开放的环境欢迎国外企业到我国投资，在我国进行国际产能合作。

（五）以共享理念推动国际产能合作

我国的国际产能合作将为世界各国经济增长提供正能量。一是要共同开发，发挥各国和地区的比较优势。例如，"一带一路"相关国家（地区）要素禀赋各异，比较优势差异明显，互补性很强。有的国家能源资源富集但开发力度不够，有的国家劳动力充裕但就业岗位不足，有的国家市场空间广阔但产业基础薄弱，有的国家基础设施建设需求旺盛但资金紧缺。这就需要各国通力合作，互利共赢。二是要共享利益。无论是与发达国家的结合，还是与发展中国家的合作，我国都坚持共同商量、共同建设、共享利益，充分考虑产能合作对方国家的需要，考虑对方的核心关切。与其他国家的海外投资一样，我国企业的"走出去"将给当地带来就业岗位，促进当地经济发展，提高当地民众生活水平。可以说，我国企业加快"走出去"，实际上是让我国这一台发动机更好地推动各国发展，走共同富裕、包容发展的道路。根据有关估计，2000～2012 年，我国在美国的 600 项投资为美国本土创造了 2.7 万个新职位，随着我国企业到美国投资步伐的加快，预计到 2020 年我国企业将最多为美国提供 100 万个就业岗位。

负面清单管理模式下中国外商投资监管体系研究

2016 年以来我国经济发展进入新常态，在诸多方面出现新的特征，面临新的机遇和挑战。从利用外资来看，已经进入"平稳增长期""提质增效期""管理升级期"三期叠加的新阶段：吸引外资连续多年实现小幅度平稳增长；外资向形态更高级、分工更优化、结构更合理的阶段演进；进一步深化简政放权为外商提供更优质的投资服务，推行负面清单管理模式，强化事中事后监管，维护市场公平竞争。

为推进新一轮高层次对外开放，适应引领国内经济新常态，我国积极探索外商投资监管新体系。特别是自 2013 年上海自贸区获批以来，在负面清单管理方面做了深入探索。目前，许多地区开始主动复制自贸区负面清单管理模式。2016 年 9 月，全国人大常委会审议通过了《中外合资经营企业法》等 4 部法律修正案，改变了自改革开放以来运行的外商投资"逐案审批"管理模式，是我国外商投资管理体制的重大变革，贯彻了对接国际通行规则、构建开放型经济新体制、进一步扩大开放的要求，将创造更加公平、稳定、透明的外商投资环境，切实提升投资便利化水平。负面清单模式的推行将有利于对内对外开放相互促进、"引进来"与"走出去"更好的结合，有助于提升中国治理变革的国际认同、让市场在资源配置中发挥决定性作用，更好、更精准地发挥政府作用，给企业营造更加宽松、稳定、公平、透明、可预期的营商环境，提升各产业在全球产业链和价值链中的地位。对外商投资实行"准入前国民待遇＋负面清单"管理模式的探索和推广是我国改革开放进程中的又一重大突破，将加速我国全面深化改革进程，为市场经济发展提供更大的空间和活力。

一 负面清单管理模式的理论基础

负面清单又称消极清单，常与准入前国民待遇一起提出，其核心是除明确列出的外商禁止名录以外，其余领域完全对外开放，享有准入前国民待遇，即"法无禁止即可为"。负面清单在贸易投资领域中的应用最早可追溯到 1834 年，加入德意志关税同盟的同盟国采用负面清单模式订立贸易条约。具有管理意义的以列表形式存在的现代负面清单起源于 1994 年生效的北美自由贸易协定（NAFTA）。在 NAFTA 的示范效应下，"负面清单"模式被广泛运用于双边投资协定，我国和美国之间开展的双边投资协定（BIT）谈判也采取此种形式。"准入前国民待遇 + 负面清单"管理模式已经逐渐成为国际投资规则发展的新趋势。据我国商务部统计，全球目前至少有 77 个国家采用这种管理模式。负面清单的内容主要包括两部分，一部分是被允许的"不符措施清单"，该部分内容主要涉及与国民待遇、最惠国待遇、业绩要求等不符的措施；另一部分则为被允许采取不符措施的"行业清单"，通过"行业清单"明确禁止和限制外资企业投资经营的行业、领域、项目等。

负面清单的管理模式在应用中充分表现出以下三个特征。一是体现了"法无禁止即可为"的管理理念。一方面，和正面清单不同，负面清单"法无禁止即可为"的管理理念，最大限度上赋予了市场主体行为自由；另一方面，公开、透明的负面清单管理模式简化了烦琐的审批程序，有利于激发经济活力，让市场更加高效。二是对政府"法无授权不可为"，减少了社会中的寻租现象。负面清单虽然是面向市场主体，但实际上限定的是政府的权力，划定了政府可以进行审批和管理的领域。对政府"法无授权不可为"，有效地限制和规范公权，尤其是规范审批权，降低了社会中寻租现象滋生的可能性。三是对于清单限制措施的逐渐放开、渐次推行，有利于保障产业安全，优化产业结构。

二 中国外商投资监管现状

（一） 中国外资安全审查制度

1. 相关法律法规

外商投资领域的国家安全审查可以追溯到 2002 年的《指导外商投资方向规定》，该规定禁止外商投资"危害国家安全"项目。2006 年我国商务部等六部委公布的《关于外国投资者并购境内企业的规定》和 2007 年颁布的《反垄断法》（2008 年 8 月 1 日起实施）虽然都有专门条款提出，要对涉及国家安全的外资并购进行安全审查，但均未对安全审查的主体、标准、程序等做出具体规定。2011 年，我国相继发布了《国务院办公厅关于建立外国投资者并购境内企业安全审查制度的通知》（以下称《通知》）、《商务部实施外国投资者并购境内企业安全审查制度有关事项的暂行规定》、《商务部实施外国投资者并购境内企业安全审查制度的规定》，对并购安全审查范围、审查内容、审查机制、审查程序等方面做出明确而详细的说明。2015 年 4 月，国务院办公厅印发《自由贸易试验区外商投资国家安全审查试行办法》（以下称《办法》），决定在上海、广东、天津、福建 4 个自由贸易试验区实行"准入前国民待遇 + 负面清单"管理模式，试点实施与负面清单管理模式相适应的外商投资国家安全审查。2015 年 7 月，我国通过了《中华人民共和国国家安全法》，其中第四章第五十九条规定，"国家建立安全审查和监管的制度和机制，对影响或者可能影响国家安全的外商投资、特定物项和关键技术、网络信息技术产品和服务、涉及国家安全事项的建设项目，以及其他重大事项和活动，进行国家安全审查，有效预防和化解国家安全风险"，从而从法制上对国家经济安全审查做出了规定，我国外资并购安全审查法律体系见图 1。

在审查范围上，《通知》明确指出，只有涉及"并购境内军工及军

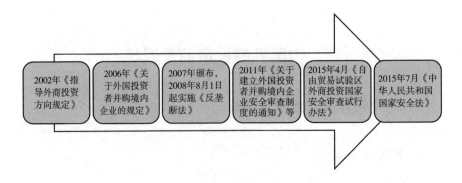

图 1 我国外资并购安全审查法律体系

工配套企业，重点、敏感军事设施周边企业，以及关系国防安全的其他单位；并购境内关系国家安全的重要农产品、重要能源和资源、重要基础设施、重要运输服务、关键技术、重大装备制造等企业，且实际控制权可能被外国投资者取得"，才会面临安全审查。

在审查内容上，《规定》指出，审查内容主要包括并购对国防安全、国家经济稳定运行、社会基本生活秩序、涉及国家安全关键技术研发能力的影响。2015 年 4 月颁布的《办法》将"重要文化、重要信息技术产品和服务"纳入审查范围，并要求审查时要考虑到外商投资对国家文化安全、公共道德以及对国家网络安全的影响。2015 年 7 月，《中华人民共和国国家安全法》将安全审查范围进一步延伸到"影响或者可能影响国家安全的外商投资、特定物项和关键技术、网络信息技术产品和服务、涉及国家安全事项的建设项目，以及其他重大事项和活动"领域。

2. 审查机构

在安全审查机构设立方面，建立了外国投资者并购境内企业安全审查部际联席会议（以下简称"联席会议"）制度，在国务院领导下，由国家发展改革委、商务部牵头，根据外资并购所涉及的行业和领域，会同相关部门开展并购安全审查。涉及多部门的联合监管难免出现信息不对称，监管效率降低等问题，2015 年《办法》的颁布，重点强调了国家发展改革委、商务部与自贸试验区管理机构要通过信息化手段，在监管上形成联动机制，在一定程度上弥补了多头监管导致信息沟通不及时、监管效率不高的不足。安全审查的启动分为主动和被动两种方式，具体审查程序又分为一般性审查和特别审查两阶段，未通过一般性审查的并购交易将进入特别审查阶段，具体流程参见审查流程图（见图2）。

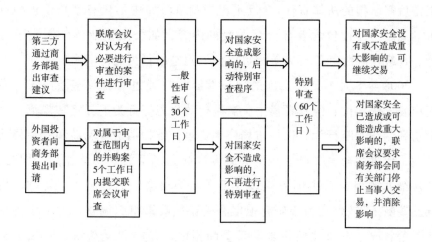

图2　并购安全审查流程

3. 审查实践

从公开资料中没有找到我国并购安全审查的统计数据，仅有一个案例可供参考。2012年8月，商务部虽然最终批准了沃尔玛收购纽海控股有限公司（1号店间接控股公司）股权，但出于对国家安全考虑，对此项并购的实施附加了严格的限制规定，即沃尔玛只能收购1号店的直销业务，而不得通过协议控制架构从事增值电信业务。

（二）事中事后监管——反不正当竞争和反垄断

1. 相关法律法规

《反不正当竞争法》和《反垄断法》是我国竞争法体系的核心，也是事中事后监管所依据的基本法。1993 年 9 月，由全国人民代表大会常务委员会通过的《反不正当竞争法》是为保障社会主义市场经济健康发展，鼓励和保护公平竞争，制止不正当竞争行为，保护经营者和消费者的合法权益制定的基本法。其中，第十六条授权县级以上监督检查部门对不正当行为进行监督检查。同时，该法还明确了经营者违反本法规定后需承担的法律责任。《反不正当竞争法》中不仅有禁止不正当竞争的规定，而且包含着部分反垄断的内容，如公用企业的限制竞争行为、行政性限制竞争行为等都可以归属到垄断行为的范畴中。

2008 年 8 月 1 日起实施的《反垄断法》通过对有关垄断协议、滥用市场支配地位、经营者集中、滥用行政权力等行为的界定和规范，对预防和制止垄断行为，保护市场公平竞争，维护消费者利益和社会公共利益，促进社会主义市场经济健康发展起到了至关重要的作用。同时，该法第九条规定"由国务院设立反垄断委员会，负责组织、协调、指导反垄断工作"，致力于研究拟定有关竞争政策组织调查、评估市场总体竞争状况，发布评估报告及反垄断指南，并协调反垄断行政执法工作。

我国《反垄断法》与《反不正当竞争法》采取"双轨制"分别立法模式，其他相关法律法规作为竞争附属法，是该体系的细化和补充。需要强调的一点是，我国当前并没有专门针对外商投资的基础性法律，境内经济活动中的不正当竞争和垄断行为都适用于基本法。为规范对外资的监管，我国专门出台了一些相关规定。例如，2006 年 9 月由商务部修订实施《外国投资者并购境内企业规定》，对外国投资者并购境内企业做了详细规定。

2. 执法机构

目前，考虑到法律实施的复杂性和单一执法机构的承受能力，并且在短期内很难组建唯一的执法部门，我国在不正当竞争和垄断监管领域都确立了多部门参与执法的格局（见表 1）。《反不正当竞争法》规定了我国反不正当竞争的主要执法机构是各级工商行政管理部门，但在必要时还会和物价部门、质量监督部门等其他主管部门联合执法。对垄断行为的监管主要由商务部、国家发展改革委以及国家工商总局三部门负责。国务院反垄断执法委员会负责协调反垄断行政执法工作。商务部主要负责"经营者集中"即并购行为中的反垄断审查，国家发展改革委负责查处价格垄断行为，国家工商总局负责监管除价格垄断行为之外的其他垄断协议、滥用市场支配地位以及行政性限制竞争行为，各行业监管机构必要时也会参与到监管中。2008 年 8 月 1 日实施的《反垄断法》第九条中还规定，由国务院设立反垄断委员会，负责组织、协调、指导反垄断工作。

表1　我国不正当竞争和垄断行为的监管机构体系

监管类型	监管部门	具体监管部门或机构	依据法律	职责
不正当竞争行为的监管	工商行政管理部门	县级以上人民政府工商行政管理部门	1993 年《反不正当竞争法》	查处市场中存在的不正当竞争行为
	其他主管部门	物价部门、质量监督部门等	1993 年《反不正当竞争法》	必要时配合工商行政管理部门做好有关反不正当竞争的监管工作
垄断行为的监管	商务部	反垄断调查办公室	2006 年《外国投资者并购境内企业的规定》	对外资并购境内企业享有审查权，包括反垄断审查的权力
	国家发展改革委	价格司	1997 年《价格法》	禁止涉及价格的垄断行为
	国家工商总局	国家工商总局公平交易局	1993 年《反不正当竞争法》	禁止滥用市场支配地位方面（不包括价格垄断）
	其他相关部门	省级相应部门或机构	《反垄断法》	必要时可授权省级政府相应机构负责有关反垄断执法的具体工作
	国务院	反垄断委员会	《反垄断法》	负责组织、协调、指导反垄断工作

3. 执法实践

截至 2015 年上半年，反垄断执法部门数据显示，商务部共审结经营者集中案件 1143 件，其中无条件批准案件 1117 件，禁止案件 2 件，附条件批准案件 24 件（见图 3）。国家工商总局和省级工商机关共立案查处涉嫌垄断行为案件 54 件，涉嫌垄断协议案件 31 件，涉嫌滥用市场支配案件 23 件，目前已结案 23 件（见图 4）。国家发展改革委及地方价格主管部门调查并已做出执法决定的反垄断案件 55 件。

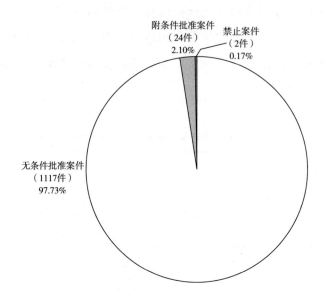

图 3　商务部审结经营者集中案件情况

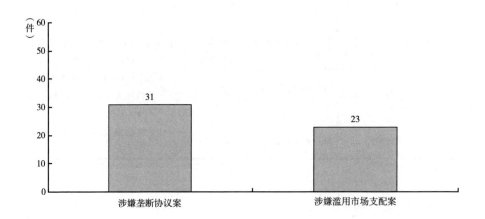

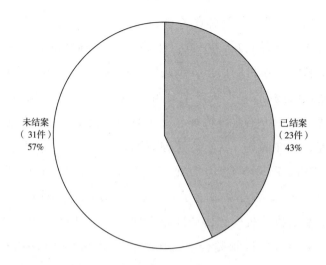

图4　国家工商总局和省级工商机关查处涉嫌垄断行为案件情况

三　中国自由贸易试验区外资监管探索

（一）建立安全审查制度

国务院于2015年4月发布《自由贸易试验区外商投资国家安全审查试行办法》，对影响或可能影响国家安全、国家安全保障能力，涉及敏感投资主体、敏感并购对象、敏感行业、敏感技术、敏感地域的外商投资进行安全审查。安全审查程序按照《国务院办公厅关于建立外国投资者并购境内企业安全审查制度的通知》第四条办理。自由贸易区外商投资安全审查工作，由外国投资者并购境内企业安全审查部级联席会议具体承担，国家发展改革委、商务部根据外商投资涉及的领域，会同相关部门在信息共享、实时监测、动态管理和定期核查等方面形成联动机制，进行安全审查。

（二）建立反垄断审查制度

反垄断审查制度属于事中事后监管制度创新的兜底条款，是外商投资监管的"防火墙",各个自贸区分别出台了相应的反垄断工作办法。

2014 年 8 月起施行的《中国(上海)自由贸易试验区条例》对自贸试验区反垄断工作机制做出详细规定。同时,上海自贸区还通过制定关于反垄断执法的办法①,规定上海市工商局具体负责自贸试验区内的反垄断执法工作,价格监督检查与反垄断局承担试验区内各类反价格垄断举报咨询、案件调查、认定、处理等职责。

天津自贸区于 2015 年 10 月施行《中国(天津)自由贸易试验区反垄断工作办法》,该办法设立了自贸区反垄断工作协调办公室,并规定天津市反垄断执法机构和协调办公室均可受理自贸试验区内反垄断举报和咨询。天津自贸区管委会的三个片区派出机构也分别设立办事窗口,协助协调办公室受理自贸区的反垄断举报、咨询。

福建自贸区于 2015 年 5 月施行《中国(福建)自由贸易试验区反价格垄断工作办法》,规定自贸区各片区管委会可在试验区内受理反价格垄断举报和咨询,省价格主管部门在确保保密性的前提下与管委会实现信息化对接,加强试验区内企业信用信息、反价格垄断案件探索等信息的交换和共享。

(三) 健全信息公开和共享

信息公开和共享是事中事后监管的基础。天津自贸区设计了"一个平台、两个机制、综合监管、社会监督"的监管框架。上海自贸区不仅出台了《共享平台信息共享管理办法》,而且经上海市政府授权,由上海自贸区联合地方综治、工商、税务、海关、质监等部门共同搭建信息共享平台。目前,该平台已汇集税务、口岸、金融等 34 个部门超过 400 万条信息数据。深圳前海蛇口片区充分利用毗邻港澳的地理位置优势,联合香港的市场监管部门实行两地的信息共享和互认,推行前海跨境的数字增速和互认应用。

---

① 《中国(上海)自由贸易区反垄断协议、滥用市场支配地位和行政垄断执法工作办法》、《中国(上海)自由贸易区反价格垄断工作办法》和《中国(上海)自由贸易区经营者集中反垄断审查工作办法》。

（四） 健全社会信用体系

各自贸试验区建立信用管理体系，进行信用的有效评级管理。上海自贸区依托已建成的上海市公共信用信息服务平台，积极推动自贸试验区子平台建设，完善与信用信息有关的一系列制度。目前，自贸试验区子平台已完成归集查询、异议处理、数据目录管理等功能开发工作，同时，探索开展事前诚信承诺、事中评估分类、事后联动奖惩的信用管理模式。

福建自贸区建立自贸试验区内企业信用信息采集共享和失信联动惩戒机制，开展使用第三方信用服务机构的信用评级报告试点。完善企业信用信息公示系统，实施企业年度报告公示、经营异常名录和严重违法企业名单制度，建立相应的激励、警示、惩戒制度。

天津自贸区建设覆盖新区企业、个人信用基础数据库和信用信息共享的综合信用体系，积极构建公平竞争的市场环境，并探索事中、事后监管新型管理体系。

深圳前海蛇口片区重点打造自贸区企业信用信息后台管理、综合服务和数据共享三大系统，整合深圳市相关部门数据，加强信用信息平台与现有深圳信用平台、企业年报平台对接，形成以市场化为纽带、市场运作、公共与商业有机结合的信用服务市场体系。

（五） 建立综合执法制度

在综合执法方面，重点是建立各部门联动执法、协调合作机制。上海自贸区通过建设网上执法办案系统、建设联勤联动协调合作机制，着力解决权责交叉、多头执法问题。目前自贸试验区管委会已承担了城市管理、知识产权、文化等领域 19 个条线的行政执法权。天津自贸区建立集中统一的综合执法机构——综合监督管理局，负责自贸区内市场主体的监督管理及综合执法，并整合执法力量，实行"一支队伍管执法"，鼓励社会力量参与市场监督。天津自贸区还设立"天津滨海新区综合执法网"，进行政务公开、新闻发布和执法宣传。

（六） 健全社会力量参与市场监督

上海自贸区通过扶持引导、购买服务等制度安排，支持行业协会和专业服务机构参与市场监督。充分发挥自贸试验区社会参与委员会的作用，推动行业组织诚信自律。支持全国性、区域性行业协会入驻，在规模较大、交叉的行业以及新兴业态中试行"一业多会、适度竞争"。天津自贸区实行"一个平台、两个机制、综合监管、社会监督"的监管框架，其中"社会监督"就是让消费者参与监督，提升维权和自我保护能力，并将原由政府部门承担的资产评估、咨询等职能逐步交由专业服务机构承担。

（七） 推动法制创新

各自贸试验区不断加快法制化进程，大胆进行法制创新，将制度创新在自贸区先行先试。2013 年 11 月，上海自贸区成立上海市浦东新区人民法院自由贸易区法庭，集中审理、专项审批与上海自贸区相关联的案件。并且自贸区法庭与自贸试验区管委会等十多个部门和机构建立起了信息即时通报反馈机制，及时、准确反馈审理中发现的风险等内容。深圳前海蛇口片区也在不断摸索法制创新，创设了前海法院、国际仲裁员、前海廉政监督局等机构，在审判机制、服务机制、管理机制和法律适用等方面进行四位一体的创新（见表2）。

表 2　深圳自贸区法制创新

机构	法制创新
前海法院	针对前海深港合作区的特殊定位以及涉港商事纠纷，探索审判机制、服务机制、管理机制以及法律适用四位一体的创新
国际仲裁院	在前海先后创建了粤港澳商事调解联盟、内地首个证券期货业纠纷调解中心。建立"香港调解＋深圳裁决"的跨境纠纷争议解决机制。其中 1/3 以上理事来自境外，500 余名仲裁员来自 40 个国家和地区，境外仲裁员比例超过 1/3
前海廉政监督局	借鉴香港廉政监督经验，有效整合纪检、监察、检查、公安、审计等多部门的监督职能，实行"五位一体"运作，实现从多头监督向整体监督、一体化监督模式转变

（八）推动产业预警管理

产业预警制度作为一种新的管理思想和管理方法，是由国家、地方政府、主管部门、行业组织、企业组成的"四位一体"工作体系，包括信息收集、分析评估、预警预报、预案实施、效果评价等一系列程序和措施。为了推动产业预警制度创新，上海自贸试验区积极与国际规则对接，率先建立符合国际化、市场化、法治化要求的投资和贸易规则体系，通过实施技术指导、员工培训等政策，帮助企业克服贸易中遇到的困难，促进产业升级。

（九）完善政府自律

为了提高政府办事效率，使政府信息更加公开透明，各自贸试验区不断完善政府自律。上海自贸区提高行政透明度，对涉及自贸试验区的地方政府规章和规范性文件，主动公开草案内容，接受公众评论，并在公布和实施之间预留合理期限。深圳前海蛇口片区建立前海廉政监督局，借鉴香港廉政监督经验，有效整合纪检、监察、检查、公安、审计等利率实行"五位一体"运作，实现从多头监督向整体监督、一体化监督模式转变。

（十）企业年度报告公示和经营异常名录制度

作为商事制度改革的试点地区，上海自贸试验区于 2014 年 3 月在全国率先实行年度报告制度和经营异常名录制度。区内企业应在每年 3 月 1 日至 6 月 30 日，通过电子身份认证登录上海市工商行政管理局门户网站的企业信用信息公示系统向工商行政管理机关报送上一年度的年度报告后，向社会公示，任何单位和个人均可查询。其中，企业法人的年度报告信息包括登记备案事项、注册资本缴付情况、资产状况、营运状况、企业从业人数及联系方式等。对未在规定期限公示年度报告的企业，工商行政管理机关在市场主体信用信息公示系统上将其载入经营异常名录，提醒其履行年度报告公示义务。

四　我国外商投资监管中存在的问题

外资监管是对外商在本国直接投资的监督和管理，包括对外商直接投资交易和经营行为主体进行的审查、监督、限制和规定。构建负面清单模式下的外商投资管理体系特别是监管体系是一项改革和开放的系统工程，我国作为一个正处于积极转型期、市场尚不完善的社会主义大国，在外商投资监管中还存在一些不足。

第一，市场监管法律体系不完善。一方面，随着引入外资规模扩张和外资质量提升，当前"外资三法"确立的逐案审批模式，已经难以适应进一步扩大开放的需要。另一方面，在企业组织形式、经营活动上，"外资三法"和《公司法》等适用于内资企业的法律存在重复甚至冲突。此外，外资并购、国家安全审查等重要制度需要纳入外国投资的基础性法律体系加以完善。

第二，安全审查层次不高，缺乏外资并购监督机制。现行的安全审查大多关注并购的审查，对绿地投资的审查关注度不高，并且现行的联席会议制度涉及多部门的联合监管，在外资并购监督上有所疏漏。

第三，存在横向管理体系监管权力重叠，纵向管理体系责权事不匹配的问题。以我国现行反垄断监管机构设置为例，我国的《反垄断法》存在"多头执法"情况，反垄断委员会、国家发改委、商务部、工商行政管理部门以及各业界主管部门等都在各自领域肩负着反垄断职能，各执法部门的职权交叉重叠且不明晰，不利于提高反垄断的效率和质量。

第四，政府的职权过大，事中事后监管的透明度、规范度较低，没有充分发挥市场这只"看不见的手"对资源的配置作用，限制市场的公平性，服务效率较低。当前，无论工商部门想对外商进行临时抽查，还是在监管中发现问题需要处置，都需要得到上级部门审批，繁杂的审批程序易错过处置最佳时机，降低了检查的及时性，也打击了基层监管部门的积极性。

第五，在我国利用外资过程中，存在基层监管缺失的状况。外资企业和基层监管部门之间沟通存在障碍，使外资企业的市场准入、经营行为、市场退出等动态没有得到及时跟踪，造成了基层监管缺失的局面。

第六，对外资企业的信用动态监管不足。缺乏以企业信用为核心的准入和淘汰机制，使外资企业避免优胜劣汰的市场法则，降低了对引进外资质量要求的门槛，增加了基层监管的压力。

五　国际经验借鉴

（一）美国外商投资监管体系的经验借鉴

从 20 世纪初开始，美国政府便一直试图在放开投资进入和保护国家安全之间寻求合适的平衡点，在市场准入和日常运营基础上建立严格的监管体系，在很多方面值得我国研究借鉴。

一是完善的法律支撑。国内法律法规的完善是美国实施负面清单管理模式的基础和核心。美国之所以能够以非常短的负面清单与其他国家谈判，签订投资协定，根本原因在于美国国内强大、完善的法律支撑，在一些关键行业都有相关法律程序上的准入限制和进入后的监管措施。

二是监管的专业化。无论是美国的安全审查，还是反垄断和不正当竞争行为，都重视专业化的建设，特别在机构设置中，建立专业化的分析部门，聚集了大批法律人才、经济人才。

三是重视 BIT 负面清单中第二类措施。美国之所以在第一类措施中没有太长的清单，除了背后诸多行业法律的支撑，更重要的是第二类措施为其预留了监管空间。即对于现在的一些行业限制，保留了修订权力，对于一些没有考虑到的行业，或者未来可能出现的行业，也不放弃干预和保护的权力。当前，新技术新产业新模式不断涌现，重视负面清单中第二类措施，意义尤为重大。

（二）英国外商投资监管体系的经验借鉴

英国没有指导或限制外商投资的专门法律，除了某些为政府所有或由政府机构控制的产业外，外商或外资控股公司从法律意义上与英资公司享有同等待遇。同时，英国在外商投资监管体系上的优势还体现在如下几方面。

一是反垄断机构在外资监管中发挥关键监管作用。英国设置独立的政府机构——竞争与市场管理局（CMA），进行反不正当竞争和反垄断审查，并由外部专家组成的顾问小组提供专业化的指导意见。不仅确保了市场竞争的公平性，而且有效保证了英国的公共利益。不论是日常行业监管还是反垄断调查，CMA 都非常注重调查的公开性和透明度，定期对外发布调研进展和阶段性调查成果。

二是机构设置科学、分工明确。英国外资监管分为法庭和监管机构两个部分，其中法庭包括不同的层级和分类，监管机构包括以行业分类的各专业执法机构和以并购审查为核心的 CMA 等。这种科学的机构设置和明确的分工体系，一方面能够避免不同机构之间"多头执法"的情况，防止各执法部门的职权交叉重叠，另一方面也提高了政府机构的反垄断审查和监管效率，避免了企业在不同机构之间的周转协调。

三是对机构人员专业素质要求严格。如英国的竞争上诉法庭（CAT）要求其主席在英国有至少十年的律师经验，尤其在竞争法方面经验丰富，由英国法官遴选委员会提名，英国上议院大法官任命，从而保证了外商监管机构和法庭人员具有丰富的专业知识和从业经验，能够成熟应对外资监管过程中的问题，特别是在反垄断和反不正当竞争方面能够做出正确的判定。

六　对策建议

（一）全面优化负面清单

首先，要进一步厘清政府与市场边界。负面清单管理模式不是简单地把原来的鼓励类去掉，再加上一些禁止类和限制类条件，而是应该对各行业进行重新分类、评估，尽量放开市场准入，缩短清单条目，真正达到激发市场活力的目的。其次，优化负面清单内相关限制项目类的审批程序。目前，对于不涉及国家规定实施准入特别管理措施的外商投资企业，我国已由审批制改为备案制，但相应限制类项目的审批程序还需进一步优化。可以通过简化审批层级、合理限定审批内容等方式达到简化目的，同时注重对市场主体的事中事后监管。最后，要发展匹配的负面清单管理"安全阀"机制。对公共秩序、公共健康、金融安全等重要领域，要增加相关"安全阀"条款内容，在开放的同时切实保障国家安全。

（二）完善市场监管法律体系

考虑到《反不正当竞争法》和《反垄断法》两者既有区别又有联系，短期内，我国仍可沿用"双规制"立法模式，即两法并立的形式。但对于外商投资的管理，从短期来看，加快修改"外资三法"更符合我国实际情况，但从长期考虑，三法合并为《外商投资法》模式更有利于为外商投资营造稳定、透明、可预期的法律环境。此外，建议借鉴美国《埃克森－佛罗里奥法案》《博德修正案》《外国投资和国家安全法》及其实施细则等一系列法律法规，结合近年外商投资国家安全审查经验和自贸试验区实践，制定我国《外商投资安全法》，并在该法基础上，制定实施细则，形成完善的国家安全审查机制。

（三）完善国家安全审查

升级国外投资者并购境内企业安全审查部际联席会议（以下简称联席会议）制度，成立跨部门运作的外商投资国家安全审查机构——外商投资审查委员会，隶属于国务院，主要负责评估和监控国外投资对国家安全的影响，其委员会成员可由国家发改委、商务部、财政部、国家工商总局、国资委等相关部门组成，确定一个主要部门作为委员会执行机构依托部门。

审查标准应当以"国家安全"为判断标准，外商投资国家安全的含义应当包括《中华人民共和国国家安全法》里关于"国家安全"的范围，不必给出明确的定义。对国家安全作宽泛的解释，不设定清晰明确的标准，能够保证在执行国家安全审查过程中享有充分的灵活性，为国家安全审查留足空间。

建立健全外资并购国家安全的监督机制。全国人大及其常委会有权对外国投资审查委员会的工作进行监督检查。外国投资审查委员会应在任何一项外资并购交易所有审查和调查程序结束后向全国人大常委会以书面形式报告所审查和调查的详细内容，并保证该交易将不会对国家安全构成威胁，全国人大常委会有权对具体并购交易的合法性提出质询。

（四）维护公平竞争

可借鉴英国经验，统一反垄断的监管部门，进一步明确反垄断部门的责任和义务，同时完善反垄断部门的内部组织机构和行政机制，避免反垄断执法责任的互相推诿，提高反垄断执法的办事效率。建立动态监管、实时管理和定期稽查的联动制度。准入后监督是加强事中事后监管的重要环节，从根本上扭转我国"重审批轻监督"的局面，防止外资企业对市场价格的垄断，促进市场要素的充分流动，保护消费者和经营者的合法利益。

提高反垄断力度与简政放权结合。由于交易成本和信息不对称问题，单纯依靠国家层面机构很难及时发现和界定垄断行为，并且由于审查程序烦琐和审查时期较长，监管的时效性较差。应适当下放反垄断的行政职权，各地区针对各自不同的经济发展战略进行监管，提高反垄断的时效性和针对性。

（五）加强外资监管体制机制创新

加强外资监管体制机制创新的核心在于将监管和服务紧密结合，在提高监管水平的同时提高服务效率。因此，通过转变政府职能，从审批式政府转变为服务式政府，有效推行负面清单的外资监管模式，是外资监管体制创新的关键。同时政府管理理念也要发生转变，外商投资管理要实现从部门监管、企业性质分类监管到行业监管转变。我国要实现从外资监管到行业监管转变，不仅要从理念上转变，更要从操作系统、配套措施上进行根本性变革。要以行业监管为主，以综合监管为辅，打破以往多部门监管的思维定式，依托信息共享的事中事后监督，将系统化研究、顶层设计和基层创新进行有效的结合。

（六） 以信息共享为基础

事中事后监管的基础是信息共享。要注重信息的充分采集、充分共享，如上海自贸区建立信息共享平台，同时出台了《共享平台信息共享管理办法》。一方面，不同的市场参与主体共享信息，提高了市场的透明度，降低了市场交易成本和寻租风险，有利于资源的有效配置；另一方面，这一信息共享平台的建立也为事中事后监管提供了依据，提高了监管的科学性、规范性，进而提高了政府部门的办事效率。另外，信息共享机制的建立可充分利用当地的人缘、地缘优势，推进高效服务模式，实现事中事后监管水平的跨越式发展。

（七） 形成以信用管理为核心的监管体系

我国要推进高效的投资服务与监管模式，核心在于建立信用管理体系，进行信用的有效评级管理。不仅要把行政部门的市场监管与社会信用体系相结合，提高政府事中事后监管的效率和水平，而且要建立信用信息收集、共享、披露以及政府多部门的信用联动奖惩制度，从而实现"一处失信，处处受限"的社会信用管理体系。如天津自贸区建立了市场主体信用风险分类管理制度，依托市场主体信用信息公示平台，将市场主体信用分为"良好""警示""失信""严重失信"四个类别，面向社会公示。另外，天津自贸区还建立了市场监管随机抽查联合检查制度，对信用风险等级为良好的市场主体，以"双随机"（随机抽取被检查企业、随机抽取检查人员）抽查为重点的日常监督检查制度，推动了政府执法检查的科学化、标准化和规范化。

（八）加快监管法制化进程

目前我国的法制创新碎片化问题较为严重，还没有形成系统性的法律准则。我国要加快法制化进程，提高负面清单的法制化水平，一方面，要处理好改革与法治之间的关系。可在自贸区等地区进行大胆创新，鼓励地区立法，将制度创新在自贸区先行先试。另一方面，还要处理好国内立法与国际条约之间的关系。我国要在国际条约的谈判中掌握好平衡点，既要关注我国国内的可持续发展和国内经济制度的保障问题，又要关注国外投资条件的开放和自由；既要保护我国国家经济安全问题等关系我国重大利益问题，又要对接国际规则，遵守国际条约，促进与贸易合作国的良好互动和往来。

（九）实现社会共治监管

由于政府的能力、精力有限，对于政府管不了、不专业或者容易忽视的领域，可以通过立法改革将专业而独立的第三方机构作为执法机构，如行业协会、服务机构等，使这些第三方机构参与外商投资的行业准入、信息共享、标准制定、信用评级等监管过程，不仅有利于简政放权，而且有利于弥补政府监管的不足，提高事中事后监管的质量和效率。

进一步优化利用外资
营商环境的若干建议

利用外资是中国对外开放基本国策的重要内容。习近平主席在多个国际场合强调，中国利用外资的政策不会变，对外商投资企业合法权益的保护不会变，为各国在华投资企业提供更好服务的方向不会变。李克强总理也指出，中国要始终成为富有吸引力的外商投资热土①。

塑造有竞争力的营商环境是各国吸引外资的关键。营商环境涵盖了影响企业活动方方面面的要素，包括人文、经济、政治、法律等方面。营商环境包括政务环境、市场环境、国际化环境、法治环境、企业发展环境和社会环境等。营商环境的改进涉及经济社会改革和对外开放众多领域，是一项复杂的系统工程。一个国家营商环境的优劣直接影响招商引资的层次和水平，也直接影响区域内的经营企业，最终对经济发展、财税、就业情况等产生重要影响。因此，良好的营商环境是体现一个国家或地区经济软实力的重要指标。

改革开放以来，我国不断优化外资营商环境，取得了瞩目的成就。经济发展进入新常态，我国更加重视外资的有效利用。2017年以来，为了更有效地提高引进外资的力度，一系列政策措施相继配套出台，如《自由贸易试验区外商投资负面清单》《外商投资产业指导目录》《中西部地区外商投资优势产业目录》《外商投资企业设立及变更备案管理暂行办法》，等等②。8月16日国务院发布《国务院关于促进外资增长若

---

① 商务部外国投资管理司：《中国外商投资报告2016》，2016年12月。
② 张方波：《改善营商环境吸引外资流入》，中国网，2017年8月25日，http://opinion. china. com. cn/opinion_ 0_ 170400. html。

干措施的通知》（国发〔2017〕39 号文）（简称"39 号文"）。此次"39 号文"从进一步减少外资准入限制、制定财税支持政策、完善国家级开发区综合投资环境、便利人才出入境、优化营商环境等五大方面提出 22 条通知，强调深化供给侧结构性改革，推进简政放权、放管结合、优化服务改革，进一步提升我国外商投资环境法治化、国际化、便利化水平，促进外资增长，提高利用外资质量。在发达经济体加快吸引投资回流的背景下，中国对外开放不会转向，以开放促改革的立场不会变，但执行时暴露出许多问题，亟待解决，提高政策精准度、合规执法效率和预期管理等。

一 中国利用外资进入"平稳增长期""提质增效期""管理升级期"三期叠加的新阶段

2016 年实际使用外资（FDI）金额 8132.2 亿元人民币（折 1260 亿美元），同比增长 4.1%；其中，12 月实际使用外资金额 814.2 亿元（折 122.1 亿美元），同比增长 5.7%。东盟对华投资新设立企业 1160 家，同比增长 0.5%，实际投入外资金额 67.3 亿美元，同比下降 14.3%。欧盟 28 国对华投资新设立企业 1741 家，同比下降 1.8%，实际投入外资金额 96.6 亿美元，同比增长 35.9%。"一带一路"沿线国家对华投资新设立企业 2905 家，同比增长 34.1%，实际投入外资金额 70.6 亿美元，同比下降 16.5%。长江经济带区域新设立外商投资企业 11677 家，同比下降 2.5%，实际使用外资 610.6 亿美元，同比下降 1.5%。

主要国家/地区对华投资总体保持稳定。2016 年 1～12 月，前十位（以实际投入外资金额计）国家/地区实际投入外资总额 1184.6 亿美元，占全国实际使用外资金额的 94%，同比增长 0.4%。对华投资前十位国家/地区依次为：中国香港（871.8 亿美元）、新加坡（61.8 亿美元）、韩国（47.5 亿美元）、美国（38.3 亿美元）、中国台湾省（36.2 亿美元）、中国澳门（34.8 亿美元）、日本（31.1 亿美元）、德国

（27.1 亿美元）、英国（22.1 亿美元）和卢森堡（13.9 亿美元）。上述国家/地区对华投资数据包括这些国家/地区通过英属维尔京、开曼群岛、萨摩亚、毛里求斯和巴巴多斯等自由港对华投资。

伴随着国内产业结构的优化升级，我国在扩大利用外资规模的基础上也将更注重引资质量和外资管理水平的提升，利用外资进入"平稳增长期""提质增效期""管理升级期"三期叠加的新阶段。

（一）平稳增长期

改革开放以来，我国吸引的 FDI 虽在个别年份略有波动，但整体呈稳步增长态势。加入 WTO 后，我国吸引的 FDI 保持了较高水平的增长。受 2008 年国际金融危机的冲击，也一度出现负增长。近三年来，伴随全球经济的温和复苏以及我国利用外资政策环境的持续改善，我国吸引外资进入保持小增幅的"平稳增长期"（见图 1、图 2）。巨大的消费市场、高素质大规模的劳动力市场、完善的产业体系、良好的基础设施和不断开放的投资环境，将使我国外资吸引力长期保持世界领先水平，从今后一段时期来看，这种平稳增长将是常态。

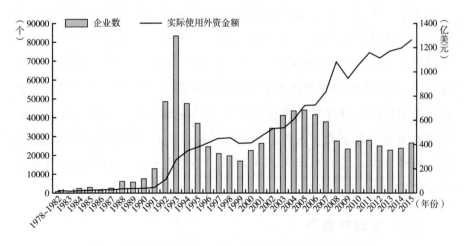

图 1　中国外商投资企业数和实际使用外资金额变化趋势

资料来源：《中国外商投资报告 2016》。

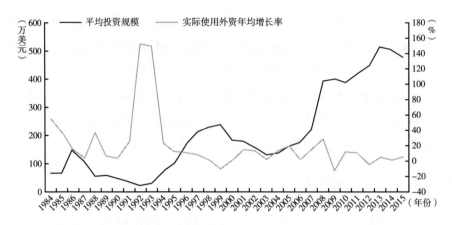

图 2　1984～2015 年中国实际使用外资年均增长率和平均投资规模变化趋势

资料来源：《中国外商投资报告 2016》。

（二）　提质增效期

过去相当长一段时间，一些地区在利用外资过程中，过于重视规模的增长，而不重视质量。在产业层次上，一般性加工制造业投资比重过多，先进技术产业投资比重严重不足。近年来，许多地区开始重视引进外资的质量，有计划、有导向性地选择适合本地区特点的高端产业引进，引进外资出现了新的趋势："两头在外"的劳动密集型的利用外资制造业比重下降，高端制造业增长迅速，服务业增长快，跨国公司创新研发中心加速聚集。这些转变与中国经济发展进入"新常态"，发展方式从规模速度型转向质量效率型，经济结构调整从以增量扩能为主转向调整存量、做优增量并举，发展动力从主要依靠资源和低成本劳动力等要素投入转向创新驱动这一发展模式转换是相适应的，即引进外资进入了一个向形态更高级、分工更优化、结构更合理的阶段演进的过程。

（三）　管理升级期

外商投资管理主要包括两方面的内容：投资服务和投资监管。长期以来，我国外商管理存在重服务、轻监管的现象。这主要是在利用外资早期阶段，想方设法吸引外资，这就要求做好各方面的服务工作。现在外资管理到了一个管理升级的阶段。从投资服务来看，进一步深化了简政放权政策的实施，简化了外资进入的繁杂审批程序，放宽了外商投资领域的限制，更加从制度环境上保障外商投资的便利性。从投资监管来看，在负面清单模式下为通过事中事后监管保障国家安全、经济安全和市场公平竞争提出了更高的要求，迫切需要完善监管外资的制度体系。

二 中国营商环境存在的一些问题

我国总体营商环境不断改善，但从局部看，部分地区、一些部门还存在落实不到位、懒政、服务质量和效率有待提高等问题。

一是部分地方、一些部门落实中央政策不到位。部分地区、一些部门仍有一批行政审批事项该取消未取消、该接未接、该转移下放未转移下放。对非行政许可审批事项没有进行清理或调整，仍保留在审批事项中。一些单位还存在着选择性、随意性执法问题，一些权力未能关进制度的笼子里，权力寻租空间较大。

二是部分地区一些部门存在懒政行为。部门地区一些部门工作因循守旧，安于现状，不求有功但求无过，没有先行先试、大胆改革创新的意识。

三是服务质量和效率有待提高。部分地区行政服务中心不够完善，服务效率不高，公开办理的行政审批和服务事项不能满足群众的需求。一些已进驻的单位存在"人进事不进、事进权不进"的问题，把窗口当成"收发室""中转站"，多数行政许可事项在中心外办理。有的地区存在政府承诺负责的"三通一平"项目长期不到位；有的企业在开发区内合法取得的用地被周边群众较大面积非法抢建。

四是一些地方政府缺乏信用。招商引资承诺的条件不兑现，关门打狗现象依然存在；新官不理旧账，政府朝令夕改，政策没有连续性。例如，对于政府和企业因为引资条件没有兑现的撤资案件，虽然案件事实本身很清楚，但是也必须经过二审终审程序后，政府才会退资，无端增加了事情处理环节，给企业资金周转带来很多问题①。

五是企业税费负担仍然偏高。很多减免税费征收政策落实得还不彻底，并且在经济下行的条件，有些政府为了完成税收任务，跨月、跨季度征收或调整预征缴办法提前征收，导致部分地方出现了营业税、营业税改征的增值税等收入非正常增长的情况。

六是企业用工成本压力较大。企业反映比较集中的问题是企业社保缴费问题。在经济下行环境下，企业效益不好，但是因为社保缴费比例固定且过高，平均约为职工工资 30%，这部分支出成为主要成本②。

三　对策建议

（一）进一步解放思想，树立对外开放新理念

1. 正确认识和处理好开放和安全的关系。实践证明，改革开放以来，一些对外资开放较早、开放程度较高的领域和产业，民族产业的竞争力反而更高。而一些对外资限制较多、控制较严的产业和领域，尽管民族产业规模不小，但竞争力没有同步跟进，创新能力不强。如金融、汽车等。我国是大国，必须要在影响国家安全、产业竞争力等的主要产业上发展具有自主知识产权和自有民族品牌，但一味靠保护是换不来的，要积极引入市场竞争机制。

2. 要正确认识和处理好政治与经贸的关系。当前全球地缘政治风险不断上升，与经济复苏不稳定性相互交织，形成迭代效应，政治周期与经济周期相互震荡，会影响全球投资热情。近年，我国与日本、韩

---

① 金彦海：《辽宁营商环境存在的问题及对策》，《辽宁省社会主义学院学报》2017 年第 1 期。

② 金彦海：《辽宁营商环境存在的问题及对策》，《辽宁省社会主义学院学报》2017 年第 1 期。

国、美国等地缘政治关系紧张，一定程度影响了外资进入。要创造一个稳定的、可预期的外商投资环境，政治关系与经贸关系要"脱钩"，政治上的应对措施尽量采取非经济手段，避免经贸关系政治化。

3. 要正确认识和处理好外资与内资的关系。在不断加强和完善事中事后监管体系的同时，要逐步淡化外资与内资界限。市场是外资和内资共生共荣的市场，外资和内资是市场平等竞争的主体，面对市场共同的潮起潮落，而不是跷跷板似的此起彼伏。在中国大陆注册的企业，内资外资一视同仁、平等对待，努力创造一个内外资平等竞争、互利共赢的良好局面。要积极引导社会舆论，加大对外资的正面宣传。在"一带一路"重大倡议建设、"中国制造2025"战略政策实施、政府采购、国产化率要求等方面，要充分考虑外资企业参与积极性，提供同等或者适当对等的适应措施。

（二）进一步提高政策制定、实施和评估的科学水平

1. 提高政策制定的精准性和可操作性。政策出台要多方面征求意见，开展双向管理，加快信息公开，向内外资企业一视同仁公开征求意见。国家出台相关政策后，相关部门或地方政府要及时出台配套方案和实施细则，确保政策可解释，无歧义。相关部门要按照《国务院关于扩大对外开放 积极利用外资若干措施的通知》（国发〔2017〕5号）制定政策出台时间表，尽快出台细化政策。

2. 提高政策实施连续性和稳定性。加强政策执行力，建立政策执行和实施的监督机制，建立对不作为和乱作为的问责制度。减少政策变动的发生，非特殊原因不能对其进行重大调整甚至废除，在必要的政策调整过程中，尽量保持政策的连续性和继承性，对利益受损企业和群体进行适当补偿。细化《关于加强政务诚信建设的指导意见》（国发〔2016〕76号），加强招商引资领域政务诚信建设，认真履行依法做出的政策承诺和签订的各类合同、协议，不得以政府换届、相关责任人更替等理由毁约，对政府违约实施惩罚，提高政府公信力。

3. 提高政策评估的规范性和权威性。建立重大公共政策评估制度，

对一些重大经济社会政策进行定期评估，并根据评估结果，及时调整和完善政策。加强政策评估法律、制度体系建设，对评估主体、评估程序、评估责任、评估经费的使用，以及评估责任的追究，都做出明确的规定，使整个政府评估工作在一个法制化的框架下运行。建立正式的、专业化的政策评估组织体系，建立相对独立的、职责明确的评估组织和部门，由专业化的评估人员承担相应的评估工作。

（三）进一步扩大外资准入范围，提高外资投资便利化

除关系国家安全的特殊领域和产业外，应赋予内外资同等的市场准入资格。加快实施负面清单和准入前管理模式。抓紧制定路线图和时间表，放宽汽车、金融、云计算服务、保险、建筑等领域的股权比例，准许外资控股或独资开办。制定时间表，加快落实中美"百日计划"，推动中美、中欧 BIT 谈判，升级中澳、中韩、中国 – 东盟自由贸易区协定，加强推进进度，分层次分领域释放积极信号。

（四）避免选择性执法，确保公平竞争

内外统一的投资监管体制及其公平实施能够确保内外资企业公平竞争，提高市场健康水平。要努力营造公平、透明、可预期的营商环境。深化外资领域的"放管服"改革，切实转变政府职能，全面落实外商投资企业的国民待遇，确保内外资企业公平竞争。要强化市场主体自律和社会监督，税收、海关、工商、质检、外管等要统一监管标准和执法力度。要淡化国产优先观念，打破地方保护主义。对于外商投资增量与存量要同等重视。探索外企代表参与国家战略对话机制。

第二篇

推动形成全面开放新格局

2030 年中美基准情景比较

中美经贸关系将永远是保障全球繁荣与稳定的重要基石。中美作为世界上两个经济规模最大国家，两国之间的经贸往来不但关系两个国家自身发展，而且深刻关系其他国家发展。如果中美两国经贸发生大的摩擦，全球经济增长发动机将熄火，世界经济将不可避免地陷入大衰退中。中美两国要妥善处理两国经贸关系，继续加强宏观经济政策协调，使两国经济发展相互支撑，产生协同效应，继续为全球发展提供充沛动力。设定一种"一切照旧"的基准情景，来演绎到 2030 年中美两国在一些关键经济变量上的情况，有助于我们更好地做出判断。

一　经济规模

世界银行预计中国 GDP 增长率将从 2015～2020 年平均将近 9% 的水平，逐步下降到 2020～2030 年 5%～6% 的水平[1]。IMF 认为，中国经济到 2030 年将维持年均 6% 左右的增长，继续支撑全球经济发展[2]。中国社会科学院宏观经济运行实验室预测，2015～2020 年 GDP 潜在增长率为 5.7%～6.6%，2020～2030 年为 5.4%～6.3%。

总体来看，2015～2020 年，中国 GDP 将会保持 6.5%～7% 的增长率，2020～2030 年为 5.6%～6.3%。而在综合考虑美国财政余额和债务持续累积，资本积累增速的缓慢和劳动力市场的疲软，预计，2030 年

---

[1] World Bank, *China 2030: Building a Modern, Harmonious, and Creative Society* (Washington, D. C. : World Bank, 2013).

[2] IMF. *World Economic Outlook*, Apr. 8, 2014.

表 1　2015～2030 年中美经济增速预测

预测机构	2015～2020 年中国经济增速	2020～2030 年中国经济增速	2015～2030 年美国经济增速
世界银行	9%	5%～6%	—
IMF	—	6%	—
中国社科院	5.7%～6.6%	5.4%～6.3%	—
OECD	—	—	2.5%
本文预测	6.5%～7%	5.6%～6.3%	2.5%

资料来源：根据公开资料整理及作者预测。

前美国实际 GDP 增速将保持 2.5% 左右，并有逐渐衰退趋势。OECD 等国际机构和其他政府部门的预测大多也不看好美国经济增长的前景，OECD 预测，未来 15 年美国 GDP 增速将维持在 2.5% 甚至更低[①]（见表1）。但是即使按照以上较低增速估计，美国实际 GDP 总量仍可以达到 24.8 万亿美元，而届时中国经济总量将以 24.1 万亿美元稍稍落后于美国（见图1）。

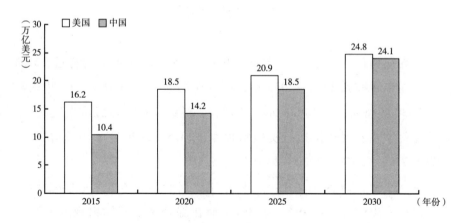

图 1　基准情景下中美经济总量

资料来源：Wind 数据库及作者预测。

---

① OECD, *Looking to 2060*, Nov. 15, 2012.

二 贸易规模

中美两国间密切的贸易往来是两国贸易总和占世界贸易总额比例迅速攀升的主要原因。根据《金融家报》公布的最新数据，2015 年中国首次超过加拿大，成为美国最大的贸易伙伴。美国对华贸易额超 5981 亿美元，占美国外贸总额的 16%。而由于石油价格大幅下滑，2015 年降为美国第二大贸易伙伴的加拿大与美国之间的贸易额仅为 2754 亿美元，占美国外贸总额下降到 15.4%。这是自 1985 年有记录以来，中国首次超过加拿大成为美国最大的贸易伙伴。中国已连续 10 年成为美国增长最快的出口市场，同时还是美国第一大进口来源地。我们预测，到 2030 年，两国经贸关系相互依赖程度将继续加深，中国将长期成为美国第一大贸易伙伴，美国对华贸易额将超过美国外贸总额的 1/5。中国占全球贸易份额将逐步提升，2030 年将超 15%，美国则保持在 10% ~ 12% 区间，两国贸易总份额将突破世界贸易总额的 1/4（见图 2）。

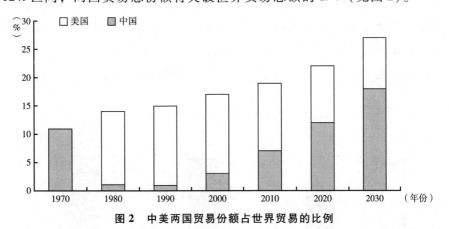

图 2　中美两国贸易份额占世界贸易的比例

资料来源：大西洋理事会报告① 及作者预测。

中国贸易结构的改变是促使中国贸易能够走在世界前列的最重要原因。随着中国出口商品的附加值有所提高，制造业出口在产业链的位置

---

① Atlantic Council, China-US Cooperation：*Key to the Global Future*, September 2013.

逐渐上升。中国正在完成从"外贸大国"向"外贸强国"的转变。2015 年纺织品、服装、箱包、鞋类、玩具、家具、塑料制品等七大类劳动密集型产品出口 4718 亿美元，同比下降 2.7%，占总出口额的比重为 20.8%。我们预测，到 2030 年我国制造业出口中劳动密集型产品占有率将会进一步下降，所占份额仅在 5% 左右。尤其值得关注的是，"一带一路"倡议的实施将为我国外贸提供新的增长点。

三 中等收入群体规模

中等收入群体的迅速壮大一方面会加剧资源的稀缺性，全球将面临更加严峻的粮食、能源等资源短缺挑战。另一方面，中等收入群体的壮大也会为全球经济带来新鲜"血液"，尤其是对以信息技术、娱乐、教育领域见长的美国经济带来新的机遇。以中国为例，到 2030 年，潜在的消费者将从 1.21 亿个家庭上升到 3.2 亿个家庭，中国家庭重新开始消费并对未来抱有信心。在教育和娱乐方面，由于学生家长将普遍增加对下一代教育资金的投入以及娱乐方面的开支，2030 年中国家庭用于教育和休闲娱乐的支出将增加 3.7 倍以上，达到 2.5 万亿美元，一半以上中国留学生将选择在美国深造。因此，中等收入群体的壮大不仅成为

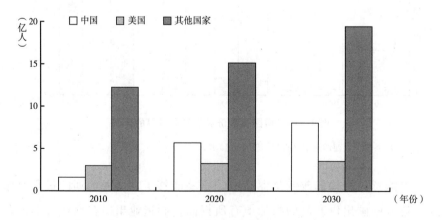

图 3 中美两国及其他国家中等收入群体人数

资料来源：大西洋理事会报告及作者预测。

未来中国经济发展的主要推动力，也使美国在本国中等收入群体人数相对稳定的情况下获得巨大的潜在经济利益。预计 2016~2030 年，中国将新出现中等收入群体 3.26 亿，届时，中等收入群体将达到 8.54 亿，美国中等收入群体人数则相对稳定。

四　城镇化规模

城镇化程度是一个国家或地区社会生产力发展、科学技术进步以及产业结构调整的重要标志。城镇化率的提升意味着社会由以农业为主的传统乡村型社会向以工业和服务业等非农产业为主的现代城市型社会的重要转变，发达国家的城镇化率普遍在 80% 以上。根据发达国家的城镇化经验，城镇化率在 30%~70% 是加速城镇化的时期。我国正处于新型城镇化进程的关键时期，新型城镇化强调"以人为本"和生态、低碳、绿色的可持续发展观，强调城镇的生态化、住区的宜居化、建筑的绿色化和智能化。中国新型城镇化的发展也为其他国家投资带来诸多契机。一是新型城镇化本质是人的城镇化，所以居住需求的规模和品质都会有所提升，这既带来商品市场的需求增加，也使改善型的服务需求增加。二是新型城镇化将带来各类配套设施的增加，尤其是配套基础设

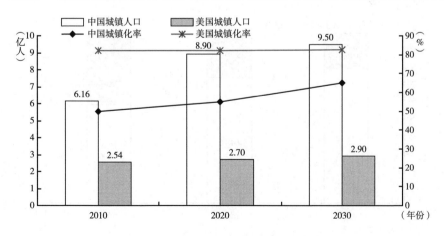

图 4　中美城镇人口及城镇化率

资料来源：根据 Wind 数据库、公开资料整理及作者预测。

施建设能够使生活居住的便利性增加，这会刺激包括美国在内的各国资金的涌入。到 2030 年，全球将有 15 亿以上的城市人口，而仅中国就将新增 3 亿城市人口，届时将有 9 亿人生活在城市，城镇化率达到 65% 以上。而美国已在 20 世纪基本完成城镇化进程，城镇化率稳定在 80% 以上（见图 4）。

五　国际货币体系

从世界货币发展史看，国际货币体系的演变是国际经济格局变迁的必然结果。当前国际经济格局正朝着多极化方向发展，2016 年 10 月 1 日人民币正式加入国际货币基金组织特别提款权（SDR）货币篮子，成为由美元、欧元、英镑、日元等发达经济体货币组成的储备货币"精英俱乐部"的一员。这标志着国际货币体系将发生重要变革。到 2030 年人民币将成为东亚地区的主要贸易结算货币。同时，人民币也或将成为与欧元相当的全球第二大储备货币（见图 5）。欧元虽然依然是欧洲的主要货币，但它的日均外汇交易额占比会继续下降，甚至将被人民币所超越。2030 年，最有可能的便是"三足鼎立"的局面：美元维持其

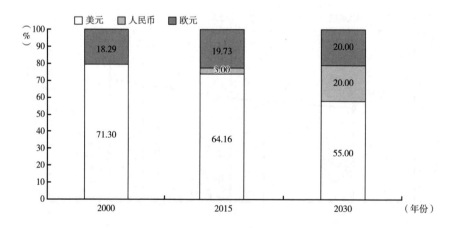

图 5　美元、人民币、欧元占全球外汇储备份额

资料来源：根据 Wind 数据库、公开资料整理及作者预测。

最核心的地位，欧元在欧洲地区扮演主要货币的角色，而人民币则至少在东亚地区成为主要的贸易结算货币①。

六　人才规模

美国凭借其开放的人才引进政策、优越的科研条件，使移民成为美国科研不可或缺的力量。到 2030 年，美国的科研队伍中有一半的移民科学家。在教育领域，国际学生增强了美国大学实施科研并从毕业生中获得顶尖师资的能力。在美国科学与工程领域拥有博士学位的就业者中，外国人比例从 1993 年的 23% 增至 2010 年的 42%，预测到 2030 年这一数字将达到 55% 左右。而中国正在通过有规划地制定中长期的国家人才发展规划、教育改革和发展规划、科学和技术长期规划等壮大本国的人才队伍。预测到 2030 年，中国人才资源总量将从现在的 1.14 亿人增加到 2.2 亿人，人才资源占人力资源总量的比重将提高到 30%，基本满足经济社会发展需要。主要劳动年龄人口受过高等教育的比例达到 30%，每万名劳动力中研发人员达到 65 人年，高技能人才占技能劳动者的比例达到 30%。人力资本投资占国内生产总值比例达到 20%，人才贡献率达到 40%（见表 2）。

表 2　中国科研力量指标

指标	2008 年	2015 年	2020 年	2030 年
人才资源总量(万人)	11385	15625	18025	22000
每万名劳动力中研发人员(人年/万人)	24.8	33	43	65
高技能人才占技能劳动者比例(%)	24.4	27	28	30
主要劳动年龄人口受高等教育的比例(%)	9.2	15	20	30
人力资本投资占 GDP 比例(%)	10.75	13	15	20
人才贡献率(%)	18.9	32	35	40

资料来源：《国家中长期人才发展规划纲要》及作者预测。

---

① Alex Cukierman, *The Crisis and the Renminbi's International Role*, 7 January 2015.

特朗普经济政策及对中国可能采取的措施预判与对策

美国新任总统特朗普的上台，将给全球带来全新的考验。特朗普政府经济政策带有"新"自由主义和"新"保护主义特征。"新"自由主义和保护主义并不是历史发展的主流方向，这只是全球化发展进程中一次自我调整。无论世界怎样变化，人类文明前进的车轮不会后退。全球化趋势仍然继续前进，不会退缩。目前全球化的徘徊是为新的发展凝聚动力，会螺旋式上升。中美经贸关系将永远是中美关系的压舱石和推进器。

一　特朗普经济执政理念

结合全球经济思潮和特朗普当选总统前后言行，特朗普经济执政理念可以总结为"一个核心，两个主义，两个方向"。

一个核心就是以提高民众就业和福利为核心。两个主义，就是在国内推行"新"自由主义，在国际推行"新"贸易保护主义。从全球经济治理来看，会有两个方向：一是以双边或者小多边代替多边推行新规则；二是以放弃应对气候变化为序幕尽量减少国际责任。

（一）一个核心

特朗普的口号是美国第一，体现了反全球化的一种思潮。目前的反全球化思潮认为全球化加剧了不平等。不平等包括三个方面：国家间不平等，国家内部不平等，全球富裕阶层和贫困阶层不平等。而目前的反全球化人士已经顾不上其他不平等，只关心国家内部不平等。纵观特朗普所有的口号和政策决心，都指向一个目标，改善美国国内的不平等，核心问题是如何提高就业，提高其福利水平。如在墨西哥边界拉起铁网，修筑城墙，减少墨西哥底层劳动力移民，防止其夺取美国工人的劳动岗位；指责中国操纵汇率大量倾销产品，认为中国制造业通过恶性竞争，夺走了美国制造业工人的岗位。

（二）两个主义

特朗普是典型的功能主义者，很难用一种过去的概念来将其界定。总体来看，特朗普在国内经济政策上可以归为"新"自由主义，在国际经济上可以归为"新"贸易保护主义。但是，由于特朗普所有政策都围绕提高民众就业和福利这个核心，具体施政方面又与过去所理解的两种主义略有差别。例如，为了提高国内就业，特朗普会采取开展基础设施建设的举措，这实际上有些类似凯恩斯经济学的做法，因此，我们对新字加个引号。

1. 国内经济实施"新"自由主义

美国自里根时代在经济上积极推行新自由主义，而在 2008 年后，对金融市场过多自由化的恐惧，使美国政府开始加强监管和干预，在金融市场、劳动力、环境、能源、卫生等领域制定和出台了一系列相关法律。在国内经济上，特朗普会继续推行"新"自由主义，实施更加自由、小政府的经济政策，放松或废除一些监管法律，减少政府干预。在税收上，将降低企业和个人税收，取消遗产税。最高联邦企业税率由现行的 35% 降至 15%，对迁回海外利润的美国企业一次性征税 10%。在货币政策上，会在国内推行低利率政策，加息政策将逐步退出，并采取新一轮量化宽松货币政策；为了促进出口，会保持一个弱势美元状态。在财政上，会精简政府部门，大幅缩减军事支出，减少财政开支。同时，增加基础建设支出，促进就业、拉动经济发展。在能源政策上，取消所有限制美国能源出口的规定，利用能源出口收入帮助降低联邦负债；减少生产石油监管，提高产量；修改某些联邦政策，振兴煤炭行业。为了增加就业，采取引导跨境投资和就业机会回流等的措施。

2. 国际经济推行"新"贸易保护主义

特朗普政府的"新"贸易保护主义既实施传统的贸易保护主义措施，如实施高关税政策，又实施新贸易保护主义措施，如采取绿色壁垒、技术壁垒、反倾销和知识产权保护等非关税壁垒措施。同时，"新"贸易保护主义还会按照是否有利于"核心"的原则对已经实施和谈判形成的协定进行重新评估，该放弃的放弃（TPP），该修改的修改（NAFTA），然后以双边或者小多边的形式制定新的规则，形成新的经济圈（新的 TPP 和新的 NAFTA）。在经济圈内，贸易保护程度低，相比过去在某些方面可能更为宽松，在其他一些方面可能更为严格。对经济圈外国家，贸易保护程度可能会相当高，不会把这些国家纳入公平竞争的舞台。

（三）两个方向

1. 方向一：以双边或者小多边谈判代替大多边谈判，推行新经济规则

多边贸易谈判周期长、纷争多，完成谈判是一项艰巨和长期的工程。对于希望立竿见影、有典型急功近利商人性格的特朗普来说，通过双边谈判更容易实现目的。特朗普政府已经宣布退出 TPP，将来会单独与这些国家进行双边谈判，谈判的内容和标准可能会用到 TPP 中一些内容和标准，因为毕竟 TPP 是基于新的贸易条件达成的共识，但用多少、用哪些要基于新的标准，即前面提到的一个核心。

2. 方向二：以放弃应对气候变化为序幕减少国际责任

反全球化的特点是不考虑国家间不平等这个前提，减少大国责任，一切从本国利益最大化出发。特朗普在竞选中指出，"美国过去曾经是

一个富裕、强大的国家，而现在我们是一个穷国、一个负债国"。这说明特朗普政府为了其核心目标的实现，会不断减少美国的国际责任，包括解决难民问题、粮食问题、能源问题和气候变化问题。特朗普政府在2017年6月宣布，退出《巴黎协定》，这将是一个开始。之所以将退出《巴黎协定》作为减少美国国际责任的开始，原因有三点。一是过去美国就曾经签订过《京都议定书》，又堂而皇之退出；二是《巴黎协定》还没有在国会通过，拒绝的理由很充分；三是美国共和党一向在气候变化问题上极为保守，大选后仍维持参众两院控制权，又有特朗普打前台，退出《巴黎协定》十有八九。以此为序幕，在其他领域美国也会逐渐减少国际责任。在宣布退出《巴黎协定》四个月后，美国又宣布退出联合国教科文组织。

二 从纳瓦罗代表作《致命中国》看特朗普政府可能对中国采取的措施

纳瓦罗是鹰派中的鹰派，作为白宫贸易委员会主任，纳瓦罗将在今后中美经贸关系中发挥重要影响。纳瓦罗关于中国的主要观点集中在其著作《致命中国》中。特朗普在竞选时关于指控中国汇率操纵、征收45%关税等都能在该书中找到证据。该书系统提出美国对我国可采取的攻击措施。要了解今后特朗普政府对我国可能采取的经济政策，有必要对该书做深入了解，并做好应对准备。

（一）纳瓦罗及《致命中国》概要

1. 纳瓦罗及其地位。纳瓦罗现年67岁，是美国加州大学欧文分校经济学教授，是主张对中国采取强硬态度的经济学家，作为一个"中国威胁论"者，他被美国媒体称为"鹰派中的鹰派"，是特朗普核心经济顾问，将深刻影响中美经贸关系。1986年，纳瓦罗获得哈佛大学经济学博士学位，1989年开始在加州大学教授经济学和公共政策课程。2006年，纳瓦罗出书告诫美国企业界，与中国经济往来具有高风险。

2007 年，他在《解构中国价格》中称中国产品价格由"补贴、低估汇率、假冒、盗版"形成。其后，纳瓦罗陆续出版"中国三书"：《即将到来的中国战争》、《致命中国》（2011 年版）和《卧虎：中国军国主义对世界意味着什么》（2015 年版）。在对中国问题上，特朗普高度依赖纳瓦罗，正如美国彭博社称："如果你通过读一个人了解特朗普的中国观点，那就是纳瓦罗。"特朗普承认："几年前看过纳瓦罗关于美国贸易问题的书，我对他研究的观点和想法印象深刻"，"他很有先见之明地记录了全球化令美国工人承受的伤害，为接下来如何恢复我们的中等收入群体展示了一条明路。"

2. 《致命中国》概要。该书分为三部分。第一部分讲中国企业向世界市场提供了大量有害产品，用各种案例夸大性地描述了中国产品的危害，认为中国产品是毒药、垃圾、劣质产品和假货。第二部分讲中国倾销贸易产品的八种贸易武器，认为这八种武器摧毁了美国的制造业基础，带走了供应链条，造成了美国工作岗位的丢失。这八种武器分别是：精心编制的非法出口补贴网络；对货币的狡猾操纵和总体低估；对美国知识产权财富公然的造假、盗版和偷窃；相当短视的意愿，即用大规模的环境破坏来换取几块钱的生产成本优势；远低于国际规范的、极度松散的工人健康和安全标准，导致工人患上褐色肺、一系列复杂的癌症，甚至截肢；不合法的关税、配额以及其他关键原材料的出口限制（从锑到锌），并作为一种战略手段来获得对世界冶金和重工业更大的控制；掠夺性定价和倾销，旨在将外国竞争者赶出关键资源市场，并用垄断价格获取消费者的权益；"保护主义长城"——旨在让所有的外国竞争者无法在中国大地上设立门店。第三部分从个人、企业、政府三个层面提出了在关键时刻反击中国的措施。

（二）《致命中国》提出的针对中国措施

1. 号召美国民众不要购买中国产品。劝说美国民众改变消费观念，便宜的产品并不一定便宜，可能付出受伤或者死亡的代价。同时，要求美国相关部门加强原产地标识信息监管，要求能很容易找到"中国制造"标识。日本、墨西哥、德国产品可以成为中国产品的替代品。进口中国食品药品的美国公司要承担更多的责任。

2. 通过美国自由公平贸易法案。如果中国拒绝放弃其违反自由贸易规则的武器，总统和国会要迅速采取行动出台法案。这是针对中国重商主义和保护主义的最有效措施。

3. 加强全球协调合作共同对付中国。除了通过自由和公平贸易法案，美国必须在国际上，和欧洲、巴西、日本、印度以及其他受害者合作，向世界贸易组织（WTO）请愿，让中国完全遵守相关规定。中国利用其联合国的否决权作为交易的筹码，以获得伊朗等国家的自然资源和原材料。要联合其他国家一起谴责这种行为，并阻止中国在联合国滥用这类否决权。

4. 以秘密穿梭外交方式施压人民币汇率。在货币问题上，当前最好的选择是进行一些顶层的秘密穿梭外交。白宫应当立即派密使通知中国：除了在财政部审查时将中国定为货币操纵国，美国没有其他选择，除非中国自己提高其货币的公平价值。美国使者必须表述清楚，美国更希望看到这是中国出于自己的意愿调整的，但美国绝不希望中国在这个问题上"丢面子"。所以，该会晤必须完全秘密。如果中国没有及时解决，财政部将认定中国为货币操纵国，采取适当的防卫措施，将人民币拉回到公平价值。

5. 劝阻美国企业到中国投资。让美国公司的高管认识到将业务外包到中国的风险。对于许多美国高管而言，战略性地将产品和工作外包到中国，都未充分评估其风险。最大的风险就是中国常常通过有关政策（要求技术转移或者要求研发部门重新选址），使公司的知识产权丢失。除此之外，其他风险还包括腐败、严重污染、水资源匮乏等。同时，劝说美国企业要像纽柯钢铁公司首席执行官（CEO）那样督促中国开始真正的贸易改革，而不要像支持中国现有政策的通用公司的 Jeffrey 等。美国企业要立即停止技术转移和在中国设立研发部门。美国需要通过立法方式来阻止美国企业以技术换取中国市场。

6. 阻止部分中国企业到美国收购或者筹资。中国不允许西方公司收购战略性行业包括航空、汽车、能源、金融、技术和自然资源等的任何中国企业。禁止有中国国家支持的大型国家石油、电信、矿产公司收购美国、加拿大、澳大利亚的企业。美国出口的许多商品和服务都是由顶尖的娱乐、媒体和互联网公司提供的。中国对电影、电视、互联网的严格审查，加上对盗版的支持是对自由贸易的冲击。要通过立法，禁止任何需要审查的中国媒体和互联网公司在美国上市筹集资金。

7. 加强对中国的监控和审查。加强针对中国反情报活动的努力，并和亚洲、欧洲、拉丁美洲合作检举和处罚中国的间谍。促使中国解释其鲁莽的间谍和偷窃行为。增加对中国游客和签证的审查。对于任何来自中国的申请签证的人都要有更严格的审查。重建外交系统，通过分布在世界各地的300多个使馆、领事馆等外交机构在全球范围内重点监控中国的行为。

8. 适当提升军事力量，加强网络战。中国拥有巨额外汇储备、繁荣的经济、快速的军事化，这会将美国引诱到军事竞赛中，最终从经济上拖垮美国。美国在战略上要更精明，不陷入军备竞赛和里根陷阱。与日本、印度和越南建立起强大的同盟关系。防止中国大规模的军事建设。要将计算机攻击定为一种战争行为，并快速做出反应。发明一个针对互联网的"中国杀开关"。在网络战争时，这个开关可以切断美国互联网与中国互联网地址之间的联系。

9. 鼓吹在中国进行一场"茉莉花革命"。通过广播、美国之音（VOA）等向中国公民传递美国的声音，并积极地向中国公民提供免费的互联网代理服务，使被挡在防火墙后的中国居民真正进入自由的网络世界。在高中用汉语替代法语和德语，在初中开设汉语。重新将人权作为美国外交的政策元素。美国同其他国家要继续就人权问题对中国施压，包括言论、结社、集会、信仰自由等。要鼓励在中国撤资，而非投资。不要对中国的公司、基金等投资。美国要限制互联网审查工具的出口。中国的防火墙是由美国思科公司制造的，国会立即通过立法，限制任何可能被极权国家用于审查互联网和电信系统的软件及硬件产品的出口。

10. 加强美国对高技术领域的控制权。利用美国优势降低成本。美国国家航空航天局已经号召如美国太空探索技术公司（SpaceX）、环宇太空公司（XCOR）等快速占领星际运输等业务，提供可靠的低地球轨道服务。鼓励 STEM（Science，科学；Technology，技术；Engineering，工程；Mathematics，数学）教育。中国正在培养比美国多得多的工程师和科学家。美国要在个人、家庭、企业和政府层面提供适当的支持，鼓励下一代成为工程师和科学家，缩小与中国的差距。

从该书可以看出，纳瓦罗具有典型的冷战思维，对中国充满敌意，思想极端、观点激进。其中有些看法已经过时，比如在列举"八种"武器时对中国环境问题、人力成本问题、汇率问题等方面的认识已不合时宜。近年来，特别是十八大以来，我国加快经济转型升级，经济发展进入新阶段，很多问题正在逐步解决。从特朗普竞选中对中国的言论来看，对中国的认识仍然停留在该书的层面。如果他们不改变原来的看法，书中提出针对我国的很多措施有可能被特朗普政府采用。

三 对策建议

全球正进行又一次巨大的利益与经济格局调整，作为多方博弈中极其重要的一方，我国将首次全面深刻地参与其中。特朗普政府的上台，对于全球来说，都是一个考验。作为世界第二大经济体，特朗普眼中需要最先高额征税的国家，我国也备受挑战。为此，提出如下建议。

第一，要继续高举全球化大旗。历史规律和科技发展表明，全球化是各国合作共赢，互利发展的方向。历史不会倒退，只会在螺旋中上升。目前全球化的徘徊是为下一步更高水平的全球化集聚动能。我们要抓住这一机遇，扛起全球化的大旗，以"一带一路"为核心，广泛加深与沿线国家的经济联系，积极推进与主要国家双边投资谈判，全力支持 RCEP 早日完成谈判，并争取更多国家参与。更加主动应对气候变化，积极落实推进《巴黎协定》，争取在国际上发挥更大作用。

第二，加强与欧盟在全球治理中的合作。欧盟在全球化和全球治理中扮演着重要角色，是许多国际规则的倡导者、引领者和制定者。目前，欧盟也面临去全球化风险，英国脱欧的多米诺骨牌效应正在发酵，欧盟一体化也处于艰难破茧期。中欧加强全球治理合作，共同应对去全球化浪潮，有利于平衡特朗普政府的全球责任收缩，符合双方利益。以亚投行为抓手，积极促进"一带一路"倡议下的中欧合作，共同推进和引领全球化。

第三，积极主动与特朗普政府和智囊团队进行多方式沟通。可以采取官方、半官方、非官方等多种形式，以政府、民间组织、智库机构、学者个人多种身份与特朗普政府和智囊团队进行交流。在一些关键问题上，如汇率、知识产权保护、国有企业等方面进行充分沟通，摆明利害，形成共识，避免对方发生低级误判。

特别要加强与纳瓦罗的沟通。纳瓦罗对中国的认识还停留在十年前的水平，这在一定程度上导致特朗普对中国的看法过时。如果这些看法不改变，对我国很可能采取极端保护主义措施。要通过与纳瓦罗的交流及邀其访华等方式，使其对中国的发展、改革和新一轮高水平开放有更多的认识。做好应对美国政府采取保护主义的准备，特别是对美国提出并可能采取的相关措施认真研究，提前做好预案。

第四，加快国内改革。发达国家经济政策内卷化与反全球化以及曾经左翼国家政策右倾化会成为一股合流，给全球经济尤其是我国经济带来负面影响乃至冲击。当前我国经济发展进入新常态，正在不断探索开放型经济新体制，金融体系会更加开放，人民币国际化程度会不断深入。同时，经济内部的债务、金融风险及房价泡沫与人民币汇率问题，都亟须积极稳妥加以解决。一旦经济问题爆发，经济社会也会面临较大不确定性。为此，需要把房价、就业和收入分配问题作为经济发展的重中之重来抓。

开启亚欧互联互通大战略，
谱写亚欧产业合作新篇章

在一个充满变数和复杂性的世界，世界各国和地区需要共同努力，以深化经贸合作为抓手，加强互联互通建设和产业对接，构建和平发展与合作共赢的新型国际关系。从全球来看，近年来经济、政治的重心向亚洲地区转移，正在形成欧洲、美洲、亚洲多极化的均衡发展局面；发展中国家和新兴经济体对世界经济增长的贡献增加，在全球经济中的比重上升，按购买力平价计算的发展中国家经济总量从 2013 年开始超过发达国家。以"数字化、智能化、绿色化"为特征的全球新产业、新技术、新业态、新模式不断涌现，这无疑给世界经济的平稳恢复和长期可持续发展注入了新的动力和活力。

当前，世界经济仍处在国际金融危机后的深度调整和曲折恢复过程中，世界经济发展和各国政策取向都出现了严重分化，美元升值和全球资本流动及汇率波动加剧，新兴经济体金融市场动荡增加了全球金融的不稳定性，各国宏观政策不同步的影响更加明显，地缘政治风险等非经济因素导致部分地区动荡加剧，世界经济呈现低增长、不平衡、多风险的主要特征。

一 在"一带一路"倡议下，亚欧
合作站在了一个新的历史起点上

中国国家主席习近平 2013 年先后提出了建设"丝绸之路经济带"和"21 世纪海上丝绸之路"，即"一带一路"倡议，具有重大的现实意义和深远的历史意义，表现了中国从经济大国迈向经济强国的正确义利观、历史观、发展观、安全观和世界观。"一带一路"倡议将会架起和平、增长、改革、文明的四座桥梁，并将促使中国与沿带沿路国家和地区努力打造政治互信、经济融合、文化包容的利益共同体、命运共同体和责任共同体，构建各方融合发展的大格局，共同担当维护世界和平与发展的重任，共享发展的机遇和利益。"一带一路"倡议受到了国际社会的广泛认可和支持。欧洲各界对"一带一路"倡议已经有了较客观的认识，表达了积极的态度。英国、德国、法国、意大利、卢森堡等欧洲国家积极参与亚洲基础设施投资银行，为亚欧国家深化金融合作树立了良好榜样。"一带一路"倡议背景下的亚欧合作，不但将为亚欧各国和地区人民带来实实在在的利益，而且将为全球经济可持续发展注入强大的动力，开辟人类历史的新纪元。

"一带一路"倡议的一头是活跃的东亚经济圈，一头是发达的欧洲经济圈。亚欧大陆是世界上面积最大、人口最多、国家最多的大陆，也是发展机会最多、合作潜力最大、共享利益最多的大陆。近年来，亚欧各领域的合作与交流不断深入，取得了令人瞩目的成就，但是亚欧合作水平与两个大陆本身的地位相比还有较大差距，还存在一些瓶颈。例如，在交通运输网络方面，存在联而不通、通而不畅的问题；在产业和项目对接方面，还缺乏有效的平台和模式；在贸易投资方面，仍存在一些摩擦和掣肘。亚欧互联互通既指交通、管道、园区等"硬件"基础设施的互联互通，也包括贸易投资、民心文化等"软件"基础设施的互联互通。

二　从五个方面推动亚欧互联互通

一是推动基础设施互联互通。在历史上，任何一个国家和地区的创造性连接都会使区域经济联系产生巨变，惠及更广阔的地域。新亚欧大陆桥沿桥的综合交通基础设施建设已取得重要进展，进一步提升新亚欧大陆桥各节点的交通便利性，将成为推动亚欧基础设施合作的关键抓手。同时，亚欧海底光缆和跨海大通道建设也需要加快推进。未来亚欧将形成涵盖海运水运网、高速公路网、高速铁路网、航空网、通信光缆网、信息高速公路网等在内的亚欧高水准基础设施互联互通网络。

二是促进贸易投资自由化、便利化。推进贸易投资便利化，以点带线、从线到片逐步形成互利共赢、多元平衡、安全高效的开放型经济体系。欧盟是世界上最大的区域经济组织和经济最发达、规模最大的经济体，是海上丝绸之路和陆上丝绸之路的终点。亚洲是最具发展活力和潜力的地区之一，拥有世界总人口60%，经济总量占全球的1/3，已经成为世界经济的第三极。亚欧大陆不断深化经贸合作，为世界经济发展提供不竭动力。应把构建亚欧大陆自贸区提上日程，加快研究，争取早日在亚欧大陆建立一个高标准、宽领域的全球开放性的多边贸易和投资体系。

三是促进和深化金融合作。近年来，亚欧各国在平等互利基础上开展的一系列金融合作，成果不断显现，对于维护区域金融稳定、促进区域经济发展起到了十分重要的作用。整体来看，亚欧各国金融合作还处于起步阶段，需要进一步加强合作的广度和深度，在银行、债券、保险、衍生品市场、外汇市场等领域积极合作，加强货币互换，推进国际货币体系改革。同时，亚欧金融合作也需要抓手。中国倡导的亚洲基础设施投资银行，除得到了亚洲国家的积极参与外，欧洲国家（例如英国、德国、法国、意大利、卢森堡等）也积极地响应，这为亚欧国家金融合作提供了一个重要平台。

四是加强产业互动和对接。当前，世界正处于大调整、大变革、大发展和大突破的非常时期，以"数字化、智能化、绿色化"为特征的新产业、新技术、新业态、新模式不断涌现。亚欧国家间产业发展阶段，产业结构、研发水平等都有很大的不同，具有很强的互补性。在新一轮产业革命即将拉开大幕的背景下，亚欧国家应重塑区域产业布局，优化产业链、价值链和供应链，推动上下游产业链和关联产业跨国界、跨区域协同发展，共同提升区域产业配套能力和综合竞争力。

五是推进亚欧各国民心相通。国之交在于民相亲，民相亲在于心相通。民心相通是亚欧互联互通的社会根基。民心相通的深层基础是不同文化的相互交流、相互学习和相互融合。亚欧各国应立足于各相关国家多元文明的群体性复兴，通过提升文化的相互开放水平，推动不同文明交流碰撞，形成更具宽容精神的共同文化和永恒价值，汇聚和释放文化促进发展的强大正能量，实现更有效率、更具包容性的增长。通过加强人民友好往来，增进相互了解和传统友谊。要促进人员、技术、服务在区域内的自由流动，鼓励就业和人才市场相互开放，拓展旅游合作，加强文化产业合作，共建世代友好家园。

关于亚投行促进亚欧互联互通和
产业合作建议

亚投行需要结合"一带一路"倡议，面向亚欧合作新起点，抓住新的巨大合作空间和共同发展机遇，为亚欧形成高水准基础设施互联互通网络提供融资保障，为亚欧重塑区域产业布局，优化产业链、价值链和供应链提供金融保障，为亚欧各国和地区人民带来实实在在的利益，为全球发展注入新的动力。在投融资模式、运作模式等方面全方位创新充分利用和参与建设新一轮国际贸易和投资规则；协调好会员国之间的关系，及其与其他开发行的关系，特别是在亚欧互联互通中与欧洲相关机构的关系；项目本身和建设过程都要坚持以保护环境为前提，实现绿色发展；本着开放的精神欢迎新成员国加入，在项目运作中充分地与各方合作，加强与政府的合作，在政府架构下进行投资，既符合政府的目标，又对银行的信用结构进一步优化；最终实现利益共享，为亚欧大陆所有国家和地区的繁荣及居民生活的水平提高做出努力。

一 主要目标

第一，促进亚欧互联互通。推进亚欧海底光缆和跨海大通道建设，促进亚欧形成涵盖海运水运网、高速公路网、高速铁路网、航空网、通信光缆网、信息高速公路网等在内的亚欧高水准基础设施互联互通网络。

第二，推动亚欧产业链合作。推动上下游产业链和关联产业跨国界、跨区域协同发展，重点在智慧制造、大数据、云计算、移动互联网、节能减排、环保、新能源等领域开展全产业链合作，携手推进亚欧经济可持续发展。

第三，推进亚欧贸易投资便利化。促进形成互利共赢、多元平衡、安全高效的开放型经济体系，将支持构建亚欧大陆自贸区提上日程，争取早日在亚欧大陆建立一个高标准、宽领域的全球开放性多边贸易和投资体系。

第四，扩大亚欧金融合作的广度和深度。在银行、债券、保险、衍生品、外汇等领域积极合作，加强货币互换，推进国际货币体系改革。

第五，推进亚欧各国民心相通。促进人员、技术、服务在区域内的自由流动，共建世代友好家园。

二 主要建议

（一）引入中国发展理念和经验

亚投行是新时期国际经济治理的产物，是中国从世界大国向世界强国迈进，在全球特别是亚洲发挥关键建设作用的重要平台。它既需要学习其他多边开发银行的先进经验，也要总结推广中国改革开放中积累的经济发展模式、经济发展理念，特别是在基础设施建设和产业园区发展中的经验，能够在亚洲广大发展中地区有施展的空间。林毅夫曾经指出，"今日非洲的经济发展水平与中国改革开放初期的状况非常相似。如果非洲各国能够充分汲取中国改革开放形成的经验，并结合本国具体国情，一定能在未来的 20 ~ 30 年内保持一个较高的经济增长水平。在这个过程中，中国企业的经验、资本和技术，能够发挥比现在更大的作用，从而实现中非经济的双赢"，这一观点用在亚洲也合适。

亚欧互联互通的短板在亚洲地区。亚洲多数国家正处于工业化、城市化进程中，基础设施投资大、周期长、回报率低，加上一些国家在政治、合同上的风险，使资金瓶颈成为众所周知的难题。中国在 30 多年的发展中，正是通过加快基础设施建设，实现了长周期高速增长。在中国有无数种"要致富先修路"的经验版本：北上广的大都会模式、经济特区及开发区的先行试验模式、振兴东北老工业区模式、西部大开发模式，等等①。从亚洲基础设施建设现状及融资需求看，区域内各经济体，特别是"一带一路"沿途国家基础设施条件不均衡，交通、通信、电力等重点领域总体落后，从而构成区域内互联互通、经济一体化的重要瓶颈，相关基础设施建设投资资金需求巨大②。

首先，强化亚投行的专业化定位，即重点在基础设施投资领域。虽然基础设施项目周期长、收益风险大，但公益性强，对社会生活的方方面面将产生巨大影响，具有很高的社会效益，应以提高这些国家和地区的社会福利为目标，切实有效地解决它们最为关心的利益问题。从各国内部来看，基础设施建设能够促进投资所在国的经济发展，提高其经济效率。特别是刺激其制造业和交通运输业等相关产业的迅速发展，并带动农业和第三产业发展。从加强各国经济联系的角度来看，基础设施建设特别是铁路、公路、港口、机场、电力以及通信领域的投资有利于加强各国的互联互通，降低运输成本，便利通信往来，从而促进区域内货物贸易和产业分工细化，进而以贸易带动金融和投资的跨国往来，促进各国金融市场发育并逐步加强各国在货币金融领域的合作，提高亚洲经济体在现行国际经济、金融体系中的地位③。

其次，充分发挥中国企业基础设施建设能力。伴随综合国力的提升，中国有资本、有实力且有必要在亚洲基础设施建设及投融资领域发挥领头羊作用。一方面，中国拥有位列世界第一的外贸及外汇储备规模、世界第二的经济规模、世界第三的 FDI 规模，同时在铁路、公路、机场、桥梁、隧道等工程施工能力，相关基建装备制造能力，投融资模式设计能力和经验突出，使其在亚洲基础设施建设和投融资市场具备了

① 庚欣：《以中国经验和理念办好亚投行》，《环球时报》2015 年 4 月 14 日，人民网－环球时报。
② 高鹏：《以中国经验助力亚洲基础设施建设与互联互通》，http：//www.enorth.com.cn，来源：光明网。
③ 王达：《亚投行的中国考量与世界意义》，《亚论坛》2015 年第 3 期。

"'实体＋金融'走出去"的底气和自信。另一方面，在中国经济由超高速换挡至中高速的"新常态"下，经济转型升级加速，中低端制造业以及基础设施建设出现相当程度的产能过剩，客观上有向区域内其他国家转移过剩产能的需要①。

最后，吸取我们在建设中的一些教训。例如建筑质量问题，环境问题，当地群众利益共享问题，等等。亚投行及"一带一路"倡议的实施，引发了国际社会对中国输出落后产能、输出环境污染的担忧。日本强调"高质量基础设施"的理念，并提出推动"高质量基础设施投资"的国际标准②。对于上述各种挑战，必须重视，要融入创新、协调、绿色、开放、共享五大发展理念。亚投行需要制定相关标准，对贷款或者投资符合当地和国际环保法律的，在保护环境的前提下坚持合作与发展。同时，要注意中国参与企业不是转移和淘汰落后产能，而是依托先进的技术、中高端的装备和科学的管理体系，如智能电网、钢铁、核电、高铁技术等。

（二）把推进人民币国际化作为重要内容

在 20 世纪末的东南亚金融危机中，人民币的坚挺给国际社会特别是亚洲留下了良好的印象。随着中国加入 WTO，对外经贸出现快速增长，人民币在周边国家和地区开始被广泛使用，一些国家还将人民币确定为自由兑换货币或储备货币。2008 年国际金融危机后，国际市场对人民币的需求日益强烈，中国自身金融改革的内在动力也在加强，人民币国际化步伐加快。过去几年里，中国开始推动一系列的改革，促进人民币在国际贸易和投资中使用的广度和深度。如通过签订货币互换协议来加速人民币的输出，建立人民币离岸市场来实现境外人民币的自我循环，制定 2020 年建设上海国际金融中心目标，在国际金融市场上推出

---

① 高鹏：《以中国经验助力亚洲基础设施建设与互联互通》，http：//www. enorth. com. cn，光明网。

② 徐奇渊：《亚投行发展融资理念：应以全球价值链合作为出发点》，《国际经济评论》2015年第 4 期。

以人民币计价的金融产品，制定政策推动人民币结算在国际贸易中的直接使用，等等。

当下中国处于一个从贸易国家向金融国家转型的时期，需要为人民币走出国门铺设通道，而亚投行、金砖国家开发银行等多边合作机构为人民币的出海创造了机会。亚投行作为政府间的地区多边投资合作平台，为亚洲基础设施建设提供了专业便利的融资渠道，既能够解决基础设施建设融资难的问题，又能提高资金的利用率。构建以中国为主导的、新兴经济体广泛参与的国际多边金融新体系，可能的路径如下：首先，借助亚投行和丝路基金在亚太地区形成人民币区，将人民币加入亚洲区域外汇储备库，使人民币成为亚洲锚货币；其次，在欧盟、美国、日本等强势国际货币区内推行人民币阻力较大，可以争取在周边"弱货币"区，如东盟、俄罗斯等国家或地区，推广人民币跨境使用①。

综合考虑中国的经济总量等因素，中国将在 AIIB 运行初期占有30%左右的投票权，这是中国首次在国际（区域）金融机构（体系）中发挥主导作用。为更好地借助亚投行推进人民币国际化，应根据世界经济实际与我国综合国力，积极探索推进人民币国际化的新方式。例如，达成借贷意向与发行债券是亚投行必须同时开展的业务，后者甚至可以成为常规业务。作为价值波动幅度较小的软通货，人民币成为具有认购权的货币，我国可根据自身经济压力、潜力等指标，通过向以人民币认购债券的国家和地区实行利率优惠、收益加成等来提升人民币认购规模②。如果以人民币认购债券，需要认购国和地区事先持有人民币，这可有效提高其他国家和地区主动持有人民币的比重，在量的层面推进人民币的国际化。鉴于亚洲国家大多需要经济发展方面的便利和支持，我国可依据各产业发展实际，对愿意接受人民币结算的国家和地区给予优惠。亚投行还应积极开展商品交易结算业务，与商业银行、人民币离

---

① 王有鑫：《亚投行成立是多赢选择》，《金融博览》2015 年第 1 期。

② 接玉芹：《基于亚投行体系探索人民币国际化新路径》，《中国流通经济》2015 年第 7 期。

岸金融中心建立合作关系，提高人民币在世界范围内的影响力，扩大人民币结算的潜在范畴。为吸引更多国家和客户在亚投行主导的互联网支付平台开展人民币业务，我国应加强金融安全建设，同时开拓沉淀资金收益渠道，提升资金收益规模，引导各经济主体选择人民币支付方式。

（三） 与其他多边开发性金融机构合作

亚投行作为新的区域多边开发银行，与现有多边开发银行的业务领域各有侧重。世界银行、亚洲开发银行等现有机构承担着促进可持续增长、减贫、改善环境、提高教育等多方面任务，亚投行侧重于基础设施建设。在亚洲基础设施融资需求巨大的情况下，由于定位和重点业务不同，亚投行与现有多边开发银行是互补而非竞争关系。亚投行与现有多边开发银行合作，相互补充、共同促进亚洲经济持续稳定发展。亚投行与多边发展机构的合作关系能够更好地发挥亚投行在其业务领域的作用，服务和支援亚欧互联互通。一方面，构建新型的亚投行与多边发展机构的合作关系，需要亚投行更加积极地发挥其金融支撑作用，参与地区经济建设[①]。目前的多边发展机构在全球范围内发展历史悠久（见表1），具有良好的发展基础，国际合作网络比较广泛，人才使用和管理机制比较完善，并且项目资源相对优质，亚投行与现有机构建立密切的合作关系有利于充分利用其经营管理和项目开发的资源和经验，实现资源的优势互补。另一方面，亚投行与其他多边发展机构的合作能够有效弥补其他机构在项目合作和资金投融资业务方面的不足，补充和完善区域金融体系。通过新型合作关系的构建，可以加强新设多边机构和现有机构的联系和沟通，促进国际金融秩序的发展和完善。此外，新机构的设立，不可避免地会冲击旧机构的秩序。新旧机构必然存在一种竞争与合作的关系。所以，要想构建亚投行与多边发展机构的良好合作关系，就要正确处理新旧机构之间的这种竞争合作关系，以更加积极的态度和

---

① 刘国斌：《论亚投行在推进"一带一路"建设中的金融支撑作用》，《东北亚论坛》2016年第2期。

发展理念参与多边发展机构的合作交流，推动亚欧互联互通建设更快更好地发展。

表1 多边银行主要职能

阶段	历史背景	代表机构或组织	主要目标与职能
国际联盟	一战结束	国际清算银行	清算战争赔款，服务各国中央银行支付与清算
布雷顿森林体系	二战结束	IMF	促进国际金融经济合作,对国际收支危机的国家提供融资援助
		世界银行	援助贫困国家,促进国家间的投资和贸易,协助生产性投资和资源开发
后布雷顿森林体系	西方国家战后经济恢复、新兴市场国家崛起	G7等多边磋商机制	就国际经济、政治的重大问题进行磋商协调
		亚洲开发银行	为亚洲国家提供资金、技术援助,促进经济政策协调和项目合作
		欧洲投资银行	欧共体框架内组织、支持落后国家发展,促进欧洲共同体的平衡和稳定发展
		非洲发展银行	提供非洲机构贷款,加强非洲人力资源利用与促进成员国家经济发展
		泛美开发银行	对拉丁美洲国家的经济、社会发展计划提供资金和技术援助
		欧洲复兴银行	支持东欧、中欧国家向市场经济转型

（四）积极创新投融资渠道和方式

亚投行应该更加积极地拓宽投融资渠道，提高投融资有效性。亚欧互联互通建设需要大量的资金投入，需要依托亚投行等金融组织的大力扶持，通过亚投行股票发行、债券发行以及设立各种金融融资工具等，积极推进PPP模式，引导民间资本参与亚投行项目投融资等。针对不同国家和地区的不同情况制定不同的融资和资金使用模式，发挥资本等要素在推动亚欧地区国家基础设施建设和经济发展的作用。更加积极地进行项目投融资活动，特别是在和基础设施建设相匹配的配套设施方面根据情况合理引进，提高投融资有效性以及拓宽亚投行的投融资渠道。

第一，允许多元资本注入。亚投行的资本不应仅仅局限于各成员国，而是可以广开门路吸引各类金融机构，包括养老基金、共同基金、保险资金甚至是其他区域多边银行。更多元的外部出资方会更加注重项目的盈利性，这样也能提高亚投行的可信度①。

第二，要支持 PPP 项目。基础设施建设大部分在发展中国家，投资风险较高。还有些投资项目由于忽视社会责任或造成当地环境污染，可能被以安全审查为由关闭。东道国的政权更替、制度变化等因素都会影响到投资安全，如泰国的高铁计划搁浅、缅甸的密松电站被迫停工等。亚投行的对接将为防范"一带一路"基础设施的投资风险提供重要保障。作为一个多边开发银行，亚投行可以利用其投资风险识别和筛选机制来帮助企业规避风险，可以通过与现有的多边银行的合作，撬动私营部门的资金，实现风险合理分担、利益共享②。

第三，采取贷款项目 + 商业建议的模式。灵活多样的项目资金形式，不仅仅包括传统的借贷，更应考虑股权参与③。通常金融机构只负责提供资金，放款之后就任由业主自行开展基建项目，并不参与管理执行。亚投行除了提供资金，还可以为业主提供更多的商业建议，比如：为业主推荐合适的项目承包方，在规划设计、设备采购、政府沟通等端到端环节提供及时专业的咨询服务。一方面，帮助缺乏经验的业主更有效地推进项目，另一方面，通过深入参与后端环节，及早发现项目运营风险，争取充裕的时间设计相关的风险控制方案，不断完善项目相关的机制与架构，从而帮助项目顺利实现预期的收益与影响。

第四，积极引入中国民间资金的参与④。通过亚投行的项目实施，让中国的民间资本"走出去"在全球范围内进行资源配置，这为潜在

---

① 麦肯锡：《亚投行应以创新应对基建挑战》，财新网，2015 年 7 月 15 日。
② 刘翔峰：《亚投行与"一带一路"战略》，《中国金融》2015 年第 9 期。
③ 麦肯锡：《亚投行应以创新应对基建挑战》，财新网，2015 年 7 月 15 日。
④ 乔鹤鸣：《国际金融体系变迁视角下的亚投行及其展望》，《郑州大学学报》（哲学社会科学版）2016 年 1 月。

的生产与技术交流提供了可能的机会。中国放弃了对中国产品特殊照顾的权利，对各国和地区的产品完全一视同仁、公平竞争，就是要让中国企业在竞争中提高自身的竞争力和产品质量，从而创造一个有利于产业结构升级、提升制造业水平的外部环境。但中国也不应仅仅满足于出口产品的提升和贸易中的制胜，应该积极在本国倡议主导与多边金融机构合作，推动本国资本的对外投资。这既符合中国利益，又解决了发展中国家经济建设无法得到充足资金的问题，同时也可提高国内资金用于实体经济的生产利用率，一部分地缓解金融市场上的泡沫和流动性过剩的压力，在国家信誉的保证和推动下，成为民间投资新的良好渠道。

第五，与援助方式深度融合。中国商务部数据显示，过去 60 多年来，中国累计已向 166 个国家和国际组织提供了近 4000 亿元的援助。而《中国对外援助（2014）》白皮书显示，2010～2012 年，中国对外援助规模持续增长，援助总金额为 893.4 亿元，增速有显著提高。目前对外援助的增长并没有与 GDP 增长挂钩的机制。不过预估可能会和 GDP 保持同步，约为每年增长 7%。目前，我国对外援助正在探索新的方式，援助为投资提供前期准备工作将成为重要的形式。尽管对外援助资金和亚投行等多边金融机构在资本规模上无法相比，但我国对外援助中的相当一部分是无偿的，是不太容易吸引私人和国际资本加入的。这些对私人资本无吸引力的项目，政府就要通过对外援助的形式体现。亚投行和对外援助承载着不同的功能，可以互相补充。从不同的角度做事，同时所有的力量要用到一处。亚投行投资项目可以选择与一些援助项目进行结合。援助项目可以为一些大的项目做预可行性研究、规划设计咨询，这是体现先导作用的典型。比如有一些跨国的大型公路铁路项目，通过援助的形式，可以先行做一些前期准备工作，包括与培训人才等配套的项目。

（五）为促进亚欧互联互通提供专业化的组织保障

在推进亚欧互联互通建设中，亚投行需要创新专业化组织管理方式，运营科学的管理工具。

　　第一，可引入精益化管理，重新定义多边金融机构的管理流程[1]。一是强化项目团队与职能部门的通力合作：在项目初期就指定信贷、法律等职能部门的专家参与，让他们成为项目跨部门对接人。二是根据不同项目类型建立审批流程标准：现有的多边金融机构往往流程不顺畅导致后期工作进展无法预测，因此根据不同项目类型制定编制的审批流程并设定工作时限，会使工作流程更加标准透明。三是由专人负责"端到端"的项目推进：设立项目推进专责经理负责项目全流程，在关注项目进展的同时注重团队健康度。

　　第二，搭建亚欧互联互通和产业合作项目平台库。综观现有国际经济组织，相关领域的数据管理能力是组织专业性的重要体现。世界银行在国家及全球经济发展方面的数据库，已成为国际宏观研究中最为重要的数据参考。国际清算银行在国际金融领域特别是各国资金流动情况，则成为监测国际资金流动及国际金融运行情况的基础数据来源。亚投行应吸取国际经济组织发展经验，充分重视数据对于业务发展的重要驱动作用，发挥政府间经济组织的角色优势，将本地区基础设施的项目数据进行整合[2]。从具体内容上，数据库一方面可将有关国家的项目情况进行汇总和跟踪，另一方面可以利用我国前期积累的基础设施领域的相关数据和项目作为案例和经验，增填到数据库中，增加外界对我国基础设施建设投资领域情况的了解。

　　第三，建立亚欧互联互通和产业合作项目评估机构。由于基建投资期限较长，且部分国家较为落后，因此需要谨慎地进行贷款项目评估并加强风控，否则出现坏账、贷款能力受限，难免会影响国际信用。亚投行要建立自己的贷款评估机制，严格审查贷款的发放、使用和回收。这将是一个系统工程，亚投行在成立之初恐怕不具备完善的评估能力，短期内可能要借助第三方合作，标普、穆迪和惠誉三家美国评级机构垄断全球评级市场，未来可着手建立自己的评估机构。

---

① 李广宇、吕文博、王祎枫，麦肯锡报告《多边金融格局新力量：亚投行的创新与活力》，2015 年 9 月。
② 梁绮利：《亚投行下一步策略选择：坚持专业化方向》，《第一财经》2015 年 5 月 20 日。

以金融创新推动中蒙俄经济走廊建设

当今世界形势正在发生深刻复杂的变化，地缘政治冲突加剧，地区焦点、难点问题不时出现；世界一些主要国家和地区出现逆全球化潮流，贸易和投资保护主义抬头，全球化处于徘徊阶段、面临更多的不确定性。尽管新一轮产业革命和技术革命正在兴起，但全球仍缺乏持续强劲的有效需求，全球经济仍在缓慢复苏并面临较大下行压力，在这样的大背景下，和平、发展、合作、共赢的时代潮流更加强劲。

"一带一路"倡议提出以来，沿线各国和地区积极参与，获得国际社会的广泛认可和支持，激活了沿线经济发展活力，成为沿线各民族交往的大平台，已是具有广泛影响的国际合作框架。中蒙俄经济走廊建设是"一带一路"框架下东北亚地区多边合作的重要内容，是促进该地区经济一体化的重要途径。2014年，在中蒙俄三国元首会晤上，习近平总书记指出，中蒙俄三国发展战略高度契合。中方提出共建丝绸之路经济带倡议，得到俄方和蒙方积极响应。我们可以把丝绸之路经济带同俄罗斯跨欧亚大铁路、蒙古国草原之路倡议进行对接，打造中蒙俄经济走廊，加强铁路、公路等互联互通建设，推进通关和运输便利化，促进过境运输合作，研究三方跨境输电网建设，开展旅游、智库、媒体、环保、减灾救灾等领域的务实合作。国际金融危机以来，东北亚地区经济增长放缓，经济结构性问题突出，偏重投资和出口导向，依赖能源资源的旧有发展模式动力不足。中蒙俄三国同舟共济，协力推动中蒙俄经济走廊建设，发挥比较优势，推动跨境基础设施互联互通，提升贸易与投资便利化水平，将为三国深化合作，形成高水准基础设施互联互通网络、重塑区域产业布局，优化产业链、价值链和供应链做出重要贡献，为经济可持续发展注入强大动力。

"中蒙俄经济走廊建设"一经提出，得到三国各界积极响应。国内各相关省市地方政府也积极响应，开展了大量工作，取得了显著成就。内蒙古作为中国北部边疆省份，连通俄蒙，区位独特，是中蒙俄经济走廊的重要组成部分，将在中蒙俄经济走廊建设中发挥不可替代的重要作用。两年多来，内蒙古自治区加快推进"中蒙俄经济走廊"建设，创新与俄蒙合作机制，加快建设向北开放的重要桥头堡和充满活力的沿边开发开放经济带。面向北方，服务内地，口岸经济不断向纵深推进。完善口岸经济布局，加强口岸能力建设。与俄罗斯和蒙古国开展产业合作，推动上下游产业链和关联产业协同发展；建立中俄蒙三国五地旅游联席会议机制，开行"茶叶之路"中俄跨境旅游专列，按照国家战略统筹推进建设连接俄蒙的重要铁路、公路项目，一批重点项目取得了突破性进展，许多做法和模式值得学习、总结和推广。

近年来，中蒙俄三国投资贸易合作快速增长。2015年，中蒙、中俄两国贸易额分别达到73亿美元、642亿美元，中国企业累计对蒙古国和俄罗斯投资分别达到40亿美元、330亿美元，相关的一批重大项目合作正在积极推进。中俄、中蒙经贸合作关系日趋紧密，中国连续多年保持对蒙最大经贸伙伴地位，也是俄罗斯第五大出口市场和第一大进口来源地，经贸合作已经成为双边关系的"压舱石"和"推进器"。

2016年9月13日，国家发改委正式公布《建设中蒙俄经济走廊规划纲要》（以下简称《规划纲要》），标志着"一带一路"框架下的第一个多边合作规划纲要正式启动实施。《规划纲要》以实现"一带一路"建设与跨欧亚大通道建设以及"草原之路"倡议对接为目标，明确了三方合作的具体内容、资金来源和实施机制，商定了一批重点合作项目，涵盖了基础设施互联互通、产业合作、口岸现代化改造、能源合作、海关及检验检疫合作、生态环保合作、科技和教育合作、人文合作、农业合作以及医疗卫生等十大重点领域，并提出充分发挥各地比较优势，优先推进三国毗邻地区次区域合作。金融在中蒙俄经济走廊建设中发挥关键作用。三国金融机构应结合《规划纲要》，面向中蒙俄合作新起点，抓住新的巨大合作空间和共同发展机遇，为该地区形成高水准基础设施互联互通网络提供融资保障，为三国重塑区域产业布局，优化产业链、价值链和供应链提供金融保障，为三国人民带来实实在在的利益。

第一，加快银行业"走出去"。三方可以建立共同投资基金。按照合作共赢的原则设立共同投资基金，三方共同出资、共同谋划研究资金的使用、共同确立基金的治理结构和决策机制。加大我国金融机构向蒙俄"走出去"的支持力度，鼓励其加快海外布局。支持对蒙俄贸易平台运营企业在网上开通第三方支付业务，以从销售流程上严把产品质量关。鼓励中国民营企业到蒙俄收购兼并银行，对已拥有蒙俄银行的中国企业，优先支持其牵头在国内成立民营银行，以方便中蒙俄贸易和投资结算。鼓励有实力的长期从事对俄经贸投资的企业牵头成立对俄投资基金。该基金可以吸收国家政策银行如中国进出口银行或国家开发银行、其他投资机构、大型资源消费企业入股。也可以此基金为基础，与俄罗斯投资机构共同建立投资基金。鼓励建立服务对俄投资的商业保险机构。中国的保险机构可有选择地与蒙俄投资保险机构建立合资保险公司，共同为该地区投资提供保险。2015 年成立的中俄金融联盟就是很好地探索。

第二，人民币国际化大有作为。近年来，随着人民币国际化水平的不断提高，在国际贸易中，特别是在与蒙俄贸易结算中，人民币逐步获得更多认可，越来越多的经贸往来开始使用人民币进行结算。中蒙边境地区对人民币的认可度和接纳度较高，人民币在蒙古国乌兰巴托、乔巴山等地可自由流通，已大量用于双方贸易定价、结算及蒙方境内的日常支付。近年来，随着俄罗斯面临国际环境的变化，越来越多的俄罗斯机构、能源企业以及银行正在使用人民币而不是美元来进行结算。人民币被国际货币基金组织批准加入特别提款权（SDR）货币篮子，更是为人民币在蒙俄的广泛使用创造了有利条件。要继续加强与蒙俄央行人民币－卢布、人民币－蒙古币互换机制的建立。积极推动人民币在与蒙俄双边贸易中的计价和结算比例。继续完善人民币与卢布汇率直接交易机制，加快形成人民币与卢布的直接市场汇率。推进建设人民币跨境支付与结算体系，积极向蒙俄推介我国的银行支付系统。

第三，要积极创新投融资渠道和方式。中蒙俄经济走廊建设很大一部分项目都是长期的投资、长期的资产，为发展需要长期的资金。这就需要依靠政策性金融、开发性金融、合作性金融来探索一个能够长期投资的模式。发行长期债券是非常关键的，但是要确保项目能够长期盈利。同时，如何做到平衡也非常重要。资本是追逐利润的，越是在发达的地区投资，利润回报率越高，而在一些欠发达地区，可能没有很好的利润，但对于当地经济起步和居民生活来说，会产生很大的效应。这需要一个平衡。要发挥杠杆的作用，要用巧劲。不是所有的投资都需要国家预算，国家预算要做好杠杆作用。例如"容克计划"设计了通过设立总额210亿欧元的欧洲战略投资基金撬动来自私营和公共领域约3150亿欧元投资的方案，撬动杠杆高达15倍。因此，应该更加积极地拓宽投融资渠道，创新投融资模式，提高投融资有效性。可以通过股票发行、债券发行以及设立各种金融融资工具等，积极推进PPP模式，引导民间资本参与沿线项目投融资等。除了提供资金，金融机构还可以为业主提供更多的商业建议，为项目承包方在规划设计、设备采购、政府沟通等"端到端"环节提供及时、专业的咨询服务。

除了以上金融创新中需要注意的几个问题，金融要重点在以下三个领域发挥创新示范作用。

第一，要为中小企业提供更多金融支持。开发型金融机构要与商业金融机构合作，致力于为中小企业发展全过程提供金融服务和支持，促进技术创新，支持青年人创业和就业，以最大限度地挖掘就业机会。中小企业是释放各国经济活力，使经济实现稳健增长的关键。中小企业在创新方面更有活力，并且是提供就业岗位的主力军。在中蒙俄经济走廊建设初期，更多的是大工程、大项目，但这并不意味着中小企业没有发挥作用的空间。大工程、大项目可以拆分，以分散外包的方式吸收中小企业参与。良好的大数据平台能够为中小企业参与中蒙俄经济走廊建设提供必要的信息支持，有利于制定科学的前瞻性规划、避免恶性竞争。大数据平台包括基础设施和产业合作项目两个方面。基础设施平台包括铁路、公路、油管、电力和航空等信息，可以对正在建设和准备建设的重大基础设施的位置、分布、建设周期、投资方等进行定期汇总和跟踪。产业合作项目平台包括新能源、信息技术、航空航天、高端装备制造业、产业园区等领域，可以对项目的类型、建设周期、投资规模、投资主体等进行定期汇总和跟踪。

第二，要为三国创新合作提供金融支持。中蒙俄经济走廊建设要专注于创新，为创新提供更好的环境。产能合作要瞄准最新的产业发展方向，能够发挥三国优势。俄罗斯东部地区雄厚的科研基础带动了其在高新技术领域的发展，不但形成了东部地区在传统领域的高新技术优势，在现代高新技术发展中同样取得了丰硕成果，在新能源、以纳米科技为主导的新材料、信息技术和生物技术等领域都有长足发展。要加大与俄东部地区的科技合作，通过联合办学、联合科研、课题合作、学术论坛、学者访问等多种渠道，促进两国科技的高效交流。鼓励蒙俄沿边地区加强与远东和西伯利亚科研院所、高技术企业的合作力度，建立双边地区科技合作协调机制和中俄科技合作园区，加强科技产业化合作与中俄科技人员交流与培养。创办中俄联合大学和联合研究所，通过联合承担科研项目、实施科研规划等方式加强中俄两国科技交流。通过直接聘请、合作研究、讲学、合作开发等多种渠道积极引进俄罗斯人才。建立规范的引进俄罗斯技术的科技中介和咨询机构。2016 年 10 月，中俄技术转化创新基地在沈阳市和平区三好街启迪科技园（沈阳）正式揭牌落户，旨在通过引进、孵化、吸收亚欧先进技术，不断提升三好街整体科技创新能力，搭建亚欧科技创新合作的线上和线下对接平台。这也是很好的尝试。中蒙俄可以搞联合研发，在资源、技术、产业、市场方面能够有效集合，形成优势互补，具有重要战略意义。

第三，要为三国绿色发展提供金融支持。2015 年联合国大会提出了《2030 年可持续发展议程》，表达了人类社会发展的共同愿景。《巴黎协定》的签署也意味着全球应对气候变化开启新的篇章。中蒙俄经济走廊建设要为推进沿线三国实现可持续发展，发展绿色经济、低碳经济做出重大贡献。要引入可持续发展评估体系，在资源环境、社会民生、经济发展等各方面实现协调发展。要促进三国发展绿色环保产业，研发绿色环保技术，提供绿色就业岗位。要推进绿色国际产能合作，从发展绿色环保产业入手，为全球提供绿色清洁产品。

第三篇

秉持共商共建共享的全球治理观

关于参与和完善全球经济治理规则的研究

一　全球经济治理规则的演变与趋势

（一）全球贸易治理出现单边主义倾向

全球贸易治理制度发端于二战结束以后，是为了全球经济复苏而建立的一系列制度和组织。随着全球化的深入，各国往来的日益频繁，1994 年乌拉圭回合部长会议决定成立世界贸易组织（WTO），以取代 1947 年成立的关贸总协定（GATT）。WTO 现行的多边协议广泛涉及了货物、服务、知识产权、争议解决等相关安排，规范着全世界 160 多个 WTO 组织成员，代表了多边贸易主义。但 2001 年发起的多哈发展回合谈判的停滞不前，让 WTO 多边贸易的发展变得缓慢。国际金融危机后，美国奥巴马政府力推跨太平洋伙伴关系协定（TPP）、跨大西洋贸易与投资伙伴协议（TTIP）和国际服务贸易协定（TISA）等，全球贸易治理规则从多边主义向区域主义转变。特朗普当选美国总统后退出 TPP，TTIP 也遭遇搁浅，拟与其他国家建立直接的贸易联系，开始从区域主义转向单边主义。英国脱欧以后，也会寻求与其他国家建立直接的贸易联系。

（二）新兴市场国家在全球金融治理中作用日益显著

为了在战后对国际货币秩序进行重建，在美国的主导下，布雷顿森林体系于 1944 年诞生。布雷顿森林体系的核心内容包括成立国际货币基金组织以及实行可调整的固定汇率制度（即美元直接与黄金挂钩，各国货币和美元挂钩的"双挂钩"模式）。尽管"双挂钩"模式在1973年退出历史舞台，但国际货币基金组织和世界银行集团一直保留至今，成为全球金融治理体系的重要组成部分。1997年亚洲金融危机背景下，"七国集团"开始意识到新兴国家在全球金融治理中的重要性，于是在1999年成立"二十国集团"（G20）财长和央行行长会议，但这一时期"七国集团"还是金融治理核心。2008年金融危机爆发后，发达国家经济增长乏力，新兴市场国家在危机复苏和全球经济增长方面发挥重要作用，其对全球经济与金融稳定影响日益显著，G20财长和央行行长会议升级成为G20领导人峰会，开始成为全球金融治理的核心。2009年G20伦敦峰会设立了一个全球金融监管体系——金融稳定委员会（FSB），由包括发展中国家在内的20多个国家的央行、财政部和监管机构以及主要国际金融机构组成。

（三）发展问题治理呈现多元化

二战结束后，发展问题的相关机制被嵌入在贸易、金融和货币等领域的制度安排中。1944年布雷顿森林大会确立了世界银行为世界经济提供贷款的职能，国际发展援助的制度框架基本形成。最先拉开国际发展援助序幕的是美国支持下的马歇尔计划（即欧洲复兴计划），其对被战争破坏的西欧各国进行经济援助、协助重建，对欧洲国家的发展和世界政治格局产生了深远影响。20世纪60年代后，欧洲国家实现了经济复苏，开始加入了援助国的行列中。总部位于法国巴黎的经合组织在1961年成立的发展援助委员会（DAC），成为发达国家主要的对外援助协调和制定规则的组织。此外，世界银行于1960年成立了国际开发协会（IDA），以促进发展中国家经济发展。同时，泛美开发银行（LADB）、非洲开发银行（AfDB）、亚洲开发银行（ADB）和欧洲复兴开发银行（EBRD）等多边发展银行也在发达国家的主导下成立起来，为发展中国家提供优惠贷款、赠款和技术援助等。随着发展中国家在联合国的力量增强，联合国1965年成立了开发计划署（UNDP），专门从事发展援助事宜。联合国、世界银行和其他多边开发性银行成为 2008 年金融危机前全球发展援助治理体系的主要框架。金融危机后，新兴国家根据自身需要设立了新的发展机构，成为发展中国家提高发展水平的又一重要平台，其中包括金砖国家开发银行、亚洲基础设施投资开发银行（AIIB）等。

（四）"逆全球化"浪潮开始兴起

全球化在持续推动世界经济几十年的发展后，面临全球贸易和投资增速放缓、民粹主义抬头、贸易保护主义持续增强的挑战。2013 年以来，全球贸易增长开始持续低于 GDP 的增长，全球贸易下降的幅度大于世界经济下降的幅度，全球经济往来变得疲弱。英国宣布脱欧后，尚未摆脱债务危机、难民危机和恐怖威胁的欧盟排外倾向和民粹主义显著蔓延，一体化进程更加艰难。以"贸易偷走了美国人就业"为代表的观点引起了美国选民对就业前景和收入停滞的不满和担忧，持贸易保护主张的特朗普总统正考虑以关税、汇率等工具履行竞选时的承诺。此外，据英国智库报告，G20 成员之间自 2008 年以来共采取了 1583 项新的贸易保护措施。美国从 2008 年到 2016 年对其他国家采取了 600 多项贸易保护措施，仅 2015 年就采取了 90 项，平均每 4 天推出一项。

（五）全球新一轮产业革命正蓬勃发展

当前，以人工制能、大数据、云计算、新能源、新材料、绿色技术、生物技术为代表的新一轮产业革命正不断创造新产业，也在重塑传统的产业部门。美国、德国、韩国等传统数字技术强国正加速布局下一代移动通信网络技术（5G），智能家居等人工智能领域也成为发达国家的探索重点，产业规模正在扩大。发展中国家也不断加大对物联网、云计算的研究投入，将大数据技术结合到传统产业当中。在此基础上，房屋租赁、打车、众筹、在线雇用、音乐等共享经济的出现，新的服务业革命也不断打破旧的工业格局。以"德国工业 4.0""美国工业互联"《中国制造 2025》"韩国制造革新 3.0"等为代表的新一轮产业革命将全球生产要素以更先进的方式联系起来，推动全球进入创新发展的新阶段。生产力的不断革新促进了经济基础的变化，作为上层建筑的治理规则体系也迎来新一轮调整。

二 当前全球经济治理规则存在的问题

（一）经济危机处理能力薄弱，难以促进经济复苏

全球各国建立经济治理体系的起因之一，是为了各个国家在应对全球经济波动带来的冲击时，能够做好事前预测沟通、事中协调合作、事后复苏发展。但是 WTO、IMF、世界银行等全球经济主要治理机构不断固化，在世界经济危机的事前、事中以及事后没有做出及时合理的判断，在面对和处理危机方面出现"失灵"。从 20 世纪 80 年代起的发展中国家债务危机，到 90 年代初期东欧剧变后中东欧国家的经济转轨，再到后来的亚洲金融危机，IMF 反应迟缓，行动滞后。从 2007 年美国次贷危机至 2008 年金融危机蔓延全球，IMF 蹩脚的预测更是严重误导了各国决策者对世界经济形势以及危机影响的判断。此外，IMF 提供贷款总是附加苛刻的政策调整条件，按照自由化和私有化观念设计政策方案，结果往往不能符合发展中国家的现实情况，最后不但没有赢得尊重，反而广受争议。事实证明，从 2008 年开始的国际金融危机到现在已近 10 年时间，但全球并没有真正从危机中走出来。全球经济治理体系在促进经济复苏方面俨然存在诸多弊病。

（二）新兴市场国家参与全球治理的程度不深

世界金融危机以来，全球经济复苏态势疲弱，投资与贸易活动趋缓。但新兴市场国家凭借着其巨大潜力，2008 年以来持续推动着世界经济列车的前进。根据 IMF 的报告，2016 年新兴经济体的增长率将达到 4.2%，占当年全球经济预期增长率的 3/4 以上。但是，在当前现行的各种治理规则中，新兴市场国家总体上处于与自身实力不相匹配的弱

势地位。在 IMF 投票权前六的国家中，美国排名第一，比例为16.53%，其他五国分别为日、中、德、法、英，投票权依次为6.16%、6.09%、5.32%、4.04%、4.04%。前六位除了中国外均是发达国家，其他发展中国家中，印度投票权为2.64%，俄罗斯为2.59%，南非为0.64%。IMF 做出重大决策需获支持率至少为85%，美国对 IMF 的任何决策都拥有否决权。IMF 的领导人任命中也长期存在着遴选不公平、代表性过低的问题。而在世界银行的治理结构中，美国的投票权达15.85%，同样位列榜首。尽管2008年以来 G20 开始成为沟通发达国家和新兴市场国家的重要平台，但总体上，新兴市场国家在当前全球治理机构中仍然没有获得足够的话语权。

（三）无法妥善处理诸多不平等问题

全球化的深入发展带来诸多不平等问题，包含不同国家之间、不同阶层之间、劳动力和资本之间、跨国公司与母国、东道国之间的利益分配的不平等。在国家层面，国家间经济不平衡加剧，不平等的国际贸易规则赋予了工业化国家开展更多反倾销、反补贴等贸易保护措施的权利。全球各国贫富差距不断扩大，失业问题突出，收入分配不平等问题越来越严重。国际劳工组织（ILO）2017年发表报告提出，美国、欧洲等发达国家贫困正在加剧。世界银行等机构的发展援助行动已进行多时，但发展中国家仍面临艰巨的扶贫任务。金融危机爆发后，发达国家实施的大规模量化宽松货币政策在促进经济增长和就业方面没有发挥有效作用，却加剧了收入不平等，导致金融资产持有者收入大幅增加，而工人实际收入却增长非常缓慢。资本要素所有者比劳动力要素获得更高的收益率，但国际金融治理机构对于恶性的货币宽松政策没有多大的约束力。在跨国公司层面，全球化的发展进一步强化了跨国公司的力量，跨国公司借助其组织机构优势在全球配置资源，却通过关联交易等转移利润、逃避税收，从东道国与母国获得大量的利润。

（四）无法解决复杂程度高、牵涉面广的全球新问题

气候变化、贫困、人口老龄化、公共卫生、跨国犯罪等全球问题复杂程度加深，牵涉面越来越广。贫困问题从收入贫困、农村贫困不断衍生到了生态贫困、城市贫困，超出了世界银行治理全球性问题的合法性。医疗技术快速革新的同时，新的传染病毒也在快速变异，禽流感、埃博拉疫情等传染性疾病更是接踵而至，公共卫生建设水平的落后对社会稳定和经济增长的影响愈发明显，除了世界卫生组织外却少见其他国际治理机构的协同合作。毒品贩卖、网络安全等越来越多的跨国问题更是显现出当前全球治理规则的供给不足。

三 关于中国参与和完善全球经济治理规则的建议

（一）推动具有"开放、包容、普惠、均衡、绿色"特征的新全球化

在国际社会推出"新"全球化概念，引领全球化向更健康、可持续方向发展。综合来看，"新"全球化可以包含五方面的特征。第一是开放，强调各国需要拥抱全球化，走向国际化，抵制保护主义和民粹主义，减少排他性安排，推动贸易和投资自由化、便利化；第二是包容，强调不同民族、不同信仰的国家和地区都有平等发展的权利；第三是普惠，即发展要照顾到各阶层和群体；第四是均衡，通过规则设定来保证不同国家、不同阶层能够获得公平的利益，缩小利益分配差距；第五是绿色，继续推动全球可持续发展，积极应对全球气候变化，推动绿色低碳循环发展。

（二）提升在全球治理中的地位，深度参与全球治理

与其他新兴经济体一道，继续在创新全球性、区域性治理新机制上扮演积极角色，为完善全球经济治理体系创造更加有利的条件。一要提

高在现有国际治理机构中整体投票权份额与话语权，加快国际货币基金组织、世界银行的治理结构改革，不断提高新兴经济体国家的投票权份额等，获得更大的制度性权利，提升全球经济治理的有效性。积极投入国际经济治理机构的改革过程，参与国际事务议事规则的完善工作，使其能够更体现公平性、包容性。二是结合自身遇到的发展障碍以及全球经济新问题，主动寻求合作，建立新的多边治理机构。中国作为"共商共建、共赢共享"的主导者和倡导者，要完善代表新兴市场国家的金砖新开发银行、亚洲基础设施投资银行、丝路基金等新型国际金融机构的治理制度，完善其与联合国、国际货币基金组织、世界银行等传统机构间的沟通协调机制，达到治理主体的多元与统一。三要强化20国集团（G20）的作用。适应新兴经济体发展壮大的趋势，把 G20 进一步打造成具有决策力、执行力、协调力的长期性全球经济治理机构。

（三）与各国共同应对全球不平等问题

2016 年 G20 杭州峰会为世界经济发展指明了新方向，规划了新路径，注入了新动力。要巩固和利用好杭州 G20 峰会成果。一是要减少人为设置的贸易障碍，减少国际贸易规则的不平等性带来的经济不平衡。要积极寻找与其他国家的利益共同点，坚持"共同但有区别的责任"原则化解各国经济不平衡的责任分配分歧。二是要加大发展援助力度，加大对贫困地区的财政投入，进一步推动普惠金融业务，以可负担的成本为社会各阶层和群体提供金融服务，重点保障农民、小微企业、城镇低收入人群和残疾人、老年人等其他特殊群体的利益，减少阶层间收入差距，实现社会公平。三是要继续支持国际税收合作体系建设，促成税基侵蚀和利润转移合作、税收情报交换等措施，减少跨国公司非法资金流动的风险。

（四）为全球复杂新问题提出"中国方案"

面对气候变化、贫困、人口老龄化、公共卫生、跨国犯罪等全球复杂新问题，中国应当积极参与国际对话，提出解决问题的"中国方案"。例如，在应对气候变化方面，应加快推进"中国气候变化南南合作基金"等机构建设，构建公平合理的国际气候制度，帮助其他发展中国家应对气候变化。在应对农村贫困、城市贫困、生态贫困等多维度的贫困问题，可以设立相关的援助基金弥补世界银行发展援助机制的局限性，同发展中国家一道消减贫困人口数量。支持民间组织的对外联系和援助，向公共卫生体系建设薄弱的欠发达国家提供多元化主体的帮助，弥补世界卫生组织等国际机构提供援助的不足。

中国与欧盟全球治理合作

自 20 世纪 80 年代以来，全球化浪潮迅猛推进，成为当今最重要的时代特征。虽然全球化使世界成为一个紧密联系、不可分割的整体，给人类带来种种便利，但是不可否认一系列全球问题也随之涌现，并呈现多元化和复杂化的特点。全球问题的产生使人们开始反思整个全球化的价值，诸多"反全球化"的思潮和行为逐渐出现。近年来，这种现象更是愈演愈烈，对世界许多国家和地区都产生极为深远的影响，英国"脱欧"和特朗普当选美国总统就是这一思潮的具体表现。

全球化与反全球化相互交织，使整个国际社会处于极不稳定的状态中。为解决这些复杂的问题，"全球治理"为世界提供了一套以规制为中心的解决方案。中国和欧盟是当今世界中两个不可或缺的重要力量，双方在全球治理领域开展了诸多务实的合作，为促进世界的和平与发展做出了卓越的贡献。

一 中欧全球治理合作基础

在梳理中欧在全球治理中的合作实践之前有必要先讨论两者的合作基础，它是现实中诸多实践的根本，对于理解和把握中欧合作具有重要意义。面临共同的全球问题现状、相同的秩序诉求和相似的全球治理观念是中国和欧盟得以在全球治理中展开合作的基础，也是现实中双方合作的深层原因。中国和欧盟在冷战后的国际体系中有着相同的秩序诉求，两者都希望在格局中扮演突出的角色。

（一） 问题基础：面临的全球性问题

"冷战"结束后，全球化在推进经济、政治和文化一体化方面发挥了重要作用，成为国际社会的重要现实和理论焦点。但是，全球化如同一把双刃剑，带来巨大利益和发展机遇的同时，也带来了挑战与风险。这一过程中产生的全球性问题是以往国家和社会所无法解决的，因此需要具有全球视野的治理理念和模式。这些全人类需要共同面对的问题是中国和欧洲开展全球治理合作的"问题基础"，中欧双方本着共同解决问题的原则，展开合作，治理全球问题。

当前全球性问题的存在是广泛的，主要体现在以下四方面。第一，全球经济问题。以发达国家为主导的经济全球化加剧了世界范围内的贫富差距，英国全球问题专家戴维·赫尔德（David Held）指出，"经济的不平等和排外主义是全球化过程中占支配地位的现象。虽然全球化与不平等的联系还在争论之中，但是区分三种不平等是可能的：国家之间的不平等、国家内部的不平等和全球不平等（最富裕的和最穷的个人、团体、地方之间）"。[1] 同时，金融市场的全球化使各国的风险性增加，2008年全球金融危机就是最好的证明，至今全球还未真正走出其负面影响。[2] 第二，全球政治问题。跨国公司与国际组织的发展使民族国家的控制力减弱，从而使民族国家的主权受损，一些国家不断抛出"人权高于主权"等观念并干预别国内政推行霸权主义。[3] 在全球性安全问题中还包括国际安全问题，最为突出的是恐怖分子在全球范围内不断制造事端，给世界各国人民的生命安全带来了极大的威胁。第三，全球社会问题，包括毒品泛滥、难民潮席卷全球等，使世界时时刻刻处于不安定的状态中。第四，生态环境问题，这是表现最明显的全球问题，发达

---

[1] David Held and Anthony McGrew, *Globalization/Anti-Globalization*, Blackwell Publishers Inc., 2002, pp. 187 – 189.

[2] Jill M. Hendrickson, *Financial Crisis: The United States in the Early Twenty-First Century*, Palgrave Macmillan, 2013, p. 23.

[3] 邵鹏：《全球性问题与全球治理的理论与实践》，《太原理工大学学报》（社会科学版）2008年第2期，第35~36页。

国家向发展中国家转移工业，使污染扩散，全球性环境问题产生，生态失衡造成生物多样性遭到破坏。①

　　中国在经济腾飞的几十年内更是一跃成为第二大经济体，开始不断寻求"与自身实力相适应的负责任大国的地位"②，全球治理的推进少不了中国的参与。同样，欧盟是全球一体化程度最高的共同体，经济总量更是居全球首位③，在其一体化程度逐步加深的前提下，也不断在全球治理领域内发出自己的声音。面对上述威胁全人类的全球问题时，每一个单位都不能独立地解决，需要全球范围内的通力合作，更需要两个主要行为体——中国和欧盟的参与和合作，才能真正地实现"治理完善"的世界。值得注意的是，全球治理的主体，也就是制定和实施全球治理的行为体有很多，可以分为国家政府、国际组织、全球公民社会组织，中国和欧盟只是其中比较重要的组成部分。换句话说，全球性问题是中欧在全球治理领域合作的"非独有"基础，不仅中欧合作需要这一前提做内驱动，全世界各组织之间开展治理合作也是为了解决此类问题。

（二）观念基础：全球治理观存在契合点

　　中欧对全球治理的认知可以分为权威机构的表述和学术研究，中国和欧洲在两种表达中存在契合点，构成了中欧开展全球治理合作的"观念基础"。

1. 权威表述中的治理观念

　　2015 年 10 月 12 日，习近平总书记在主持中央政治局就全球治理格局和全球治理体制集体学习时提出的全球治理观可以归纳为①中国参与全球治理的目的是为自身发展和世界和平创造有利条件；②全球治理应该以各国通力合作为基础；③全球治理体制变革是当务之急；④要发挥

①　邵鹏：《全球治理：理论与实践》，吉林出版集团有限责任公司，2010，第 27 页。
②　赵洋：《纵向构建与中国负责任大国身份的形成》，《世界经济与政治》2016 年第 7 期。
③　2016 年最新数据显示，欧盟经济总量被美国反超，两者的差距在英国脱欧后继续扩大。

联合国在全球治理中的重要作用；⑤全球治理体制变革需要理念的引领。[1]

前欧盟委员会主席巴罗佐在任期间出席全球治理研讨会发表了"欧盟与全球治理"的讲话，作为欧盟的领导人，他的观点具有浓重的官方色彩，在一定程度上可以代表欧盟官方的观点。其观点总结如下：①全球治理须以互惠为基础；②主张用理想主义思维看待全球治理；③发挥"新兴力量"的作用；④欧盟有能力在全球治理中发挥重要作用；⑤全球治理应以多边主义为基础。

通过简单的比较可以发现，中国最高领导人和欧盟委员会主席在全球治理的观念认识上存在着相似之处：①强调全球治理的手段是合作共赢；②关注新兴力量的崛起；③认为全球治理的价值是实现和平。所以，中国和欧盟官方在对全球治理的认知上是相似的，正是这种相似使中国和欧盟可以在全球治理中展开合作。

2. 中欧学者对全球治理的研究

全球治理的概念兴起于 20 世纪 90 年代，目前已经发展成一个理论体系，包括对全球治理价值、规则、主体（单元）、客体（对象）和结果五个要素。[2]

俞可平认为，"全球治理是通过有约束力的国际规制解决全球性的冲突、生态、人权、移民、毒品、走私、传染病等问题，以维持正常的国际政治经济秩序"；张宇燕认为，"所谓全球治理，是指在没有世界政府的情况下，国家（也包括非国家行为体）通过谈判协商、权衡各自利益，为解决各种全球问题而建立的自我实施性质的国际规则或机制的总和。全球治理的内涵主要体现为平等、民主、合作、责任和规则等五个关键词"。[3]

---

[1] 中央政治局进行第三十五次集体学习，http://www.gov.cn/xinwen/2016-09/28/content_5113091.htm。

[2] 俞可平：《全球治理引论》，《马克思主义与现实》2002 年第 1 期。

[3] 张宇燕：《全球治理的中国视角》，《世界政治经济》2016 年第 9 期，第 5 页。

英国全球化问题著名学者戴维·赫尔德指出，"全球治理不仅意味着正式的制度和组织——国家机构、政府间合作等——制定（或不制定）和维持管理世界秩序的规则和规范，而且意味着所有的其他组织和压力团体——从多国公司、跨国社会运动到众多的非政府组织——都追求对跨国规则和权威体系产生影响的目标和对象"。① 2011 年欧洲大学研究生院和罗伯特·舒曼高级研究中心共同推出《欧盟的全球治理议程》报告，欧盟学者指出，"总体而言，全球治理就是国际体系中各个不同行为体通过建立全球层面上的运行规则，确立全球层面上有目的的秩序，从而限制并塑造各个行为体的预期，在全球层面对全球问题进行有效的管理，以便能控制冲突、促进合作、减少不确定性、获得资源以及提供治理所需要的公共产品"。②

通过中国和欧盟两方对全球治理的定义，可以发现两方学者的观点有很多相似的地方：①全球治理的主体多样化；②利用规则、机制和协商等手段实现治理；③全球治理的目标是合作、控制冲突。

中国和欧盟（不论是政府还是学术界）对全球治理的认知存在契合点。因此，中欧根据自己相似的认知来处理国际事务时，会不自觉地产生合作，这就是中欧双方合作的"观念基础"。

（三）结构基础：相同的秩序诉求

中国和欧盟在全球治理通力合作的基础，除了共同面对的全球性问题和相似的观念，还有就是双方都致力于推动世界多极化，在全球秩序中有着相同的诉求，是双方合作的"结构基础"。虽然这种秩序诉求开始于近三十年前，但是在不断变化、仍然未形成稳定格局的当今时代仍然可以用来作为分析工具。

冷战结束后，世界多极化趋势越来越明显，而中国和欧盟是推动多

---

① 戴维·赫尔德等：《全球大变革——全球化时代的政治、经济与文化》，杨冬雪译，社会科学文献出版社，2001，第 70 页。

② An EU Agenda for Global Governance, http://cadmus.eui.eu/handle/1814/16356, 2016 年 11 月 23 日。

极化世界的主要力量，在推动多级化的合作中有着众多的利益交汇点。中国一直支持世界多极化趋势的发展，认为"多极化有利于形成多个力量中心，有利于各个大国共同承担对世界和平的责任，有利于促进现在任何一个大国都无力独自胜任的全球性问题的解决"①。习近平总书记指出，"要充分估计国际格局发展演变的复杂性，更要看到世界多极化向前推进的态势不会改变"②。同时，欧盟也致力于推动建立多极化的世界格局。冷战结束后欧盟具有更多的独立性，明确反对美国建立单级世界的主张。这种趋势在欧盟继续扩大、一体化不断深化的背景下愈发明显，欧盟开始开展全方位的外交战略，在世界各地扩大自己的影响。虽然欧盟的性质同国家有着本质的区别，但是很多学者认为欧盟已经是世界格局中重要的一极③，开始发挥着无可取代的作用。

二 中欧全球治理合作的实践

对于中欧全球治理领域的具体实践分析需要一个合理的分析框架，通过框架才能既全面又完整地展现出中欧双方的合作行为。

（一）中欧在全球治理中合作实践的分析框架

全球治理的结构包括了横向和纵向两个方面。④ 在纵向上，全球治理并不是全球问题的治理，而是全球范围的治理，它既包括了全球、区域、国家、地方等各个层次的治理，又有公司层次、家庭层次以及其他各种组织团体内部的治理；而且各个层次是相互联系和作用的。如果从纵向维度来分析中欧全球治理合作的话，可以把合作分为全球范围内的合作（如联合国、IMF 等）、区域范围内的合作（如亚太、中东等地区

---

① 叶自成：《中国在多极化进程中的地位、作用和策略》，《国际观察》1998 年第 4 期。
② 《习近平出席中央外事工作会议并发表重要讲话》，新华网，http://news.xinhuanet.com/politics/2014－11/29/c_1113457723.htm，2016 年 11 月 29 日。
③ 胡瑾：《欧洲联盟在欧洲与世界上的地位》，《文史哲》1998 年第 2 期。
④ 邵鹏：《全球治理——理论与实践》，吉林出版集团有限责任公司，2010，第 65 页。

问题中的合作）等，甚至还应包括中国和欧盟内所有公司和家庭的合作交流。而这样一种分析框架太过庞杂，涉及的区域难以界定，因此不适合用于分析。横向上，全球治理包括主体、客体、价值、制度以及行动等要素。具体而言，就是回答谁来治理、治理什么、用什么治理、治理的效果等。横向的分析显然是一个理论分析框架，不能用来作为分析实践的框架。

全球治理结构的横向和纵向框架都不适合用来作为实践分析的研究框架，因此有必要跳出这个思路，重新寻找合适的方式。根据对"中国和欧盟合作"的文献进行梳理可以发现有两种分析思路，一种是根据在不同的国际组织或论坛内部来总结中欧合作，比如亚欧会议、G20、联合国、亚投行等。这种思路的优点是聚焦，可以深入分析在一个组织或区域内的合作行为。但缺点也是明显的，国际组织纷繁多样，以这样的研究方式来梳理不能照顾全面性。另一种思路是在不同的领域内分析中欧合作，比如经济、政治和安全，大部分文献是采用这种方式①。这种分析思路可以覆盖中欧合作的大部分领域，但是缺少对重点领域的考察。如果把以上研究思路综合起来，在关注领域的同时把具有重要意义的综合性国际组织纳入考察范围就可以做到"点面俱全"。

（二）中欧在联合国框架内的全球治理合作

联合国是当今国际体系中最重要的国际组织，是制定全球规则的最主要机构，也是全球治理的关键性参与者。中欧双方均十分重视联合国在全球治理中的地位和作用，通过在联合国框架下的合作实质性地推进全球治理。

第一，中国和欧盟都十分强调联合国在冷战终结后的国际体系转型过程中发挥了更加重要的作用。中国历届党和国家最高领导人在涉及欧盟的重要官方表态中，都会强调中欧双方在联合国框架内全面合作的重

---

① 江时学：《全球治理中的中国与欧盟：观念、行动与合作领域》，中国社会科学出版社，2016；叶江：《中欧关系新管窥——以国际体系转型及全球治理为视角的分析》，上海人民出版社，2015；卢静：《全球治理：困境与改革》，社会科学文献出版社，2016。

要性,并提出要积极推动在联合国框架下各个领域内加强与欧盟的具体合作。而在欧盟方面,其领导人也经常强调欧盟与中国在联合国框架下合作的重要性,认为"欧中双边合作有一些优先领域。双方已经就这些优先领域在一系列的国际组织及论坛中进行了紧密的合作,其中最重要的合作组织当然是联合国"。[①]

第二,中国和欧盟对冷战后联合国在安全事务全球治理方面的作用持有相近的立场。最为突出的表现是防扩散和军控领域。中国与欧盟在2004年签署了关于防扩散和军备控制问题的联合声明。这份声明强调,中国和欧盟作为国际安全领域的重要力量,对维护国际和地区和平、安全与稳定有重要责任,将继续为推动国际防扩散发挥积极作用。该声明中,欧盟明确表示支持中国2003年发布的《中国防扩散政策和措施》白皮书,而中国也对欧盟的《应对大规模杀伤性武器扩散战略》表示欢迎。中国和欧盟在这份文件中表达了许多相同的立场,并决心在战略伙伴关系框架内共同努力,根据《联合国宪章》增强安理会的作用,来加强国际防扩散体系。

第三,在联合国框架内,中国和欧盟在环境问题的全球治理方面开展了卓有成效的合作。"中国—欧盟生物多样性项目"于2005年签订,标志着中国、欧盟与联合国发展计划署在中国生物多样性保护领域战略伙伴关系的建立。此外,2005年9月,中欧双方发表《中欧气候变化联合宣言》,确定在气候变化领域实现用清洁能源技术的目标,是双方开展务实合作的积极表现。

(三) 中欧在 G20 中的全球治理合作

二十国集团(G20)由七国集团财长会议于1999年倡议成立,由包括中国、美国、日本、俄罗斯、法国、德国、英国、意大利以及欧盟等20方组成。国际金融危机爆发前,G20仅举行财长和央行行长会

---

① 叶江:《中欧关系新管窥——以国际体系转型及全球治理为视角分析》,上海人民出版社,2015,第112页。

议；国际金融危机爆发后，在美国倡议下，G20 提升为领导人峰会。G20 峰会的成立"标志着全球经济治理改革取得重要进展，为应对金融危机、促进世界经济复苏、推动国际金融货币体系改革发挥了重要作用"。①

"确立新的符合世界经济格局变化的全球治理理念，以及提出符合各国诉求又具有可操作性政策的主张，一直是 G20 的重要使命"②。中国和欧盟主要国家是 G20 集团中的关键行为体，也是在讨论全球治理和国际货币基金组织改革问题时非常重要的合作伙伴。在 G20 框架内，中国和欧盟的全球治理合作主要体现在以下三方面。

第一，共同推动 G20 的成立和发展。1999 年 6 月，G7 科隆财长峰会中的一份报告声明"建议建立一个布雷顿森林体系框架下的非正式对话机制，来推动具有系统重要性的国家间就国际经济金融进行对话"③。至此，G7 已经就新兴经济体开展非正式对话达成一致意见，包括欧盟在内的各国对中国的参加没有任何反对意见，可以说这次会议中确立了中国作为 G20 重要参与者的身份。同年 11 月，加拿大温哥华会议就如何建立 G20 机制进行了广泛的讨论，是 G20 建章立制的重要会议。与会各国就新机制的名称、议题设置等问题展开了讨论。欧盟及其成员国在新兴市场国家能否担任轮值主席国等问题上同中国达成了一致，为 G20 的发展提供了有利的制度保障。

第二，作为轮值主席国时，中国和欧盟及其成员国充分行使主席身份推动大会达成一致意见。自 2008 年华盛顿峰会起，G20 已经成功举办了 11 次。其中 2009 年英国伦敦峰会和 2011 年法国戛纳峰会是欧盟国家以主席国的身份主办④，而 2016 年杭州峰会则是中国第一次担任轮

① http：//www.g20.org/gyg20/G20jj/201510/t20151027_ 871.html, 2015 年 11 月 26 日。
② 高海红等：《二十国集团与全球经济治理》，中国社会科学出版社，2016，第 1 页。
③ Statement of G7 Finance Ministers and Central Bank Governors, http：//www.g8.utoronto.ca/finance/fm061999.htm, 2016 年 11 月 26 日。
④ 这里讨论的是 G20 峰会的历史问题，2011 年英国是欧盟成员国，没有考虑英国脱离欧盟，仍然认为其是欧盟成员之一。

值主席国，这三次会议中欧盟和中国相互交流，达成了诸多共识，有力地推动了全球治理的进程。例如，法国戛纳峰会强调"继续加强宏观经济政策协调，通过促进增长和就业行动计划，就建立更为稳定和抗风险的国际货币体系、改革全球经济治理达成重要共识，对应对欧债危机和促进世界经济复苏发挥了重要作用"。[①]

2016年9月4~5日在杭州举行的二十国集团（G20）领导人峰会取得了丰硕的成果，包括批准了《G20全球投资政策指导原则》（G20 Guiding Principles for Global Investment Policymaking），并在《二十国集团领导人杭州峰会公报》中宣布"将以此推动建立一个开放、透明、有利于投资的全球政策环境"。《G20全球投资政策指导原则》作为杭州峰会最重要的成果文件之一也同时发布。[②]

第三，在一些期待中通力合作。根据中国领导人的发言和欧盟理事会的报告，可以发现双方对G20在改革国际金融体系、反对贸易保护主义等方面有相同的期待。[③] 因此，双方在G20机制下对这些领域达成了共识，为以后更细致的合作开拓了空间。

（四）中欧在亚欧会议中的全球治理合作

从1996年首届亚欧会议至今，亚欧会议已经举办了十一届，会议中各方认识到"需为维护和加强和平与稳定的共同目标、为创造有益于经济和社会发展的条件而努力"，建立了亚欧新型伙伴关系，旨在"加强亚欧之间的联系，从而为和平和全球稳定与繁荣做出贡献。为此，会议强调亚欧与其他地区保持对话的重要性"[④]。

亚欧会议同全球治理联系密切。首先，从亚欧会议的缘起、发展、

---

① 历次峰会主要成果，http: //www. g20. org/gyg20/ljfhcg/201511/t20151106 _ 1226. html, 2016年11月26日。

② 詹晓宁：《全球投资治理新路径——解读〈G20全球投资政策指导原则〉》，《世界政治经济》2016年第10期，第5页。

③ 江时学：《中国与欧盟在二十国集团内的合作》，《世界经济与政治论坛》2014年第4期。

④ 第一届亚欧首脑会议主席声明，中华人民共和国外交部网站，http: //www. fmprc. gov. cn/web/ziliao_ 674904/1179_ 674909/t1270524. shtml, 2016年11月26日。

壮大以及合作的重点领域可知，亚欧会议既是全球治理过程中所形成的一个环节，又是对全球治理的充实和加强。其次，亚欧会议还通过亚欧人民论坛将亚欧两大陆的国家、政府间国际组织、社会公民运动等相互联结起来，形成亚欧间的国家与跨国公民社会的互动。① 亚欧会议为中欧全球治理合作提供了重要平台，具体表现为以下两方面。

第一，使高层交流互动顺畅。1998 年亚欧首脑峰会在伦敦召开，中国领导人与欧盟成员国重要领导人之间实现了首次正式会晤，从此确立了中欧领导人间的定期会晤对话机制。同时，两年一次的亚欧首脑会议和亚欧会议框架内其他各层次的对话也为中国和欧盟各成员国进行首脑外交和高层对话搭建了桥梁，双方领导人可以在机制中合作交流，进而推进全球治理的进程。第二，中欧在航空航天、信息技术、新能源、环保、农业、生物技术等领域内都有富有成果的合作。

（五）中欧全球经济治理领域内的合作

中欧在全球经济治理领域内展开了多重合作，涉及贸易、金融、投资等，是双方开展合作最丰富的领域。其中，最为突出的有在国际货币改革中的合作和欧洲参与中国主导的亚投行。

1. 中欧在国际货币改革中通力合作

2008 年爆发了全球金融危机，接着欧元区又发生主权债务危机并一直持续不断，在这样的背景下，深化全球经济治理成为迫切的需要。中国和欧盟由此在全球经济治理的国际货币体系改革和欧元的生存方面展开了合作。应当承认欧盟关注国际货币体系的改革已经持续多年，而中国则是在 2008 年全球金融危机爆发后才积极参与其中。2009 年 3 月，中国人民银行行长在央行官方网站发表了《关于改革国际货币体系的思考》，该文的主旨是呼吁改革国际货币体系，体现了中国在全球经济

---

① 叶江：《试论全球治理、亚欧会议及中欧合作建的相互关系》，《国际观察》2009 年第 3 期，第 11 页。

治理尤其是国际货币体制改革方面的积极态度。欧盟方面积极回应中国的态度，支持北京的改革呼吁。法国总统萨科齐更是宣布改革国际货币体系将是法国作为 G20 和 G8 轮值主席期间的优先事项。

美元主导的国际货币体系有固有的缺陷，被称为"特里芬难题"不利于全球经济的健康运行。为此"中国和欧盟都希望通过改革国际货币体系机制来加强全球经济治理，从而使美国不能轻易地使其债务货币化（例如通过量化宽松政策）"[1]。而在国际储备货币尚无可能真正形成的情况下，中国一直欢迎欧元能与美元抗衡，并努力将增加欧元储备作为促进货币持有多样化的重要举措。这就是为什么中国在欧元区主权债务危机期间，对欧元持乐观态度并继续加强与欧盟经济治理合作的重要原因。中国曾多次宣布，愿意为债务缠身的欧元区成员提供财政援助。毫无疑问，中国的行动对欧盟与中国的战略伙伴关系产生了正面的影响，特别是促进了中欧在国际货币体系的改革。同样，对欧盟而言"必须通过加强与中国的合作和不断推进多边主义的全球经济治理，才能保持欧元的地位"[2]。

此外，近年来中国和欧盟的经济团队之间建立了非常良好的合作关系。[3] 在中国方面，这涉及财政部、国家发改委和中国人民银行，以及管理中国外汇储备的机构国家外汇局，在欧盟则涉及欧盟委员会中的一系列相关的部门和欧洲中央银行等。各部门之间定期进行宏观经济与金融对话，除了多边框架（G20、亚欧会议）之外，已经形成了一个非常广泛的双边会议网络。双方在这样的平台中交流合作，共同推进国际货币体系改革。

---

① Miguel Otero-Iglesias, "The Influence of the Euro in Reshaping Global Monetary Governance: Perceptions from Financial Elites in Brazil and China", *European Law Journal*, Volume 18, Issue 1 January 2012, pp. 122 – 142.

② Miles Kahler, "Asia and the Reform of Global Governance", *Asian Economic Policy Review*, Volume 5, Issue 2, December 2010, pp. 178 – 193.

③ 叶江：《中欧关系新管窥——以国际体系转型及全球治理为视角的分析》，上海人民出版社，2015。

2. 欧盟国家积极参加亚投行

2015 年中国成立亚洲基础设施投资银行（下称"亚投行"），欧盟主要国家纷纷加入。[①] 这是中欧在全球经济治理中巨大的突破，也代表中欧合作的深化和升级。由中国发起的亚投行是全球治理转型过程中的一个积极而重大的发展，是中国对全球治理的一大贡献。欧洲主要国家对亚投行的反应与评价和美国、日本不同，且大都加入了亚投行，与其他国家一道缔造了新的全球治理史。加入亚投行是欧洲极富远见的决定，体现了在全球治理中一直发挥着中心作用的欧洲（欧洲一直定义其为全球治理中的"国际规范力量"）把中国看作了决定今后全球治理走向的一个关键因素。欧洲对中国最近参与全球治理的举动和反应以及由此与中国的互动，与美国对同一问题的反应不同。[②]

欧盟欢迎与支持中国发起的亚投行说明多边合作是中欧合作的一个共同价值基础，如果能够继续增大这样的价值基础，将成为以多边主义为基础的全球治理支柱。

（六）中欧在全球环境气候变化领域中的合作

中欧双方在全球环境治理中的合作主要体现在环境治理中的交流和应对全球气候治理中的合作。

1. 全球环境治理中的合作

中欧在清洁能源方面的合作是双边合作中最成功、最成熟的举措，为全球环境治理提供了有效的合作路径。

中欧关于清洁能源合作的讨论开始于 1994 年，2003 年这种关系被提升到副部级的环境对话，并退出了共同出资的能源和环境计划。进入21 世纪后，随着中欧全面伙伴关系提升到全球战略伙伴关系，中欧双

---

① http：//news. xinhuanet. com/world/2015 – 03/17/c_ 1114673277. htm，2016 年 11 月 25 日。
② 庞中英：《全球治理的中国角色》，人民出版社，2016，第 162 页。

方不仅继续在环境能源方面加强协调与合作，而且更加集中在气候变化方面的合作。2005 年的中欧峰会建立了气候变化方面的双边伙伴关系，强调合作的具体行动。2010 年对话升级为部长级会谈。2012 年第 15 届中欧领导人会晤时，中国和欧盟同意"联手应对环境、城市化和气候变化的挑战"。这些合作和倡议表明，尽管中欧关系有起伏，但是在环境和资源领域合作依然突出。比如 2013 年 7 月，中欧公布了《关于加强环境政策对话和绿色增长合作的联合声明》，宣布启动"中欧环境可持续项目"，双方承诺加强在生物多样性和生态系统保护、可持续生产和消费等方面的合作。中国和欧盟能源消费约占全球的 32%，全球二氧化碳排放量的 35%。国际能源机构（IEA）估计，2030 年之前中国和欧盟都需要进口大量石油。[①] 因此，确保能源供应的安全性以及世界资源丰富地区的政治稳定性对双方都很重要。

中国与欧盟在环境能源领域合作活动的支柱是实用性和技术性，在这方面欧盟给予中国相当的财政资助。不论是清洁使用煤炭还是提高煤炭的使用效率，中欧双方一直都以科技为重点。另外，中国还向欧盟学习了很多关于环境保护和能源政策的法规和方式方法等，比如中国汽车排放标准一直向欧洲靠近。

2. 全球气候治理中的合作

中欧双方在气候治理中有两种方式，第一种是联合国框架下的多边合作，双方承诺遵循《联合国气候变化框架公约》和《京都议定书》的目标和原则，并在此框架内建立治理全球气候变化伙伴关系。第二种是在中欧峰会框架下，通过双边磋商机制进行后续合作。由于前文在联合国框架中已经简单提及中欧在联合国气候大会上的合作，所以本部分重点关注中欧峰会中气候治理合作。

在中欧峰会中双方的合作方式有以下三方面。（1）通过中欧峰会

---

① http：//www. iea. org/publications/freepublications/publication/weo – 2016 – special – report – energy – and – air – pollution. html，2016 年 11 月 26 日。

为双方应对气候变化合作进行战略规划。比如，2015 年 6 月 29 日，中国和欧盟在布鲁塞尔发表中欧气候变化联合声明，宣布要提升气候变化合作在中欧双边关系中的地位，在双边和国际层面加强气候对话和合作，共同推动巴黎气候大会达成具有法律约束力的协议。① （2） 建立气候变化部长级对话机制和高官级磋商机制进行政策对话和信息交流。（3） 广泛开展应对气候变化项目合作，中欧在应对气候变化问题上建立了中国与欧盟、中国与欧盟成员国、欧盟与中国地方政府等多层次的合作机制。②

（七） 中欧网络治理中的合作

互联网在中欧经济和社会发展进程中的地位不容低估。由于形式多样的网络犯罪具有跨国界的特点，因此，中欧有必要在网络安全领域加强合作。这一合作既有利于发挥双方在全球治理中的积极作用，也有利于推动 2003 年建立的中欧全面战略伙伴关系。中欧在全球网络治理方面的合作开始起步，已经开展了各种正式、非正式的磋商，主要有以下事件。

第一，以世界互联网大会为契机加强中国同欧盟在网络安全治理领域内的合作。世界互联网大会已经成功举办三届，为中欧提供了交流和合作的平台。最新的第三届已于 2016 年 11 月 16～18 日召开，主题是"创新驱动，造福人类——携手共建网络空间命运共同体"。③ 并且在主论坛下设立了互联网全球治理、互联网国际高端智库论坛、网络反恐、"一带一路"信息化等同互联网治理息息相关的分论坛。来自世界各地包括欧盟各国的各类组织共同探讨网络治理的发展。

在第三届世界互联网大会中，各国对网络安全问题高度重视，在尊

---

① 中新网，http://www.chinanews.com/gn/2015/06 - 30/7374263.shtml，2016 年 11 月 25 日。
② 张自楚、郑腊香：《中欧在气候变化问题上的合作研究》，《战略决策研究》2016 年第 4 期，第 71 页。
③ 世界互联网大会乌镇峰会官网，http://www.cac.gov.cn/2016sjhlwdh/index.htm，2016 年 11 月 26 日。

重网络主权、尊重《联合国宪章》等国际法和国际关系准则的基础上，争取制定各方普遍接受的网络空间国际规则成为国际社会的共同愿望。网络安全和互联网治理的国际交流与合作将成为国际社会最关注的话题之一，越来越多的国际组织将在推动全球互联网发展与治理方面发挥更加积极的作用。①

第二，以中国国家网络信息办公室为中心开展同欧盟在全球网络治理中的合作。2015年7月13日下午，庄荣文副主任在北京出席中欧数字经济和网络安全专家工作组首次会议并致辞，庄荣文副主任会见欧盟委员会通信总司副总司长盖尔·肯特一行。② 同日，中国互联网发展基金会同中欧数字协会达成合作意向，就建立紧密型、全面型合作关系深入交换意见。双方围绕互设办事处、举办中欧数字高峰论坛及博览会、开办中欧数字研究中心数据库、建立中欧投资平台等事宜达成合作意向。③

三 未来十年中欧全球治理合作

（一）联合国框架下中欧全球治理合作

中国和欧盟是维护世界和平的两大力量，双方重视联合国在国际事务中的核心作用，致力于发挥联合国在全球诸多领域的作用和影响。通过联合国这个平台，双方可以探索全球治理合作的新路径和新方式，推动全球安全治理的渐进变革，用以解决全人类关注的诸多问题。

第一，双方应该在普遍接受的国际法的基础上开展全球治理合作。中国和欧盟应该提倡在尊重包括《联合国宪章》在内的国际法的基础

---

① 《2016年世界互联网发展乌镇报告》，http：//www.cac.gov.cn/2016 - 11/18/c_ 111994 1092.htm，2016年11月26日。

② 《庄荣文副主任会见欧委会通信总司副总司长盖尔·肯特一行》，中华人民共和国国家互联网信息办公室，http：//www.cac.gov.cn/2016 - 07/18/c_ 1119237326.htm，2016年11月26日。

③ 《中国互联网发展基金会同中欧数字协会达成合作意向》，中华人民共和国国家互联网信息办公室，http：//www.cac.gov.cn/2015 - 07/14/c_ 1115923024.htm，2016年11月26日。

上，来加强联合国行动的合法性。① 合法性是联合国以及其他所有国际组织有效行使职权的根本保障，联合国的合法性与权威性首先在于其对国际法，特别是国际法基本原则的遵守和维护。

第二，双方应继续坚持和加强联合国在全球治理中的作用，积极参与联合国相关行动。具体的行动指导可以总结为重点领域重点突破和开发新领域内的合作两点。其一，在已经比较成熟的交流互动领域内，继续深化合作，比如气候谈判、联合国维和行动等。其二，在联合国框内开拓新领域内的合作，比如共同创建与网络、太空相关的新机制等。

第三，双方应该合作探索联合国关于全球治理的各种有效方案。这一治理框架可以"推动发达国家和发展中大国在全球安全治理中的作用"②。例如，中欧就联合国相关的维持和平行动，人道主义救援，打击跨国犯罪，防灾减灾救援，难民、侨民的安置与撤离等项目开展联合演练、联合培训等。通过这些方面的合作，提升多边组织和集团在全球治理方面的政体作用。通过这种方式也可以促进中国、欧盟、印度等相关国家之间的合作，有助于增强国家之家的安全信任。

（二）G20 框架下中欧全球治理合作

中国和欧盟都重视 G20 在全球治理中的作用，积极参与各项事务。中国更是刚刚主办了最新一期的 G20 杭州峰会，一致通过了具有深远影响的《二十国集团领导人杭州峰会公报》。此外，《中欧 2020 战略规划》明确提出"重视二十国集团等多边组织和平台的作用"③。因此，中欧全球治理合作的未来发展少不了继续在 G20 框架下加深合作，合作的方式包括以下几点。

第一，积极推动 G20 机制化建设，确保 G20 作为全球经济治理的

① 程卫东：《国际和平与安全与中欧在安理会中的合作》，《中欧关系蓝皮书》，社会科学文献出版社，2014。
② 李东燕：《全球安全治理与中国的选择》，《世界经济与政治》2013 年第 4 期。
③ 新华网，http://news.xinhuanet.com/3gnews/2013-11/23/c_125751496.htm，2016 年 11月 30 日。

主要平台。二十国集团是一个组织结构、成员规模和治理目标都处于发展阶段的国际机制，过去的首脑峰会尽管达成了很多国际合作的具体措施，但是仍然有一些重要的国际经济目标因为成员分歧而没有实现。比如，峰会中达成的反对贸易保护主义的承诺并没有成为现实，美国并没有放弃自己在国际货币基金组织中的否决权，国际金融治理结构并没有得到根本的改善，等等。而且 G20 没有常设的秘书机构，严重影响了它的运行效率。

以上问题最好的解决方式就是推动 G20 的机制化，可以确保 G20 在促进国际经济合作和全球经济治理中发挥的核心作用。机制化建设包括设置秘书处等常设机构、议题建设专门化、会员准入制度、投票机制、协商框架、承诺评估机制等非常复杂的过程。中欧双方应该在这些领域内逐步开展合作，一步步地把 G20 机制化这一目标向前推进。

第二，合力推动 G20 的功能转型。G20 是在全球金融危机的背景下产生的，但是随着全球经济形势的好转，其存在的合法性开始遭到质疑，这严重影响 G20 在全球治理中的重要性和效能。并且，机制内部团体对立现象十分严重，发展中国家和发达国家的分歧越来越明显，不利于 G20 作用的发挥。

为了解决上述问题，中欧双方应该积极推动 G20 的转型。通过合作使其"从应对国际金融危机的有效机制转向促进国际经济合作的主要平台，从协同的财政刺激转向协调的增长，从短期的应急转向长效治理，从被动应对转向主动谋划"。[1]

第三，在 G20 同其他国际组织相互连接中合作。目前 G20 是一个带有非正式性的论坛，其推出的各种声明和会议决议，涉及全球经济治理和其他众多领域。但是现实是这些声明和决议对成员国没有约束力，目标的达成和议案的落实难以实现。除了推动 G20 机制化以外，还可以通过 G20 同其他正式国际组织相互连接的方式来实现。这种方式既可以发挥目前 G20 机制的灵活性，也可以兼顾有效性。

---

[1] 江时学：《全球治理中的中国与欧盟》，《世界经济与政治论坛》2014 年第 4 期。

G20 可以通过联合成为全球治理网络中各种机制的连接枢纽，增强不同机制之间的互动和关联。具体的连接组合可以是：G20 与联合国、G20 与国际货币基金组织和世界银行、G20 与地区性国家组织。以第一种方式为例，中欧双方可以试图推动 "G20 在社会发展领域配合联合国，将联合国提出的千年发展目标、气候变化问题、难民问题和公共卫生等议题纳入 G20 峰会讨论议程，同时为 G20 峰会关于这些问题的承诺设定多边的目标和时间表"。[①] 每一种连接组合的理想状态都是可以发挥 G20 优势避免其劣势，最终目标是在全球治理中扮演更加重要的角色。

（三）亚欧会议框架下中欧全球治理合作

亚欧会议历经 20 年，成就有目共睹，展现出非常强的生命力。不仅构建了亚欧多边对话平台，大大促进了亚欧间的相互交流和理解，使中国与欧盟各成员国之间互信程度增加，而且还改善了亚欧经贸环境，促进了整个地区的发展。[②] 但是不能忽视亚欧会议依然存在、需要改进的问题，比如会议对很多问题只限于磋商层面，没有突破性进展，并且各成员国相互之间还有市场准入原则、贸易投资等问题有待在亚欧会议框架下解决。[③]

中欧作为亚欧会议中的两个十分重要的行为体，肩负着推动亚欧会议进一步发展的重任。双方应务实合作，在以下领域加强交流，从而可以使亚欧会议成为治理亚欧问题的强有力 "抓手"。

第一，中欧在寻找加强机制化和松散联盟的平衡过程中进行有效合作。同 G20 不同的是，对于亚欧会议应该努力在松散论坛和机制化中寻找平衡点。这是因为在亚欧会议内部关于机制化的争论异常激烈，各成员国之间争议较大。亚方成员多数认为需要设立亚欧会议秘书处，欧

---

① 朱杰进：《二十国集团的定位与机制建设》，《阿拉伯世界研究》2012 年第 3 期。
② 亚欧课题组：《对亚欧会议的下一步发展的几点思考》，《现代国际关系》2006 年第 10 期。
③ 刘作奎：《对话交流意义重大》，《人民日报》2010 年 9 月 30 日，第 23 版。

方却不认同，甚至强烈反对。因此，在保持松散论坛这一本质基础上，循序渐进，适当地加强机制化建设。比如开展高官会议、协调委员会、扩展亚欧基金会的功能等。

第二，在经济领域扩大讨论。会议举办 20 年来，亚欧各国之间的经济联系取得了巨大的进展，但是这更多是因为双边合作的原因，亚欧会议这一多边舞台没有发挥应有的作用。因此，中国和欧盟可以考虑在一些经济相关领域内寻找突破点。自贸区谈判是一个很好的选择，双方可以在亚欧会议框架下开展自贸区的谈判与合作，努力扩大亚欧会议治理效果的同时为自己谋得实际利益。

第三，可以把一些具有争议的议题放入亚欧大陆的讨论框架中。亚欧会议是一个非正式、松散的论坛机制，在这样的框架下容易使双方求同存异，有利于问题的解决。比如，中欧双方可以积极合作并促成将欧盟对缅甸等国家的人权状况的不满放入亚欧会议框架下进行讨论，使双方都能尊重彼此之间的差异。

（四）全球经济治理领域的合作

"中欧关系，经贸先行"，[①] 经济是中欧双方最重要的合作领域，中欧双方应该在满足自己利益的前提下，在互动过程中，通过合作来降低全球经济风险。在全球经济治理领域内，中欧有必要通过以下方式加强合作。

第一，共同支持推进多哈回合谈判的进程，促进谈判取得进展。在 WTO 中，中国和欧盟是主要谈判平台"G7"成员，对谈判的影响是巨大的。虽然双方在一些领域观点存在较大的差别，但是多哈回合的尽快结束显然对双方都是有利的。因此，中国和欧盟应该在这样一种共识的基础上，"最大限度地调动各自的政治智慧，加强沟通，求同存异"。[②]

---

① 樊莹：《中国与欧盟的经贸关系》，《外交评论》2008 年 4 月，第 49 页。
② 江时学：《全球治理中的中国与欧盟：观念、行动和合作领域》，中国社会科学出版社，第 48 页。

第二，力促欧盟"容克计划"同"一带一路"的对接。"一带一路"是"一个包含了国际维度的中国区域协调发展倡议，一个以基础设施建设为先导的挖掘经济增长潜力的工程，一个对现有国际合作模式的探索性调整"①，而"容克计划"是欧洲在"尚未走出全球金融危机和欧债危机的背景下，为了有效促进增长、拉动就业，而出台的欧洲投资计划"②。双方的行动重点都包括基础设施的互联互通，两者的高度契合为中国和欧盟的战略对接奠定了坚实基础，有利于展开务实合作。

"一带一路"倡议和"容克计划"的对接，应作为未来中欧经贸合作的重点，关系双方的发展和命运。为了更好地完成对接，未来中国和欧盟应该注意以下几点：首先，中东欧应该是双方合作的突破口，可以在基础设施建设、产能、金融三方面加强合作。③ 其次，充分发挥中欧投资合作联合工作组的作用，重视亚投行与欧洲金融银行的合作，包括欧洲投资银行和欧盟成员的银行等。再次，重视对接的双向性，"一带一路"倡议与"容克计划"并不是中国投资欧洲，而是双向投资，便利双向贸易。最后，推进在第三方市场中的合作，双方在资金、技术、市场等领域优势互补，在非洲等地区开展市场和产业合作。

第三，进一步推动国际金融体系改革中的合作。全球金融危机加快了中欧在金融领域的合作步伐，中欧在国际货币体系改革中有很大的合作空间。中欧货币合作有助于推进人民币国际化，提高中国在国际竞争中的融资能力，充实中欧全面战略合作伙伴关系的内涵。同时，双方的合作对建立一个公平有效的国际货币体系具有重要意义，是全球金融治理的必经之路。

具体的合作可以从以下三方面入手。首先，中国应该在欧洲主权债务危机中发挥更为积极主动的作用；其次，使用人民币是人民币国际化

---

① 冯仲平、黄静：《中欧"一带一路"合作的动力、现状与前景》，《现代国际关系》2016年第2期。

② 金玲：《"一带一路"与欧洲"容克计划"的战略对接研究》，《国际展望》2015年第6期。

③ 张骥、陈志敏：《"一带一路"倡议的中欧对接：双层欧盟的视角》，《世界经济与政治》2015年第11期。

的第一步，因此中国应和欧盟一起通过市场的力量鼓励和引导欧洲企业和个人持有人民币资产；最后，金融危机后 IMF 重要性得到加强，双方应该在 IMF 治理结构和职能转变的改革中通力合作。

（五）全球环境气候治理合作

全球环境气候治理一直是各国重点关注的领域，取得了突出的成就，是较为容易产生合作的领域。因此，中欧应当谋求由浅入深的负责任合作，采取以下措施来加强治理合作。

第一，加强对各层次合作机制的研究，促进气候合作机制的不断完善。在中欧原有合作机制的基础上，创造更好的交流渠道和合作平台，提高中欧气候治理的高度。

第二，中国和欧盟在全球治理合作中应该兼顾双边和多边。在双边合作中，中欧应建立多层次合作机制，在新能源领域建构起以企业为主体、市场为导向的技术创新体系，共同开发新能源领域的技术产品。多边合作中，在联合国气候变化框架公约的指导下务实合作，探索建立"中欧联合碳排放交易所"等应对气候变化机制，共同开发中欧乃至世界市场，集体制定国际规则，使全球气候治理在发达国家和发展中国家相互沟通、合作共赢的道路上向前推进。

第三，明确合作的重点，加强双方在资金和技术等方面的互通有无，加强信息和政策交流。中国需要在排放贸易等以市场为基础的其他政策工具的设计和实施以及对这些工具的成本效益进行评估方面学习欧盟的先进做法，促进信息和经验交流。开展在能力建设、机构建设方面的合作，包括提高公众意识、开展人员交流和培训等。今后还应继续通过科技合作显著降低关键能源技术成本并促进其应用和推广。

（六）全球网络治理合作构想

由于网络犯罪具有形式多样、跨越国界等特点，对中国和欧盟国家的经济和社会带来了巨大危害，其影响不容忽视，因此双方有必要在全球网络领域内加强合作，共同防范和治理网络犯罪带来的种种弊端。双方在该领域内的合作方式多样，其中最主要的有以下几种。第一，在网络规则制定方面，中国和欧盟应该坚持联合国的主导地位，共同尝试把联合国所属的国际电信联盟作为全球网络治理制度建设的组织基础。第二，在双边层面上，双方应建立技术交流、信息交流平台，通过不断的互动强化政治互信。第三，加强官方合作。互联网领域的国际规则尚未成型，需要各国政府的通力合作才能达成一致，因此官方的互动是极为必要的。这种合作既包括政府间的互访，也应包括军方的共同演习等，通过这种方式可以尽快地消除分歧，达成共识。

第四篇

加快培育国际经济合作和竞争新优势

全球制造业发展趋势、挑战与机遇

当前，全球正在经历一轮新的科技和产业革命。美、德、日三国都纷纷结合自身优势，加快抢占高端产业制高点。美国高度重视高技术产业发展，布局制造业创新网络建设，重视建立研究中心。德国同样重视高技术发展，特别强调研究基础积累，积极推动农工业4.0。日本制造业重视提高竞争力，把机器人、下一代清洁能源汽车、再生医疗以及3D打印技术作为今后制造业发展的重点领域。

一 美国制造业发展新趋势

在2008年国际金融危机以前的几十年里，美国制造业在经济中的比重呈下降状态。美国制造业增加值在GDP中的占比从1970年的24.4%，下降到2009年的12.26%。国际金融危机发生后，美国推出"再工业化"战略，制造业萎缩的趋势得到遏制，制造业增加值占GDP比重一直保持在12%以上水平（见表1）。从绝对值看，近年来美国制造业的增长也快于法国、英国、意大利、加拿大等主要工业国家，同日本的增速相近①。美国制造业快速增长有两方面的重要原因。一是以信息化、绿色化、智能化为特征的高端制造业发展迅速，这既得益于信息产品、绿色产品和智能产品市场需求近年来的快速扩张，也得益于美国长期在该领域的技术积累和人才积累。二是页岩气革命为美国制造业提供了更廉价的能源，并为以石化材料为基础的产业体系降低了原材料成本。

---

① 张晓晶：《美国制造业回归的真相和中国的应对》，《求是》2014年第12期。

表 1　美国制造业增加值及其组成

年份	GDP（万亿美元）	GDP增长率（%）	制造业增加值（万亿美元）	制造业增加值增长率（%）	制造业增加值占GDP比重（%）	化学药品占制造业增加值比重（%）	食品饮料烟草占制造业增加值比重（%）	机械和运输设备占制造业增加值比重（%）	其他制造业占制造业增加值比重（%）	纺织服装占制造业增加值比重（%）
2004	12.27	3.79	1.57	6.52	13.67	14.47	14.40	26.05	42.63	2.45
2005	13.09	3.35	1.65	2.22	13.49	14.94	14.35	25.10	43.26	2.34
2006	13.86	2.67	1.75	5.02	13.52	15.24	13.59	24.73	44.21	2.23
2007	14.48	1.78	1.79	3.27	13.29	15.50	13.45	25.46	43.73	1.86
2008	14.72	-0.29	1.75	-2.85	12.73	16.18	14.71	25.80	41.69	1.63
2009	14.42	-2.78	1.65	-7.76	12.26	—	—	—	—	—
2010	14.96	2.53	1.75	5.39	12.55	—	—	—	—	—
2011	15.52	1.60	1.83	0.29	12.61	—	—	—	—	—
2012	16.16	2.32	1.91	0.77	12.67	—	—	—	—	—
2013	16.77	2.22	1.94	1.46	12.41	—	—	—	—	—
2014	17.42	2.39	—	—	—	—	—	—	—	—

（1）再工业化战略。2009 年 4 月，在奥巴马就任美国总统之初，就提出将重振制造业作为美国经济长远发展的重大战略。同年底，美国政府出台《重振美国制造业框架》，正式启动再工业化战略。随后，"购买美国货"《制造业促进法案》"五年出口倍增计划""内保就业促进倡议"等一系列政策计划相继出台[①]，从发展目标、发展方向、战略布局、发展路径到重点措施，都做了战略部署。美国再工业化的重点高端制造主要领域包括钢铁、汽车、生物工程、航空工业、空间技术、纳米技术、智能电网、节能环保等，希望通过再工业化达到"调整结构、强化优势、促进就业、保持领先"的战略目标，在重振制造业的过程中能够体现创造性、本地性和低成本三大特点[②]。

[①] 王亚亚：《制造业的"竞争力"专访美国迈克尔斯公司执行副总裁朱为众》，《中国外汇》2012 年第 18 期。

[②] 张向晨：《美国重振制造业战略动向及影响》，《国际经济评论》2012 年第 4 期，第 24 ~ 29 页。

（2）先进制造业战略。2011 年 6 月，美国正式启动"先进制造伙伴计划"，确保美国仍是一个集"新产品开发和产品制造"于一体的制造业强国。该计划的主要目标为：在关系国家安全的产业领域建立自主生产能力；缩短关键原材料的生产和配置周期，及时保证制造业的原料需求；确立美国在下一代机器人技术领域的领导地位；提高制造业能源利用效率；研发能够快速设计、制造以及检测产品的新技术[1]。2012 年 2 月进一步推出"先进制造业国家战略计划"，通过积极政策鼓励制造企业回归美国本土。该计划明确了三大原则：一是完善先进制造业创新政策；二是加强"产业公地"建设；三是优化政府投资。该报告提出的五大目标分别是：一是加快中小企业投资；二是提高劳动力技能；三是建立健全伙伴关系；四是调整优化政府投资；五是加大研发投资力度[2]。

（3）制造业创新网络。2012 年，美国提出建设"国家制造业创新网络"，最多建立 45 个研究中心，加强高等院校和制造企业之间的产学研有机结合；2013 年，美国发布《国家制造业创新网络初步设计》，投资 10 亿美元组建美国制造业创新网络（NNMI），集中力量推动数字化制造、新能源以及新材料应用等先进制造业的创新发展，打造一批具有先进制造业能力的创新集群[3]。美国相继成立了"国家 3D 打印机制造创新研究所""轻型和当代金属制造创新研究所""数字制造和设计创新研究所""下一代电力电子制造研究所""复合材料制造业中心"。

（4）领先技术与行业。2015 年 2 月，全球知名智库布鲁金斯学会发布了最新研究报告《美国高端产业：定义、布局及重要性》，在分析中美国的高端产业鉴定有两个标准：一是产业中每个工人的研发支出超过 450 美元，这大于或等于全行业标准的 80%；二是产业中获得 STEM（科学、技术、工程和数学）学位的人数必须高于全国平均水平，或者

---

① 蔡春林：《美国先进制造业全球竞争力提升战略评析与借鉴》，《亚太经济》2011 年第 6 期。

① 蔡春林：《美国先进制造业全球竞争力提升战略评析与借鉴》，《亚太经济》2011 年第 6 期。

② 张嗣兴：《制造业加速转型与升级是大势所趋》，《投资与理财》2013 年第 12 期。

③ 杨博：《美国工业 4.0 着眼"软"实力落子"工业互联网"》，中国证券报·中新网，2014 年 12 月 18 日。

在本行业中所占份额高达 21% 。一个行业必须同时符合上述两个标准才能被认定为是高端产业① (见表 2），这些行业的技术创新投资巨大，并雇佣有一定技术水平的技工去开发、传播和应用新的提高生产率的技术。据美国智库威尔逊中心发布的《全球先进制造业趋势报告》，美国研发投资量居于世界首位，其中 3/4 投向制造业，在合成生物、先进材料和快速成型制造等先进制造业领域优势明显，很有可能出现以无线网络技术全覆盖、云计算大量运用和智能制造大规模发展为标志的新一轮技术创新浪潮②。

表 2　美国制造业部门高端产业领域

航空航天产品及零部件	汽车
农业、建筑和矿山用机械	导航、测量和控制仪器
铝生产和加工	其他化工产品
音频和视频设备	其他电气设备和组件
基础化学品	其他通用机械
黏土制品	其他杂项制造
商业和服务业机械	其他非金属矿物制品
通信设备	其他运输设备
计算机及周边设备	农药、化肥等农用化学品
电子照明设备	石油和煤炭产品
电气设备	制药与医药
发动机、涡轮机和电力转换设备	铁路机车车辆
铸造设备	树脂和合成橡胶、纤维和长丝
家用电器	半导体和其他电子元件
工业机械	船舶和造船
钢铁及铁合金	医疗设备和用品
机动车车体及拖车	磁性介质记录再现设备和其他光学介质
汽车零部件	

资料来源：董瑞青：《美国高端产业：定义、布局及重要性》，上海情报服务平台，2015 年 3 月。

---

① 董瑞青：《美国高端产业：定义、布局及重要性》，第一情报——ISTIS 视点，2015 年 3 月 16 日。

② 杨博：《美国工业 4.0 着眼 "软" 实力落子 "工业互联网"》，中国证券报·中证网，2014 年 12 月 18 日。

二 德国制造业发展新趋势

制造业在德国国内生产总值中的占比近 20 年来几乎保持恒定，1994 年为 23%，2014 年为 22.3%，2004～2014 年德国制造业增加值及其组成见表 3。和欧盟平均水平以及欧盟其他国家相比，德国制造业的强势则更为突出。2014 年，欧盟国家制造业平均占比为 15.3%，法国为 11.4%、英国则更低，仅为 9.4%[①]。从产业构成看，德国制造业主要集中在汽车制造、机械工程、电气工程和化学等高附加值战略产业[②]。从产业竞争力看，德国制造业在全球制造业中具有极强的竞争力，在联合国工业发展组织（UNIDO）发布的《2012～2013 年世界制造业竞争力指数》报告中，德国制造业竞争力仅次于日本，位居世界第二，而美国、韩国分别位居世界第三和第四。近年来，在制造业方面主要推出两个重要战略，一是高技术战略，二是工业 4.0，尤其在全球产生较大影响。

表 3　2004～2014 年德国制造业增加值及其组成

年份	GDP（万亿美元）	GDP增长率（%）	制造业增加值（美元）	制造业增加值增长率（%）	制造业增加值占 GDP 比重（%）	化学药品占制造业增加值比重（%）	食品饮料烟草占制造业增加值比重（%）	机械和运输设备占制造业增加值比重（%）	其他制造业占制造业增加值比重（%）	纺织服装占制造业增加值比重（%）
2004	2.82	1.18	0.57	3.76	22.22	9.92	8.55	34.98	44.69	1.86
2005	2.86	0.71	0.58	1.59	22.29	10.30	8.05	35.28	44.60	1.78
2006	3.00	3.71	0.62	8.39	22.97	9.98	7.57	35.65	45.10	1.70
2007	3.44	3.27	0.72	4.37	23.29	10.16	7.31	37.09	43.82	1.62
2008	3.75	1.05	0.75	-2.24	22.34	10.94	7.53	36.94	43.07	1.52
2009	3.41	-5.64	0.60	-19.32	19.76	11.81	8.91	37.07	40.67	1.53
2010	3.41	4.09	0.67	18.57	21.99	11.43	7.78	39.86	39.51	1.43
2011	3.75	3.59	0.77	8.94	22.74	——	——	——	——	——
2012	3.53	0.38	0.72	-0.46	22.62	——	——	——	——	——
2013	3.73	0.11	0.75	0.27	22.22	——	——	——	——	——
2014	3.85	1.60	0.77	2.12	22.26	——	——	——	——	——

① 郑春荣、望路：《德国制造业转型升级的经验与启示》，《人民论坛·学术前沿》2015 年第 11 期。

② 董瑞青：《德国制造业最新情报：继续保持复苏态势》，《中国机电工业》2014 年第 1 期。

（1）推出 2020 高技术战略。2010 年 7 月，德国联邦教研部（BMBF）推出《思想·创新·增长——德国 2020 高技术战略》，旨在发展气候/能源、健康/营养、交通、安全和通信等 5 大领域的关键技术。这是继 2006 年德国第一个高技术战略国家总体规划之后，对德国未来新发展的探求①。在每一个领域，都确定一些"未来项目"，制定要达到的社会和全球目标，依靠科学技术的帮助，德国将在未来 10～15 年跟踪这些目标。第一批"未来项目"包括二氧化碳中性、高能源效率和适应气候变化的城市；智能能源转换；作为石油替代的可再生资源；个性化的疾病治疗药物；通过有针对性的营养保健获得健康；在晚年过独立的生活；德国 2020 年拥有 100 万辆电动车；通信网的有效保护；互联网的节能；全球知识的数字化及普及；未来的工作环境和组织②。2011 年 3 月，德国联邦经济技术部（BMWI）发布《技术运动》计划，旨在突破能源、生物、纳米、光学、微电子和纳米电子学、信息通信及空间飞行等关键技术。

（2）夯实研发基础。为了提高制造业研发基础水平，一是缩小区域研发差距，因为德国东西部研发水平有一定差距；二是加强研究基础设施建设。2012 年，德国联邦教研部推出了专项计划"2020 创新伙伴计划"，计划在 2013～2019 年，德国政府投入 5 亿欧元，通过支持东西部研发创新合作，推动德国东部地区科研能力特别是企业技术创新能力的提升，促进东部地区产业结构与产品转型升级。研究基础设施在制造业提升方面有巨大支撑作用。为此，2013 年德国联邦教研部推出了《研究基础设施路线图》，联邦政府在 10 年内，提供 1500 万美元的公共资金以支持研究基础设施的建立和运作。

（3）提出"工业 4.0"战略。2013 年 4 月，在德国工程院、弗劳恩霍夫协会、西门子公司等德国学术界和产业界的建议和推动下，德国"工业 4.0"战略在汉诺威工业博览会上被正式推出。德国"工业 4.0"

---

① 陆颖、党倩娜：《德国 2020 高技术战略——思想·创新·增长》，第一情报——ISTIS 视点，2010 年 11 月 29 日。

② 科技部：《德国 2020 高科技战略简介》，2010 年 08 月 18 日。

战略是以智能制造为主导的第四次工业革命。该战略旨在通过充分利用信息物理融合系统，推动德国制造业向智能化转型，促进信息通信技术和互联网的发展和集中型生产向分散型生产的转换，构建智能网络。德国"工业4.0"可总结为：建立一个信息物理融合系统（CPS）网络，实现虚拟世界与不同层次、分工物理生产设备的融合；研究智能工厂和智能生产两大主题，即智能网络分布化生产系统和高度灵活个性化生产流程；实现横向、纵向与端对端等在网络上任意方向的集成，使人与人、人与设备、设备之间实现互联；最后实施"标准化参考架构"等八项计划以保障"工业4.0"顺利实现①。

（4）领先技术与行业②。德国制造业几乎在所有部门都处于世界领先，包括传统制造业、新兴能源和节能产业、绿色和环保产业。在传统制造业中，汽车制造业被誉为德国"工业中的工业"，德国是欧洲最大的乘用车生产地。从20世纪初期，化学制造业就几乎垄断了全球化学制品的生产和销售，使德国在这一领域处于领先地位。与化学制造业相伴而成长的制药业也非常发达。在每一产业的细分部门，德国也处于世界前列。以机械设备制造业为例，在该产业的所有分支领域，无论是成套设备（如机床、建筑机械和纺织机械），还是机械零部件（如轴承和变速箱等），德国企业制造的产品都处于行业领先地位，在其所属行业成为领导者。

为了应对新的技术和经济大变革，围绕传统核心技术和生产领域，德国开启制造业发展的新方向。一是以"制造业数字化"为中心，改造了传统制造业，并将其与新兴产业融合对接起来。例如，"德国制造"的机械设备产品一半以上都应用微电子控制。二是"德国制造"强调绿色制造，致力于成为新兴节能和环保等产业的推动者和主力军。三是重视生产性服务业。德国是目前欧洲地区信息产业最发达的国家，通信技术产业的发展速度很快，发展重点是数字通信、移动通信、卫星通信、光纤通信以及军用通信等。

---

① 王镓垠：《中国版"工业4.0"的战略意义和对策建议》，赛迪网，2015年4月3日。
② 巫云仙：《"德国制造"模式：特点、成因和发展趋势》，《政治经济学评论》2013年第3期。

三 日本制造业发展新形势与新趋势

日本是世界制造业强国，制造业竞争力在联合国报告中排名第一。据统计，2013 年日本制造业增加值约占国内生产总值的 18.53%（制造业增加值占 GDP 比重及构成见表 4），高于美国约 6.1 个百分点，低于德国约 3.7 个百分点。近年日本制造业出现了三个新现象：一是采用"小生产线"的企业增多；二是采用小型设备的企业增多；三是通过机器人、无人搬运机、无人工厂、"细胞生产方式"等突破成本瓶颈[①]。根据日本《2015 版制造业白皮书》，日本制造业面临三方面的问题：一是与德、美的动态相比，日本虽然在工厂的省人力化、节能化等改善生产效率方面有些长处，但不少企业都对进一步发展数字化持消极态度，尤其是对物联网的关键——软件技术和 IT 人才的培养；二是日本制造业企业之间的合作不充分，比如工厂使用的制造设备的通信标准繁多，许多标准并存，没有得到统一，需要跨越企业和行业壁垒，强化"横向合作"；三是在生产制造过程中软件使用不够，例如对 PLM 工具的使用[②]。

（1）提高制造业竞争力。日本国际贸易委员会和日本通产省分别于 2009 年、2010 年发布了《日本制造业竞争策略》和《日本制造业》专题报告。日本制造业竞争力提升主要采取五大举措：在新兴国家市场实施品牌发展战略；通过相应的财政支持，为制造业发展提供资金保障；通过国企和私企合作，改善社会基础设施；改善日本公司间的过度竞争，增加利润率；积极培育和发展新兴产业，积极研发前瞻性产业。

（2）重振制造业。2014 年 6 月，日本政府内阁通过《制造业白皮书》，表示将大力调整制造业结构，将机器人、下一代清洁能源汽车、

[①] 黄群慧、刘湘丽、邓洲、黄阳华、贺俊：《新工业革命，塑造全球竞争新格局》，《人民日报》2014 年 2 月 10 日。

[②] 修夏，日本发布《2015 年版制造业白皮书》显露强烈危机感，通信世界网，2015 年 6 月 23 日。

表4 2004～2014年日本制造业增加值占GDP比重及构成

年份	GDP（万亿美元）	GDP增长率（%）	制造业增加值（美元）	制造业增加值增长率（%）	制造业增加值占GDP比重（%）	化学药品占制造业增加值比重（%）	食品饮料烟草占制造业增加值比重（%）	机械和运输设备占制造业增加值比重（%）	其他制造业占制造业增加值比重（%）	纺织服装占制造业增加值比重（%）
2004	4.66	2.36	0.91	5.81	19.73	11.24	11.59	36.33	38.53	2.32
2005	4.57	1.30	0.90	4.33	19.92	10.73	10.98	37.21	38.94	2.15
2006	4.36	1.69	0.86	4.71	19.92	10.19	10.71	36.90	40.20	2.00
2007	4.36	2.19	0.88	6.04	20.32	9.92	10.83	37.50	39.83	1.93
2008	4.85	-1.04	0.95	0.79	19.86	10.21	11.38	26.67	49.83	1.90
2009	5.04	-5.53	0.89	-17.70	17.84	11.85	14.41	24.60	47.10	2.03
2010	5.50	4.65	1.07	19.56	19.70	11.65	12.85	26.66	47.12	1.71
2011	5.91	-0.45	1.09	-2.52	18.61					
2012	5.95	1.75	1.10	2.28	18.60					
2013	4.92	1.61	0.90	0.12	18.53					
2014	4.60	-0.10	—	—	—					

再生医疗以及3D打印技术作为今后制造业发展的重点领域。为此，出台了一系列产业政策，比如，《3D打印制造革命计划》（2014～2019）、《新策略性工业基础技术升级支援计划》、《机器人开发五年计划（2015～2019）》、《机器人新战略》等[①]。日本政府推出的"重振制造业"措施包括[②]以下四方面。一是大量培养制造业所需人才。日本政府已经遴选出6000多名具有特殊制造技术的优秀人才，政府将出资聘请他们作为专家，培训制造业一线技术人员和熟练工人，保持日本传统制造技术和生产诀窍的传承。二是在企业向海外转移生产的同时，确保"母体机能"留存在日本国内。"母体机能"是指日本独特的经营方式、技术开发机制和人才培训体制等。新措施希望将日本企业的海外生产体制和国内的"母体机能"结合起来，维持日本制造业的活力。三是追赶国际信息技术向制造业渗透的潮流，使日本制造业的信息化程度从目前的30%提高到50%以上，加快制造业的升级换代。四是推动制造业中不同行业的融合，比如汽车与电子、建筑与机器人、能源与信息等。日本

---

① 龚晓峰：《日本制造业白皮书透露啥信息》，《中国电子报》2015年6月19日。

② 闫海防：《日本提出重振制造业目标》，《经济日本》2015年6月18日。

政府计划成立"不同行业交流合作会议",邀请专家学者和制造业领军人物参加,共同探讨不同制造业行业相互融合渗透的可能性,通过行业融合,产生新的产业和市场。

(3)领先技术和行业。长期以来,日本在下列领域掌握着领先技术:汽车、机器人、电子信息[1]。日本汽车产业在全球分工体系中占据重要地位,一大批汽车生产商如丰田、本田、日产、三菱、尼桑、五十铃、铃木成为世界级龙头企业。日本的机器人技术在世界首屈一指,日本生产的机器人占世界 70% 以上的份额。工业机器人被广泛应用于焊接、油漆、组装、操纵等领域。国际上的工业机器人公司主要分为日系和欧系,其中日系主要有安川、OTC、松下、FANUC、不二越、川崎等公司。近年来,日本机器人产业已从工业机器人向服务机器人扩展,以适应老龄化社会的需求[2]。下一代机器人技术业为提高工业生产效率和人们生活水平提供了重要的途径。日本处于全球电子信息产业的核心圈和产业链的高端,是世界电子信息产业的第二大国,在微电子、光电子产品以及计算机等方面处于世界领先地位。东芝、日立、NEC、富士通、三菱电机等都是半导体领域知名企业。进入 21 世纪以来,在以互联网、新能源、新材料为基础的新工业革命背景下,由于有较强的研究开发优势和较好的产业化前景,日本在新一代机器人、iPS 细胞再生医疗、蓄电池、再生能源、新一代汽车等方面加快了步伐[3]。近年来,日本政府加大了对开发企业 3D 打印机等尖端技术的财政投入。

四　世界制造业发展新趋势对中国的机遇与挑战

改革开放以来,我国制造业有了突飞猛进的发展,成为世界工厂,特别是高铁、核电、特高压、4G、重大基础设施建设等处于世界领先

---

① 落雪:《日本:官产学研联手提升制造业竞争力》,中国电子信息产业网,2011 年 9 月 6 日。

② 王珍:《日本机器人应用:从产业到服务》,《第一财经日报》2014 年 11 月 7 日。

③ 刘湘丽:《日本促进制造业发展的动因、措施及启示》,《中国经贸导刊》2015 年第 4 期。

水平，具有很强的国际竞争力。在关键基础材料、发动机、集成电路、高端通用芯片、基础软件等方面正在全力追赶。当前，正处于新一轮科技革命和产业革命时期，我国有巨大的消费市场、完善的工业体系、多年积累的发展经验，有条件从世界制造大国向世界制造强国转变。同时，国际金融危机后，主要发达国家都把高端制造业作为拉动经济增长的重要举措，希望在新一轮科技和产业革命中抢占制高点。正如《中国制造2025》指出，我国制造业面临发达国家和其他发展中国家"双向挤压"的严峻挑战，必须放眼全球，加紧战略部署，着眼建设制造强国，固本培元，化挑战为机遇，抢占制造业新一轮竞争制高点。

（一）机遇

第一，新一轮科技革命与产业变革为我国制造业转型升级提供新机遇。当前，信息技术、新能源、新材料、生物技术等重要领域和前沿方向的革命性突破和交叉融合，正在引发新一轮科技和产业变革，将对全球制造业产生全面影响，很可能改变全球制造业的发展格局。我国制造业要在全球产业链分工中处于领先地位，要紧紧抓住这一机遇，创造条件，为企业创新提供优良的政策环境、充实的资金支撑。我国在相当一些领域与世界前沿科技的差距都处于历史最小时期，已经有能力并行跟进这一轮科技革命和产业变革，实现制造业的转型升级和创新发展。

第二，发达国家再工业化战略为我国制造业"走出去"提供机会。我国外汇储备丰厚，许多企业具备了加快"走出去"的条件。应充分利用发达国家"再工业化"战略的机遇，鼓励引导我国企业以多种方式投资参股或投资并购中高端制造业，促进我国制造业转型升级。国际金融危机后，欧美等发达经济体都加大了招商引资力度，这也为我国在海外扩大产业规模甚至获取一定的技术提供了有利时机。我国有实力的制造企业大可借此机会"走出去"，有选择地通过海外投资扩大产业规模和获取一定的技术、市场。需要指出的是，发展制造业的海外业务，要因事而为，可以采用并购、绿地投资、参股等方式。

第三，"互联网＋"为我国制造业与信息化融合开辟新路径。

2015 年，中国推出"互联网＋"行动计划，也为制造业与信息化加速融合提供了方向和条件。从发达国家来看，无论是工业4.0，还是智能制造、3D 打印等，都是制造业与互联网的深度融合。"互联网＋"可以为企业以较低成本集聚更广泛的智力资源，在资源配置中能起到优化和集成的作用，将从各个层次和角度提高资源整合水平。"互联网＋制造业"的本质是制造业的在线化、数据化、智能化，是新的业态转型。为此，要从体制机制、资金支撑等各方面为"互联网＋制造业"创造宽松条件。

（二）挑战

第一，由于发达国家重新布局全球产业链，制造业升级受到一定阻力。发达国家"再工业化"战略，重新布局全球产业链地位和价值链分配，确立其先进制造的主导地位，鼓励中高端制造业回流，这将一定程度导致我国承接中高端制造业的条件发生变化，转型升级压力加大。例如，近年来，尽管我国吸收外商直接投资的总绝对值在增长，但信息传输、计算机服务和软件业等高技术产业的外商直接投资均出现了负增长①。"再工业化"的核心就是要抢占未来技术创新的制高点，国际产业竞争归根到底是国家间的技术竞争。发达国家均已进入自主知识产权阶段，在微笑曲线的两端占有绝对优势。我国制造业在基础材料、机械基础件、核心零部件及相应的基础技术和共性技术研发与创新方面相对滞后，各重大装备零部件性能质量有差距。应当看到，不能直接从发达国家高端产业向我国转移中受益，对我国企业也是一种促进的动力，逼迫企业加快自主创新。

第二，贸易摩擦升级，制造业出口压力增大。金融危机以来世界主要国家都采取了一系列的贸易保护措施和出口促进策略，贸易摩擦加

---

① 目前从我国转移到东南亚、南亚等国的企业，基本上是劳动密集型企业，也有一些高能耗、高污染企业。

剧。贸易壁垒、反倾销、反补贴等手段增加了我国制造业产品的出口成本。当前，新的国际经济规则正在形成，我国制造业需要抛弃传统的不计环境成本、人力成本的低端竞争发展模式，加快转型，提高核心竞争力，注意培育品牌，积累核心技术。同时，要向国际跨国公司学习，在社会责任、可持续发展等方面做好功课。

中欧未来能源与气候合作

　　能源和气候合作已经成为中欧多方面合作关系中非常重要的一方面，并已经取得了不少成果，面向未来，中欧合作面临一些挑战，也存在重大机遇，在保障能源安全、发展低碳经济以及减排等方面中欧还需要继续加强合作。

一　中欧能源和气候合作已取得的成果

　　促进能源供求平衡、维护全球能源安全和环境安全，积极开发新的能源以及时应对气候变化，这是长期以来全球各国共同面对的问题。能源是中欧最早开展合作的领域之一，早在 1981 年，中国国家科学技术委员会代表政府与当时的欧共体能源总司就开始了接触和交流。进入21 世纪以来，随着中国的发展，中国的能源需求高速增长，全球气候变化问题的危害性被全球各国广泛认识，中欧在能源和气候变化方面的合作进一步加深。从最开始的接触交流到目前中欧在能源和气候变化方面的合作已经全方位展开，双方建立了多种合作交流机制，取得了一系列具体成果，为中欧双方在未来的合作打下了坚实的基础。

　　首先，中欧建立了多层级的交流合作平台。目前中欧主要建立了中欧能源对话、中欧高层能源会议、中欧气候变化部长级对话与磋商机制等主要合作平台。中欧能源对话从 1994 年开始，主要通过中欧能源会议和能源高层工作组两大机制开展。中欧高层能源会议在 2012 年首次召开，通过中欧高层能源会议中欧双方在能源发展战略、能源安全以及可再生能源等方面进行了广泛的交流。中欧气候变化部长级会晤从

2010 年开始，中欧利用该机制在气候变化问题上达成了众多共识。同时，在中欧领导人会晤、G20 峰会、世界气候变化大会等多边和双边交流中，能源和气候治理都已经成为中欧合作交流的重点。其次，中欧能源和气候治理合作内容广泛、丰富。中欧在能源和气候治理方面合作内容非常广泛，涉及能源和气候治理的众多方面，在能源与气候政策、能源安全、可再生能源、核安全、能效、电网标准、能源科技、能源与城镇化、应对气候变化的技术资金、碳交易等多方面达成了比较务实的合作。中欧之间在能源和气候变化方面也形成了一些比较务实的合作成果。例如，在 2010 年中欧成立了中欧能源合作中心，2016 年 9 月，中、英、法三方达成了欣克利角 C 核电项目最终投资协议，2015 年中欧达成了"中欧气候变化联合声明"，为《巴黎协定》的达成做出了贡献，2016 年中欧签署了《中欧能源合作路线图》，推动双方在能源安全、能源基础设施建设和市场透明度等领域的交流与合作。

二 中欧能源和气候合作面临的问题和挑战

当前中欧在能源和气候变化方面已经形成了比较良好的合作态势，在能源安全、清洁能源、可再生能源以及应对气候变化等方面都取得了不少成果，但是随着世界形势的发展以及中欧在能源和气候治理的思路、价值观等方面的差异变化，中欧在能源和气候治理合作方面还面临一些问题和挑战。

（一）大国的影响

全球正朝着多极化的方向发展，但是当前国际事务中大国力量依旧是影响全球事务的最重要因素之一。中欧未来能源和气候变化合作同样面对世界主要大国的影响。首先，从保护能源安全和能源供应方面来说，美国和俄罗斯无疑是在能源方面具有重要影响力的国家。俄罗斯是欧盟能源合作的重点国家，欧盟每年消费的天然气有 30% ~ 40% 来自俄罗斯，俄罗斯在欧洲能源市场中扮演着独一无二的重要角色。中欧在能源方面加强合作，尤其是在"一带一路"倡议出台后，如果中国和欧盟在中东、中亚加强能源合作，必然会对俄罗斯的能源出口形成巨大的压力。而美国在全球能源供应、石油美元方面的影响力巨大，而且美国是欧盟的传统盟友，中国加强与欧盟的合作同样是美国不希望看到的。中欧未来要加强能源和气候治理方面的合作需要在许多方面都可能损害美国、俄罗斯的利益，需要与美国以及俄罗斯进行沟通。

其次，未来在全球能源和气候治理方面面临的一个比较大的挑战是美国的能源和气候政策的转变。新任总统特朗普上任后，美国在能源和气候变化领域出现了退步的迹象。2017 年 3 月 28 日美国总统特朗普签署了"能源独立"的行政法令，这意味着奥巴马时期的环保法规即将被废，特朗普要求美国环境保护局撤销奥巴马政府 2015 年出台的《清洁电力计划》，该计划是奥巴马政府气候政策的核心，旨在削减美国发电厂的温室气体排放。美国退出《巴黎协定》，使《巴黎协定》的落实充满了不确定性。中欧需要探索一条没有美国参与的气候变化风险减缓与清洁技术创新之路。美国在这条道路上可能成为障碍，中国和欧盟应该承担起领导者的角色。特朗普的能源政策之一就是大幅度地开发传统能源，其政府部门也突出了传统能源产业的角色，国务卿蒂勒森、内务部部长瑞安·津凯和能源部部长里克·佩里都有油气公司从业背景，负责环保局的 Scott Pruitt 是特朗普在化石燃料工业中的紧密盟友。特朗普还会减少 NOAA（美国国家海洋和大气管理局）、NASA、美国能源部和美国环保署等的科研经费，削减对低碳、可再生能源等方面的拨款。美国能源政策和气候政策的改变将会打击美国清洁能源产业和低碳产业，无论对于中欧还是全世界来说都是一种挑战。

（二）地缘政治的影响

当前国际局势复杂，地缘政治冲突将给中欧的能源和气候治理合作带来不小的挑战。在中东，ISIS 以及叙利亚问题产生了一系列危机，国际原油市场和地区安全深受困扰，严重威胁全球能源安全。在欧洲，乌克兰危机至今仍未结束，深刻影响了俄罗斯与欧盟的关系，也改变了欧盟的能源供应格局，同时大量难民涌入欧洲，激化了欧洲民众的保守主义和民粹主义情绪，在此背景下的英国脱欧使欧盟的一体化进程遭受严重的打击，欧盟的前途受到空前考验[1]。由于中国和欧盟的油气能源大部分源于中东以及俄罗斯，地缘政治冲突导致的各种战乱将对中欧的能源安全形成威胁。同时，恐怖主义以及由此激发的极右翼势力给欧洲各国未来政治埋下了不稳定因素，并可能进一步导致能源政策以及对外政策的不确定性，给中欧的能源和气候治理合作带来影响。此外，地缘政治冲突多发导致不确定因素激增，考验着欧盟在应对危机时的执行能力以及修复秩序的能力，也对中国在国际事务中如何发挥影响力及保障投资的全球化发展提出了严峻的挑战。而且，不稳定的地缘政治局面对全球金融市场、大宗商品市场也会产生影响，这在一定程度上会波及中欧能源合作的前景。[2]

（三）知识产权问题和技术壁垒

开发新能源是未来中欧能源和气候变化合作的重点，但是围绕新能源中欧合作还存在技术转移和知识产权保护的问题。欧盟的新能源开发技术处于世界领先地位，担心中国通过合作的方式，直接或间接地获得其的尖端新能源开发技术，从而优化自身技术、实现产业结构调整。这样一来，随着中国资本市场的不断壮大，中国就有可能挑战欧盟在新能源领域的传统优势地位。并且欧盟非常担心中国在知识产权保护问题上存在漏洞，害怕其并不能真正从新能源合作中获利，因此欧盟不会轻易地与中国共享其新能源开发技术[3]。而在气候变化领域同样涉及知识产权和技术转移壁垒的问题，欧盟在能源和气候变化技术方面拥有先进的技术，但是出于知识产权保护的考虑，欧盟并不愿意直接向中国转移先

---

① 新浪网：地缘政治影响中欧能源合作，http://finance.sina.com.cn/roll/2016-08-22/doc-ifxvcsrn8852552.shtml。
② 新浪网：地缘政治影响中欧能源合作，http://finance.sina.com.cn/roll/2016-08-22/doc-ifxvcsrn8852552.shtml。
③ 郑腊香、张卉、肖远进：《"一带一路"背景下中欧新能源合作的机遇、挑战和对策》，《广东行政学院学报》2016年第5期。

进的技术，中国依旧需要花费较多的资金才可以从欧盟获取先进的新能源技术和应对气候变化的技术。同时欧盟在减排、新能源方面都有较高的标准，而中国在新能源技术、减排等方面与欧盟的标准有一定的差距，如何对接双方的标准是中欧未来合作面临的问题。此外，欧盟在低碳经济方面构建的日趋完善的技术性贸易壁垒，如关于生态标签和标识的要求等，增加了中国相关产品的出口成本，有些则明显成为市场准入障碍，给中欧在低碳合作方面增加了障碍。

（四） 中欧在能源和气候合作方面的非对称性

欧盟作为当今世界一体化程度最高的区域性国际组织，已经形成诸多超国家机构，这与各成员国中央政府、地方政府和社会行为体形成了至少三个层次的治理机构[①]。在能源与气候治理方面，欧盟的这种多层次治理机构首先表现为成员国内部的各个利益集团的利益在成员国的中央政府进行利益整合，然后在欧盟层面进行第二次利益整合，决策的主导权主要依赖成员国之间的博弈。而欧盟的成员国中，德国、法国的人口、经济总量以及国际影响力居于前两位，不依赖单边行动能力、建立符合自身偏好的替代联盟的能力和联席其他议程讨价还价的能力都比较强，因此也是影响欧盟决策能力较强的成员国，这使欧盟最终的气候决策更容易反映两国的偏好。[②] 此外，欧盟还将绿党、环境利益集团等非国家行为体的利益诉求直接纳入欧盟决策程序中，这样欧盟层面的能源和气候治理政策的制定必然呈现多层机构状态。而中国是作为一个单一制国家的整体与欧盟进行合作，中国是用整体的利益与欧盟以及欧盟成员国和欧盟成员国内的各个利益组织的多层次的利益进行合作，欧盟以多层结构与中国的单层结构合作，这样就出现了合作的非对称性。这种非对称性反映到能源和气候合作方面就是对在减排目标以及能源结构的调整上出现了差异，欧盟由于考虑多层级的利益，其所设

---

① 康晓：《中欧多层气候合作探析》，《国际展望》2017 年第 1 期。
② 康晓：《中欧多层气候合作探析》，《国际展望》2017 年第 1 期。

置的减排目标更大，能源结构更加合理，而中国是作为一个整体，中国的减排目标和能源结构将会与欧盟形成较大差异。因此，中欧未来的能源和气候治理应该向多层次合作方向发展，提升地方政府和城市在合作中的地位。

（五）中欧在能源供应以及维护能源安全方面存在竞争关系

中国和欧盟都是世界上最大的化石能源进口国之一，二者的能源都依赖于其他能源输出国，能源安全也在很大程度上依赖于他国。到2030年欧盟和中国能源需求量的80%都需要进口，因此双方都面临巨大的能源供应和能源安全问题，而这种挑战也将会给双方带来竞争。[①]众所周知，保障能源供应和能源安全是维系国家经济社会稳定发展的必要因素，中欧双方在未来都需要从他国进口大量的能源，尤其是石油、天然气等化石能源以弥补国内巨大的能源缺口。但是世界上化石能源的储量是一定的，能源的产地也主要集中在中东、北非、俄罗斯等地，中欧双方要维护自身的能源安全必须积极参与全球能源产地的能源开发工作，在能源勘探开发、能源运输、冶炼等多个环节都存在竞争关系。能源安全对于中欧双方来说都是核心利益，存在妥协的余地较小，这就给未来双方的能源合作带来了一定挑战，如何在最小分歧的情况下寻求最大的公共利益是中欧未来在能源合作中需要面对的问题。

（六）煤炭在中欧能源消费结构中占据主导地位

煤炭在中欧能源消费结构中的地位对于中欧未来减排工作来说仍然是一个巨大的挑战。由于煤炭燃烧排放二氧化碳气体的量更大，污染比石油和天然气更严重，如何降低煤炭在能源消费中的高比重是中欧未来减排的一个问题。中国80%的能源源于煤炭，中国正在尝试降低煤炭

---

① Perception and Challenges of China – EU Energy Cooperation File：///C：/Users/acer/Downloads/CEDI%20Working%20Paper_ No – 1%20 (1). pdf.

在中国能源结构中的比重，而欧盟也在努力降低其电力行业中煤炭的比重，但是全球和地区天然气和石油的价格变化使煤炭火力发电成为更加便宜的选择，这对于降低煤炭在能源消费中的比重产生了不利影响。[①] 未来中欧都面临如何优化能源结构，降低高碳能源使用比重是一个艰巨任务。

三 未来中欧能源与气候合作的机遇

尽管中欧在未来能源气候合作中面临一些挑战，但是中欧务实合作不断深入以及未来中国发展所蕴含的巨大潜力，中欧未来的能源和气候合作依然存在重大的发展机遇。

（一） 中国 "一带一路" 倡议给中欧能源合作带来重大机遇

2013 年中国国家主席习近平提出 "一带一路" 倡议，为处于 "一带一路" 两端的中国与欧盟在能源和气候变化方面的合作提供了重大的机遇。中国提出的 "一带一路" 倡议，其范围覆盖了世界上石油、天然气的核心产区中东、中亚以及俄罗斯，中欧都依赖于这些核心产区的能源，在能源领域双方不存在竞争关系，而有共同的利益诉求——维护能源安全。"一带一路" 倡议的优先方向是构建互联互通的伙伴关系，加强基础设施建设，这将会推动沿线油气管线和加工炼化中心的建设，并且助推中亚成为 "第二个中东"，将里海油气资源的开发提上议程，这对于保障中欧双方的能源安全是非常重要的。同时，随着亚欧大陆铁路、公路等交通基础设施的改善，未来的能源开发、加工、运输将会更加便捷，未来将形成庞大的亚欧能源市场体系，中欧依靠自身的实力可以在未来亚欧能源体系中开展更广阔的合作空间。"一带一路" 倡议也将为各国提供新能源领域的技术交流平台，为发展新能源提供资金

---

① Enhancing Engagement Between China and the EU on Resource Governance and Low-Carbon Development, http://www.eisourcebook.org/cms/February% 202016/China% 20and% 20EU% 20on% 20Resource% 20Governance.pdf.

和融资渠道，促进新能源相关产业的合作与开发，中欧双方在此领域的合作空间也非常巨大。

（二）中国未来新型城镇化为中欧能源和气候合作带来众多机遇

新型城镇化将会为未来中国发展带来巨大的发展潜力。目前中国城镇化的模式是传统的高投入、高消耗、高排放的工业化城镇化发展模式，未来推动新型城镇化，中国必须要走绿色发展、循环发展、低碳发展的模式，这就为中欧在能源和气候变化领域带来很大的合作空间。而欧盟城市在开发高效率能源系统和生态区的过程中承担了主导角色，欧洲城镇化过程中在低碳城市、绿色建筑、工业交通节能等方面积累了比较丰富的经验，欧盟已经针对城市发展绿色运输基础设施和其他绿色基础设施制定了新的规划、方法、标准和指标，以降低温室气体排放，而中国在城市节能、减排等方面才刚刚起步，中国未来的城镇化建设目标是低碳、可持续能源以及智慧城市，在这些领域中国和欧盟的合作前景非常广阔。

（三）中国正在进行的工业转型升级以及结构性改革给中欧能源和气候合作带来机遇

经过多年发展中国的经济持续快速增长，进入中等收入国家行列，但是中国多年的经济发展也出现了很多问题，产能过剩，中低端产品过剩、高端产品不足，工业创新不足等，需要转型升级，需要从传统的资源依赖和要素驱动型粗放扩展的发展方式转向创新驱动型内涵提高的发展路径，更加注重经济增长的质量和效益。"十三五"规划提出，要全面推进创新、协调、绿色、开放、共享的发展理念，其中绿色发展既包括节约资源、保护环境等新的发展道路，也包括减缓碳排放、实现低碳发展的路径。"十三五"规划中进一步强化了应对气候变化的目标和措施，提出了"有效控制电力、钢铁、建材、化工等重点行业的碳排放，推进工业、能源、建筑、交通等重点领域低碳发展"。中国要实现工业的转型发展以及减排目标就必须进行技术创新、推动能源技术革命带动产业升级，实现节能降耗与经济转型的有机融合。而欧盟也面临产业结构老化问题，在 2015 年提出的"2030 年气候与能源政策框架"中确立了温室气体减排量与 1990 年相比减少 40%，将可再生能源消费占比提高到 27% 以及将指示性能源效率提高至少 27% 的有约束力的目标，同样欧盟存在对高耗能产业进行转型升级的需要，尤其是东欧的一些国家，与中国面临同样的经济结构调整、低碳发展的境遇。这就为中欧在未来能源和气候治理相关的低碳技术、减排技术提供了较大的合作空间。

（四）美国在气候问题上退步将给中欧提供更大的合作空间

美国以其强大的综合实力成为全球气候变化问题的重要领导者，2015 年《巴黎协定》的达成与中美的通力合作有较大的关系。美国退出《巴黎协定》给全球气候变化治理带来了不利影响，但是美国新当选总统特朗普在气候变化问题上的退步也把中国和欧盟推到了领导全球气候变化的前台，给中国和欧盟在气候变化问题上进行合作提供更多的机遇。欧盟是应对全球气候变化的积极领导者和倡导者，拥有先进的技术和经验。而中国不仅是全球重要的排放国，也是在美国不能履行其承诺时防止应对气候变化工作跌入谷底的关键国家。中国在"G77 + 中国"，金砖国家和志同道合的发展中国家这三个谈判组织中占有关键地位，影响力巨大，而欧盟也有和小岛屿国家、最不发达国家的合作历史。[1] 如果中欧达成气候变化联盟，将可以吸引更多其他伙伴国家的加入，中欧之间的联盟也将会打击特朗普在国际气候谈判中的影响力。

四 对中欧未来能源和气候合作的建议

尽管存在一些挑战，中欧未来能源和气候合作也存在广阔的合作空

---

[1] Why we Need a Climate Collation between China and the EU，http：//climatetracker. org/why - we - need - a - climate - coalition - between - china - and - the - eu/.

间，为了保障能源安全，实行低碳发展，落实自身所承诺的减排目标，中欧可以在以下几个方面继续加强合作。

（一）加强与主要能源供应国的政策协调，建立能源互联网，以多种措施保障能源安全

中国和欧盟是世界上主要的能源消费者，但是中欧双方的能源依赖于进口，保障能源安全对于双方的发展以及国家稳定都是非常重要的事情。在保障能源安全方面，中国和欧盟应该加强与 OPEC 国家以及世界上其他能源供应国的合作，协调能源价格，防止能源价格的剧烈波动。能源价格的剧烈波动会对能源供应国和能源进口国带来危害，剧烈的突然上涨可能会增加能源进口国的通货膨胀压力，并且给国家的其他方面带来溢出效应，对国家的政治、经济、社会稳定造成危害，而能源价格的突然下跌对于能源输出国的国内政治经济局势也会形成压力，并且打击相关能源投资者，不利于能源的稳定供应。因此，中欧应该与能源供应国加强协调，并与世界其他主要大国一道维护能源价格的稳定。[①]

由于中欧不是 OPEC 组织的成员国，在能源供应方面中欧都不掌握主动权，中欧在未来应该与主要能源国就能源需求和供应建立沟通机制，利用中欧在技术、资金等方面的优势支持能源供应国的发展，改善能源供应国的能源投资环境。中国和欧盟应该加强与非洲、中东、拉美等主要能源产地的合作，建立"中欧—海湾国家能源伙伴关系""中欧—非洲能源伙伴关系"。可以尝试与能源供应国建立"基础设施建设换能源"的关系，保障能源安全。此外，中欧还应该继续加强合作，寻找替代能源以保障能源安全。在未来中欧应该加强在页岩气、太阳能、风能、核能等替代能源方面的合作，考虑构建全球能源互联网。中欧应逐渐提高电网配置能力、智能化水平和清洁能源比重，同时推动洲际大型能源基地开发和电网跨国互联，实现清洁能源在大洲内的大范围配

---

① Enhancing Engagement Between China and the EU on Resource Governance and Low-Carbon Development, http://www.eisourcebook.org/cms/February%202016/China%20and%20EU%20on%20Resource%20Governance.pdf.

置，之后中欧可以考虑加强"一极一道"（北极风电、赤道太阳能）能源基地建设，建成全球能源互联网，解决能源安全问题。

（二）加强中欧在地方政府和城市之间的能源和气候治理合作

在未来的中欧能源和气候治理合作方面，城市特别是大城市应该成为中欧能源和气候治理合作方面的重点。城市特别是特大城市人口多、车辆多、建筑多、工业企业多，构成了全球温室气体主要排放源，城镇化破坏的森林又减少了碳汇。正如联合国人居署发布的《城市与气候变化：政策方向》显示，尽管城市只占全球陆地面积的2%，却贡献了全球75%的温室气体排放。① 而在能源使用方面，城市能源利用最多，一般可以占到能源消费的80%左右，特别是天然气消费量。② 未来，在能源和气候合作方面，双方在城市层面的合作前景非常广阔，如节能城市建设、新兴能源的使用、城市气候治理等各个方面，双方都可以进行合作。因此，建议中欧在未来着重探讨城市能源和气候方面的合作，双方的中央政府可以下放一部分权力给城市政府或者地方政府，进行城市间在产业、科研、能力建设等方面的交流。中欧可以试点建设能源友好城市，结成能源友好城市对，在新能源利用、减排等方面进行城市层面的交流与联合研发。中国和欧盟可以探索建立城市能源解决方案（建筑技能与一体化的可再生能源方案、交通规划和运输技术方案、智能电网和城市绿色区域发展方案等）。③ 中欧未来可以合作推进能源示范城市建设和智能微电网示范工程建设，推进绿色交通发展和绿色建筑建设。中欧可以合作制定低碳城市建设规划的方法与标准、制订城市可再生能源行动计划、建立中欧新能源城市联合发展公约、中欧新能源城市与欧洲合作平台等。④

---

① 康晓：《中欧多层气候合作探析》，《国际展望》2017年第1期。
② 搜狐网：《最全能源数据：29个维度看中国能源2015》，http://mt.sohu.com/20150730/n417835786.shtml。
③ 中欧能源路线图2020。
④ 中欧能源路线图2020。

（三）加强中欧在能源和气候变化方面的政策专业对话和协调，细化合作清单

中国和欧盟在能源和气候变化领域已经建立了多层次的对话机制，政策对话为双方在能源和气候变化领域的政策实施、项目开展等方面提供了众多机会。但是目前中欧在能源和气候变化领域的对话还处在纲领性对话阶段，为了更好地促进能源和气候变化领域的合作，中欧应该细化对话领域，进行更加专业和具体的政策落实对话，可以考虑设立中欧在未来能源和气候领域的联合专家对话机制，在联合专家对话机制中可以考虑更加具体的政策对话、法律知识产权对话、行业认证、产品标准、技术转移与联合开发等专业对话机制，通过更加专业的对话机制了解双方各自的需求，进行更专业、更具体的技术和政策交流，同时也能更好地维护各自的利益，更加有效地促进双方的合作。

（四）加强"一带一路"背景下的能源合作，扩大能源公共物品供给

毫无疑问，中国提出的"一带一路"倡议为"一带一路"沿线国家提供了非常广阔的发展机遇，也为中欧在各方面的合作提供了重大机遇，中欧应该加强在"一带一路"背景下的能源和气候变化合作。加强在能源运输基础设施方面的合作，建设中欧大通道、港口，保证能源运输的通畅性，为双方在中亚、中东、俄罗斯地区的能源运输提供更加快捷的通道，同时便利的运输也有利于双方参与彼此的及"一带一路"沿线地区的光伏、风电等大型清洁能源工程的建设。中欧应该加强在中亚和中东地区能源开发合作，保障能源安全。中国和欧盟的能源对外依赖性强，大部分能源使用依赖于进口，中欧应该在"一带一路"背景下加强与"一带一路"沿线国家油气资源的合作开发，加强政府和企业在政策和商务方面的协调，开展良性竞争，进行合作开发。"一带一路"沿线国家的风力、太阳能资源丰富，尤其是中亚和中东地区的太阳能资源丰富，中欧可以在该地区进行风力和光伏产业的合作开发。在"一带一路"背景下还可以考虑建立亚欧能源网，将整个亚欧大陆的电网以及新能源网络串联起来。

（五）加强中欧非政府组织、科研机构和智库在能源治理和气候治理中的合作

非政府组织在培养公众气候意识、节约能源、低碳以及新能源使用方面的宣传、推广等活动中发挥着重要作用。此外，一些非政府组织具有较高的科研能力以及信息收集能力，它们是对政府活动的很好补充，甚至一些专业的非政府组织在气候和清洁能源方面的科研及推广作用已经超过政府发挥的作用。非政府组织自下而上、交互网络式的运作方式使民众与政府进行互动，并且最终付诸基层的广泛行动，[1] 为公众在能源节约、低碳生活方式以及气候领域的活动提供了更多的参与渠道。在能源和气候非政府组织发展方面，欧盟的非政府组织发展起步早、发展成熟，而中国在清洁能源和气候治理方面的非政府组织发展比较落后，在专业性、活动能力以及社会影响力方面与欧盟都有较大的差距，中欧加强在这一方面的合作将大大帮助中国绿色非政府组织的发展，也将有助于中国在气候变化治理、减排方面的工作。

技术是开发新能源、减排以及应对气候变化非常关键的因素，在能源开发以及应对气候变化工作中发挥着至关重要的作用。没有技术，开发新能源、清洁能源、提高能源利用效率以及减排等则无从谈起。目前，中欧双方都极其重视技术的作用，努力研发新的更加高效的技术，欧盟拥有世界上先进的新能源技术和气候友好变化技术，并且制定了较高的技术标准，中国在一些领域的技术有了较快的发展，并且一些技术已经处于世界领先水平，但是中欧之间在技术方面仍然有较大的差距，

---

[1] 宋效峰：《非政府组织与全球气候治理：功能及其局限》，《云南社会科学》2010 年第 5 期。

中国要落实《巴黎协定》所承诺的减排计划，还需要更先进、高效的新能源技术和减排技术。目前中国和欧盟在技术合作方面已经有了一些不错的合作先例，例如中国和欧盟在 2010 年就成立了由清华大学和都灵理工大学承担的中欧清洁能源研究中心，主要从事清洁煤、生物燃料、可再生能源、降低能效以及能源运输方面的研究，在武汉也成立了中欧新能源学院。但是，由于技术壁垒以及知识产权的限制，中欧之间的技术合作和技术转移不通畅，尤其是欧盟并不愿意向中国转让一些先进的技术，无论在政府层面还是企业层面中欧之间的技术合作和转移都还比较少，中欧未来在技术方面还有很大的合作空间，中欧应该继续加强在科研机构、高校以及企业技术研发机构之间的合作。中欧可以依靠科研机构、高校和企业开展联合研究机构进行合作开发和知识产权共享，这样就会减少在知识产权方面的矛盾，节约资金，有利于技术的发展，也有利于技术向其他国家和地区转移，为全球气候和能源治理做出贡献。此外，联合研发也将有助于培养中国的技术人才，同时也会为欧盟技术的进一步发展提供参考。

在能源和气候变化方面，智库拥有众多专业领域的专家学者，可以为政府能源和气候政策的制定以及企业的发展策略、发展方向提供理论、策略和方法。同时，智库在研究分析政策，举办各类交流活动、探讨活动、宣传活动等方面都有比较明显的优势。智库在政府能源安全战略、新能源发展战略、气候治理战略以及具体政策的实施方面都能给政府以各种支持。在大众宣传方面，智库可以利用在媒体上的文章或评论起到影响舆论、引导舆论的作用。因此中欧在未来能源和气候合作方面应该加强智库的交流和合作，通过各种层次的智库交流活动和研讨会，为中欧能源和气候变化领域的专家提供直接沟通平台，不仅能够了解彼此的政策，有助于在能源和气候变化合作方面达成共识，而且也有助于双方人才的培养和交流。中国和欧盟可以考虑在中欧各层次的合作机制中增加能源和气候治理的智库交流，并且可以考虑设立联合智库，为双方的能源和气候合作提供各种支持。

（六）加强 G20 框架下的全球能源和气候治理

经过十几年的发展，G20 不断扩大成为全球治理的网络中心，G20 在全球治理中的作用在成员国内受到重视，并且已经在全球被广泛认可。而 G20 在全球能源和气候治理方面也发挥了越来越重要的作用。2008 年 G20 峰会以来，能源和气候议题已经被大量纳入 G20 决议中，G20 参与能源和气候治理的意愿不断增强，能源和气候治理成为峰会的核心议题之一，G20 能源和气候类的承诺也不断增加。[①] G20 框架下已经设立了与能源和气候问题相关的工作组：能源可持续开发工作组、"强劲、平衡和可持续增长"框架工作组。2014 年布里斯班峰会核准了《20 国集团能源合作原则》。2015 年 10 月，首届 G20 能源部长会议在伊斯坦布尔召开。中国与欧盟是 G20 中两个至关重要的参与者与领导者，应该在 G20 框架下加强在能源和气候治理方面的合作，积极引领其他 G20 成员国以及世界其他组织的国家，在能源安全、清洁能源和能效领域的合作，推动 G20 框架下的能源部长会议成为世界能源和气候治理的重要平台。考虑丰富 G20 的能源合作机制，设立能源安全对话小组、气候变化对话小组等多种对话机制。G20 目前已经成为一个全球治理的重要平台，全球治理的各类事务在 G20 中都有讨论，这样就容易将气候和能源治理与经济、安全、贫困、卫生等其他全球治理的事务统合起来，不仅有助于能源和气候治理，而且有助于其他全球治理事务的发展。

（七）加强在撒哈拉以南非洲国家以及其他贫困国家的能源开发合作

非洲地区能源资源丰富，尤其是油气资源较为丰富，石油占世界石油资源量的 8.6%，天然气资源量占世界天然气资源量的 6.3%。非洲地区不仅资源丰富，而且其资源开采成本低、油气质量较好，投资回报

---

① 潜旭明：《全球能源与气候治理视野下的 G20》，《教学与研究》2016 年第 10 期。

率较高，而且还具备发现世界级新油田的巨大潜力。在中东局势纷乱的情况下，未来非洲地区能源开发对于维护中欧双方能源安全都是非常重要的。但是非洲地区能源开发基础设施落后，油气资源开发率比较低，需要与其他各国共同合作才可以提升能源开发水平。同时，非洲地区尤其是撒哈拉以南非洲地区具有大量的可再生能源资源，包括太阳能、风能、水能和地热能。但是，40%的非洲国家处于极度落后阶段，能源普及率低，有超过 5 亿人口无电可用，在可持续能源政策方面落后于世界其他地区。而中国和欧盟无论在传统的油气能源开发方面，还是在可再生清洁能源的开发使用及电网建设方面都拥有成熟的技术和经验；并且中国已经在非洲地区的扶贫开发、援助等方面积攒了比较丰富的经验，而欧盟拥有技术、资金以及市场等方面的优势，中欧双方应该考虑加强合作，加强在非洲地区的传统能源及可再生能源的开发，可再生能源技术研发和应用，能源投资和融资、能力建设。加强在非洲地区的能源开发不仅为中欧双方提供了比较稳定的能源供应地，保障双方的能源安全，而且能够促进非洲地区的发展，落实联合国 2030 年可持续发展目标。而且在非洲地区开发清洁的可再生能源也是中欧双方落实《巴黎协定》、积极促进全球治理的重要举措，对于全球气候治理具有重要的榜样作用。

（八）加强低碳合作项目

未来中欧都面临较大的减排压力，碳排放交易、碳捕集、碳税等低碳技术是一种有效减少温室气体排放的方式，可以利用市场机制实现有效减排和低碳经济的转型。中欧未来应该在坚持共同但有区别的责任原则下，开展低碳项目的合作。中欧可以考虑制定中欧低碳经济合作战略，提升双方低碳经济合作的战略高度，以促进在碳排放交易、碳捕捉和封存等技术和商业合作。同时应该设立共同研究基金，开展合作研究，进行低碳技术的研究，例如碳捕捉和封存技术、生物质发电技术项目。同时全球层面在低碳技术的相关标准、低碳行业的监管框架、碳信息披露等方面还是空白，中欧可以考虑在这些方面制定相关的标准，并且在全球推广标准的实施及推动低碳监管。此外，中欧还可以加大在低碳金融领域的合作力度，在碳金融市场和碳金融工具等方面加强法律、制度、监管等方面的合作，开展低碳证券、低碳期货、低碳基金等各种低碳金融衍生品的创新开发与监管，促进低碳金融的发展。为了促进全球气候治理，中欧还可以考虑建立全球性的碳排放交易体系，吸引主要大国加入碳交易俱乐部，向其他国家交易本国多余的减排量，促进全球减排量的增加。

（九）合作推动全球落实《巴黎协定》

在经过艰难的谈判达成《巴黎协定》之后，如何具体落实《巴黎协定》，从而推进全球气候治理体系的发展，实现《巴黎协定》提出的减排目标，应对气候变化的挑战，是全球各国面临的一个问题。在《巴黎协定》的达成上，中国和美国形成了较好的合作关系，而特朗普的当选让中美在气候问题上的合作关系面临破裂危险，可能有很多种方式应对美国退出后形成的真空，但是最现实的方式应该是形成中欧气候变化同盟。[①] 作为影子人物的欧盟应该重新走到聚光灯下，填补美国留下的空缺，中欧应联手成为国际气候保护的新引擎，积极带领全球各国落实《巴黎协定》。中欧可以利用自身影响力在联合国、G7、G20 等多边场合向美国施加压力，并且通过智库交流、民间交流以及与美国绿党的交流让美国人民对美国政府施加压力。在落实《巴黎协定》方面，中国和欧盟应该带头落实国家自主贡献，完成各自向国际社会承诺的目标，此外，中国和欧盟还应该帮助一些能力有限的发展中国家制定、落实其国家自主贡献，在资金、技术、能力建设方面给予一些援助。在落实国家自主贡献方面，中欧也应该带领全球各国制定一个检查标准和监督机制。此外，《巴黎协定》提出的是一个应对气候变化合作的框架性安排，如何具体落实其中的目标和相关机制的细节也是

---

① Why we Need a Climate Collation between China and the EU, http：//climatetracker.org/why－we－need－a－climate－coalition－between－china－and－the－eu/.

一个问题，中欧双方应该努力发挥带领作用，谈判制定相关条款的细节规则。此外，中欧在气候变化问题上还有许多分歧，如何在共同但有区别的原则下，将中欧之间在气候变化问题上的分歧缩小到最低程度，从而形成更紧密的关系，带领全球落实《巴黎协定》，也是中欧未来应该考虑的问题。

人民币国际化进程与展望

一　国际金融危机后国际货币体系的发展

国际金融危机期间的贸易融资崩溃，使国际社会开始对以美元为中心的货币体系本质上的不稳定性有所警惕。在美元本位制下，美元作为国际关键货币职能与国家货币职能间存在冲突的"新特里芬难题"、国际收支领域的 $N-1$ 问题①、储备货币发行国宏观政策的外溢效应、缺乏"货币锚"导致汇率无序波动、IMF 贷款能力和代表性不足等问题逐渐显露。

然而，严重的国际金融危机过后，美元在国际货币体系中的主导地位仍然牢固。根据最新一期的 BIS 三年期央行调查②，到 2016 年 4 月，在外汇市场上的日均总成交量中美元的单边交易占 87.6%，和 2007 年危机发生前所占的比例相较不降反升，提高了 2 个百分点，依然是全球范围内运用最广泛的贸易通货。欧元方面，自欧债危机以来，欧元在外汇市场上的占有率就呈现持续下降趋势，市场份额从 2010 年 4 月的 39% 下降到 2013 年 4 月的 33%，2016 年 4 月又下降 2 个百分点，仅达到 31%，但仍然保有世界第二贸易通货的地位。欧元与全球四大主要货币美元、英镑、日元、瑞士法郎的交易量也持续下跌，其中，美元/欧元日均交易额比三年前下降了 1190 亿美元。第三大贸易通货日元在

---

① 鉴于对外负债是国际清偿能力创造的主要来源，$N-1$ 假设决定了必然至少有一个经济体贸易或者经常项目收支为负，才能解决这个问题。

② BIS, Triennial Central Bank Survey Foreign Exchange Turnover in April 2016, September 2016.

全球外汇交易中的份额也有所下降。在 2013 年 4 月的 BIS 三年期调查中，得益于日本当时的扩张性货币政策，日元的全球外汇交易份额曾大涨 4 个百分点，达到 23.1%。但这种上升势头未能延续，2016 年 4 月，日元的市场占有率比三年前下降 1 个百分点，达到 22%。而英镑受英国脱欧的影响不大，外汇交易份额有小幅度上升。2016 年 4 月，欧元占外汇市场日均总成交量的比例达到 12.8%，较 2013 年提升 1 个百分点，是活跃在全球外汇市场上的第四大货币。

而在市场份额排名前十的货币中，人民币的表现最值得注意。虽然人民币在外汇市场上的日均总成交量中占比不大，但是其增长速度上升迅速。根据 BIS 三年期央行调查，人民币占全球外汇市场的日均总成交量已经从 2007 年的 0.5%，大幅提升到 2016 年的 4%，排名也随之从第 20 名提升到第 8 名。与此同时，人民币国际地位也在不断上升。智利、印度和以色列已经将人民币作为主要的参照货币，在南非和土耳其人民币是第二重要的参照货币[1]。尽管当前美元、欧元等货币的地位仍高于人民币，但实际变化正在朝着利好人民币的方向发展。中国和所有主要央行间都开始进行双边本币互换交易，人民币已经不再局限于亚洲地区。人民币国际化初期成果在国际上得到广泛认可，国际货币基金组织（IMF）特别提款权新的货币篮子已经正式生效，人民币成为首支进入 IMF 货币篮子的新兴国家货币。

从维护全球货币体系稳定的角度出发，国际货币体系的改革是缓慢而艰巨的，但人民币国际化的进程正在影响着国际货币体系向更加多元、稳定的趋势迈进。长期以来，国际货币体系的话语权被西方主要发达国家所垄断，这种过度依赖单一主权货币的国际货币体系是不合理的，也是不公平的，更是不稳定的。随着新兴发展中国家在世界经济领域扮演着愈发重要的角色，人民币作为发展中国家的货币首次进入 SDR 货币篮子，不仅说明发展中国家在全球经济治理中制度性话语权的提

---

[1] Miriam Campanella："The Internationalization of the Renminbi and the Rise of a Multipolar Currency System"，ECIPE, 15 January 2015.

升，更是对以往以发达国家货币为主导的国际货币体系的根本性变革。人民币加入 SDR 会促使各国官方机构考虑在其储备构成中提高人民币储备资产的比重，推动私人机构投资者持有更多的人民币资产，从而扩大人民币在金融交易中的使用，人民币国际化将具备更多有利条件，国际货币体系也将向更加完善、多元、稳定的格局发展。

二 人民币国际化现状

在过去的几年里，人民币国际使用继续较快发展，人民币跨境收支占外币跨境收支的比重稳步提升，离岸人民币市场进一步拓展，人民币国际合作不断深化。据环球同业银行金融电讯协会（SWIFT）统计，截至 2015 年 12 月，人民币已成为全球第三大贸易融资货币、第五大外汇交易货币、第五大支付货币。而按照国际收支统计，人民币已连续 5 年成为中国第二大跨境收付货币。

（一） 人民币跨境贸易

由于中国企业及其贸易伙伴对人民币结算需求的增加，人民币跨境贸易交易已成为人民币国际化进程中的重要领域。

事实上，早在官方批准前，人民币已经被许多邻国所接受，并在大陆外部形成良性的循环。自 2009 年我国在上海市和广东省内四城市开展跨境贸易人民币结算试点以来，人民币在跨境贸易中的使用规模不断扩大。2015 年，全年跨境贸易人民币结算业务累计发生 7.23 万亿元，同比增长 10.38%。其中，跨境贸易结算仍以货物贸易结算为主，服务贸易结算规模增幅明显。全年货物贸易人民币结算金额 6.39 万亿元，同比增长 8.3%，占同期跨境贸易人民币结算总额的 88%；服务贸易及其他经常项目结算金额 8432 亿元，同比增长 28.4%，占跨境贸易人民币结算的 12%（见图 1）。在全球经济低迷的大环境下，2015 年10～11月我国进出口总额出现"双下滑"现象，但凭借跨境服务贸易结算的显著增长，跨境贸易人民币结算规模仍然稳步推进。然而，从 2016 年前三个季度来看，人民币跨境贸易结算金额出现大幅下滑，回落到只有2014年的同期水平。

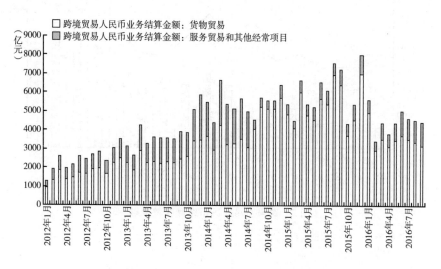

图1　月度跨境贸易人民币业务结算金额

资料来源：Wind数据库。

同时，人民币跨境贸易结算中收付关系首次实现逆转。2015年全年经常项目人民币实收6.19万亿元，实付5.91万亿元，结算收付比由2014年的1:1.40下降至2015年的1:0.96，净流入0.28万亿元（见图2）。这是我国开展人民币跨境贸易结算以来，首次出现净流入的局面，从侧面反映出我国对外贸易国际竞争力不断增强，人民币收支向更加平衡的方向发展。

（二）人民币跨境投资

2011年1月，央行发布《境外直接投资人民币结算试点管理办法》，为境内中国银行和企业使用人民币在海外直接投资打开大门。由于人民币在2012～2014年持续的升值预期，国内投资市场显得更加有吸引力，外国公司更倾向于国内市场，以期望未来能有更高的回报。2015年末，人民币外商直接投资规模达到历史最高点，累计金额1.58万亿元，较上年同期增长84.1%，人民币对外直接投资规模达到7362

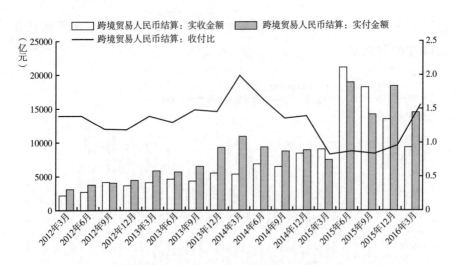

图2　跨境贸易人民币结算收付金融

资料来源：Wind 数据库。

亿元，是上年的 4 倍（见图 3）。然而，随着美联储正式启动加息进程，美元指数不断攀高，美元资产受到追捧，国际资本流动大规模调整，致使中国资本流出压力急剧提高。2016 年第 1 季度，人民币外商直接投资仅达到 3566 亿元，人民币对外直接投资规模也出现小幅度下滑。

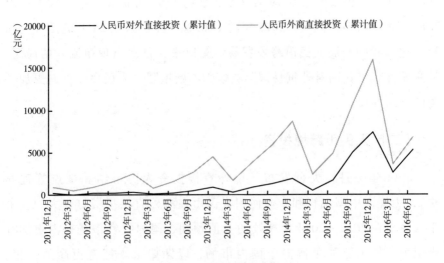

图3　人民币跨境投资额

资料来源：Wind 数据库。

（三）离岸人民币市场

离岸人民币市场的发展是观察市场对人民币国际化态度的一个重要风向标。截至 2015 年 12 月，全球共建成 14 个离岸人民币清算中心①，中国香港、中国台湾、新加坡、伦敦和卢森堡五个离岸中心的人民币存款总和达 14621 亿元（见表 1）。

表 1　离岸人民币中心存款（截至 2015 年 12 月）

单位：十亿元

项目	中国香港	中国台湾	新加坡	卢森堡	伦敦	总计
离岸人民币存款	851.1	318.2	189.0	65	38.8	1462.1

资料来源：根据 Wind 数据库及公开资料整理。

由于中国并没有完全开放资产账户，离岸市场的人民币持有者并不能找到足够的投资机会，从根本上限制了离岸人民币市场的发展。为了增加离岸人民币的投资机会，中央政府逐步建立了一系列人民币回流渠道。到目前为止，已经建立起点心债券、RQFII、国内银行间市场、跨境人民币贷款、上海和香港股市互通五条回流渠道（见表 2），但仍不能满足离岸人民币持有人的需求。

表 2　离岸人民币市场的回流机制

点心债	RQFII	国内银行间市场	跨境人民币贷款	沪港通
截至 2015 年末，点心债总规模达 6711.33 亿元	截至 2015 年，合计批准 186 家 RQFII 累计发放 5079.68 亿元投资额度	截至 2015 年，已有包括央行、国际金融机构、主权财富基金、港澳清算行、境外参加行、境外保险机构、RQFII 和 QFII 等 271 家境外机构获准进入银行间债券市场，银行间市场境外投资者群体不断增长	跨境贷款试点持续扩容，已有深圳前海特区、上海自由贸易区、苏州工业园区、天津生态城和广东南沙、横琴新区、广西金改试验区、云南省沿边金融综合改革试验区等多个试验区	总额度 5500 亿元

资料来源：根据国家外汇管理局以及公开资料整理。

---

① 离岸清算中心银行可以直接将当地货币转换为人民币（反之亦然）而无须先转换成美元，节省了金融机构和企业与中国进行贸易时的时间和成本。14 个离岸人民币清算中心分别是中国香港、中国澳门、中国台湾、新加坡、伦敦、法兰克福、首尔、巴黎、卢森堡、多哈、多伦多、悉尼、吉隆坡和曼谷。

（四）人民币债券市场

人民币国际化重要条件之一即要拥有流动性充足的人民币债券市场。人民币结算的离岸债券发行量在近几年有了较大的增加。迄今为止，香港是世界上最大的离岸人民币市场，大多数点心债券都在香港发行。然而，相比在香港大幅度上升的人民币存款，点心债券的发行量是远远不够的。2009年，点心债余额占人民币存款余额的48.6%，然而到2015年却下降到27.8%（见表3）。

表3　香港点心债和人民币存款

项目	2009年	2010年	2011年	2012年	2013年	2014年	2015年
点心债余额（十亿元）	30.4	65.6	172.8	253.6	295.8	255.0	236.6
人民币存款余额（十亿元）	62.7	314.9	588.5	603.0	860.5	1003.5	851.1
点心债余额/人民币存款余额（%）	48.6	20.8	29.4	42.1	34.4	25.4	27.8

资料来源：Wind数据库、香港金融管理局及作者计算。

点心债券发行的增长率看起来也不是非常乐观。在2011年发行量的大幅增长之后，点心债券市场经历了连续两年的下滑，2014年点心债的发行有所回升，但2015年又呈现下滑态势（见图4）。一方面，从2011年末人民币升值的期望就减弱了，离岸市场人民币持有者的套利概率降低，因此减少了点心债券的需求。另一方面，由于美国的量化宽松政策，美元的流动性上升，美元主导的债券利率下降，这使许多企业和金融机构转而发行美元主导债券。

与点心债市场产生鲜明对比的是熊猫债发行状况。自2005年我国发行第一只熊猫债起，受进入我国债券市场"高门槛"以及对筹得资金使用等限制影响，熊猫债市场在十年间一直处于较为冷清的局面，只在个别年份有零星发行。2015年，熊猫债市场迎来爆发，全年共发行11只熊猫债，是过去十年发行只数总和的近2倍。进入2016年，熊猫债发行局面更加火爆，截至2016年10月，发行总规模达到1093.2亿元，已经实现对点心债市场的反转（见图5）。

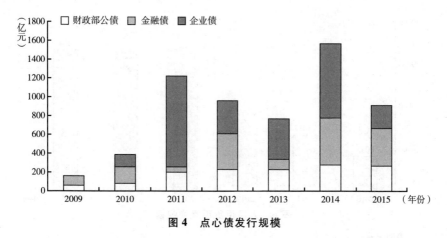

图 4　点心债发行规模

资料来源：Wind 数据库。

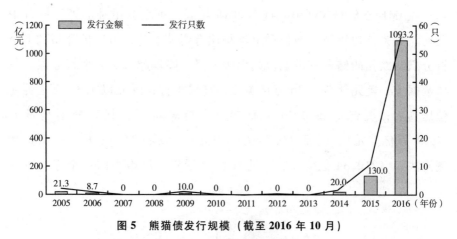

图 5　熊猫债发行规模（截至 2016 年 10 月）

资料来源：Wind 数据库。

（五）全球外汇储备中的人民币

人民币国际化促使央行间货币金融合作不断向前推进，截至 2016年 3 月末，中国人民银行已经与 33 家境外央行或货币当局签署货币互换协议，货币互换余额高达 3.3 万亿元（见图 6）。同时，在吉隆坡、曼谷、悉尼、卡塔尔、智利、南非等全球 20 个国家（地区）建立了人民币清算安排，为当地使用人民币提供便利和支持，在维护区域金融稳定的同时，推动双边贸易和投资繁荣发展。

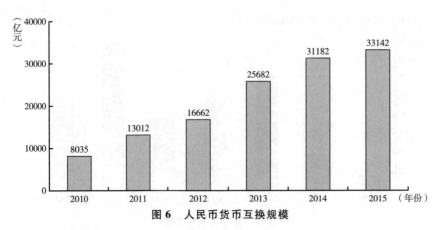

图 6　人民币货币互换规模

资料来源：Wind 数据库。

在 IMF 公布的数据中，截至 2015 年底，可划分币种的外汇储备中美元、英镑储备货币的地位和上年相比有明显上升，占比提升超过 1 个百分点，欧元的储备货币地位则大幅下降，降幅超过 2.3 个百分点。具体数据上，美元储备 4.36 万亿美元，高居榜首；欧元以 1.35 万亿美元位居其后；英镑储备 0.33 万亿美元，排名第三；其后分别是日元（0.28 万亿美元）、澳元（0.13 万亿美元）、加元（0.13 万亿美元）和瑞士法郎（210.34 亿美元）（见图 7）。尽管人民币当前占全球央行外

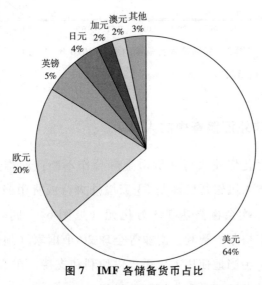

图 7　IMF 各储备货币占比

资料来源：IMF 数据。

汇储备比例不足 2%，但是人民币在国际储备多元化中所起到的重要作用已经开始显现。有数据显示，各国央行已经开始重新配置外汇储备，7 月累计外国机构流入人民币计值国债达 3219 亿元（折合 485 亿美元），创历史最高点，比 1 月增加了 28%[①]。

三　人民币国际化展望

2016 年 10 月 1 日，人民币正式加入 SDR，与美元、欧元、日元、英镑一样，成为 IMF 一篮子储备货币中的一员。在新的 SDR 篮子中，人民币所占份额达 10.92%，一举超过"老将"日元（8.33%）、英镑（8.09%），紧随美元（41.73%）和欧元（30.93%）之后，成为 IMF 第三大储备货币，这也标志着人民币国际化进入一个全新的发展阶段，将在未来人民币国际支付份额、跨境贸易、投融资和储备资产规模等方面为我国各类市场主体带来更多的便利和机遇。

（一）人民币在国际支付中的份额迅速增加

一国货币在国际支付中的规模不仅和经济体量有关，还和经济体的贸易体量以及外部金融力量有关，这些因素都正在明显地利好中国。尽管中国经济步入"新常态"，增速将低于上个十年，但巨大的发展潜力和增长惯性仍能够带动中国经济向前发展，中国经济会在较长时间保持 6.5%~7% 的增长区间。而在贸易方面，中国现在正通过贸易结构的改革，逐渐完成从"外贸大国"向"外贸强国"的转变，连续三年保持货物贸易第一大国地位。据此我们预测，随着中国在世界贸易中的优势进一步凸显，人民币支付规模将迅速增长。

具体数据上，SWIFT 报告显示，目前已有 159 个经济体使用人民币结算往来中国内地和香港的支付业务，其中直接支付占往来中国内地/香港人民币支付（按金额）的百分比超过 10% 的国家达到 57 个，比

---

① 湖北日报：《人民币成为国际官方储备货币》，2016 年 9 月 30 日。

2014 年增加了 7 个，人民币在国际支付货币中的份额也从 2014 年的 1.39% 提升到如今的 2.03%①。人民币国际支付的范围也将进一步扩大，参与者从新加坡、英国等早期主要的人民币清算中心逐渐扩大到法国、荷兰、瑞典等欧洲国家。值得一提的是，作为中国"走出去"的重要战略举措，"一带一路"倡议的实施将发挥中东和非洲推动人民币国际化的先锋作用。按支付价值计算，截至 2016 年 9 月，阿联酋使用人民币支付规模比 2014 年增长了 210.8%②。随着"一带一路"倡议的深入推进，预计在中东、非洲人民币国际支付规模高速增长的条件下，人民币很快会成为全球第四大支付货币。

（二）人民币跨境贸易及投资逐步回稳

2016 年伊始，美联储持续的加息预期使美元持续上涨，美元资产也随之受到热捧，对中国资本流出造成极大压力。而欧盟的负利率政策及欧元大幅度贬值，又沉重打击了中国出口贸易。同时，境内企业的对外负债去杠杆化也在一定程度上抑制了境外投资者投资的热情。前三季度跨境贸易与直接投资人民币结算规模合计 5.91 万元，比上年同期下降 15.9%。不过，从中国人民银行的季度数据看，前三季度跨境人民币结算规模分别为 1.96 万亿元、1.91 万亿元和 2.04 万亿元，表明经过一季度大幅下滑之后，人民币国际化处于筑底回升之中。从结构来看，受我国境内企业"走出去"的影响，前三季度人民币对外直接投资及服务贸易分别较同期增长 53.7%、24%，对人民币国际化起到巨大的推动作用。同时，人民币加入 SDR，使境外机构配置人民币资产的意愿增强，有助于缓解人民币贬值压力，起到了控制人民币资金净流出的作用。根据 IMF 的预测，2017 年全球贸易将重回正常轨道，增速有望达到 3.8%，高于 2016 年的 2.3%。很快我国服务贸易项下跨境人民币结

① SWIFT, RMB Tracker, October 2016, https：//www. swift. com/sites/default/files/resources/swift_ bi_ rmb_ rmbtracker_ slides_ october2016_ zhsi. pdf.

② SWIFT, RMB Tracker, August 2016, https：//www. swift. com/sites/default/files/resources/august_ rmb_ tracker_ pr. pdf.

算规模将进一步增长，占涉外人民币收付额比重有望突破 50%，服务贸易将成为人民币国际化进程中的重要组成部分。而随着我国境内银行间债券市场、股票市场的进一步开放，境内企业"走出去"步伐加快，资本项目下的跨境人民币使用范围也将逐步扩大。

（三）人民币国际化金融基础设施进一步完善

人民币跨境支付系统（CIPS）作为重要的金融基础设施，是专门为境内外金融机构的人民币跨境和离岸业务提供资金清算、结算服务的支付系统。2015 年 10 月 8 日，人民币跨境支付系统（CIPS）（一期）成功上线运行，首批直接参与机构包括工商银行、农业银行、中国银行、汇丰银行（中国）、花旗银行（中国）、渣打银行（中国）等共 19 家境内中外资银行。同步上线的间接参与者则包括了亚洲、欧洲、大洋洲、非洲等地区的 38 家境内银行和 138 家境外银行。截至 2016 年 3 月，CIPS 间接参与者已发展到 253 家。随着人民币国际化和互联网技术发展，我国将继续加快人民币跨境支付基础设施建设，预计 CIPS 二期将很快建成。CIPS（二期）将采用更为节约流动性的混合结算方式，提高人民币跨境和离岸资金的清算、结算效率，同时还会引入十几家直接参与者和境外参与者。作为重要的金融基础设施，对扩大人民币国际化规模将起到重要支撑作用。

（四）更多国家加入离岸人民币清算中心建设，在岸市场人民币流动性增强

人民币流动性既可体现在离岸市场，又可体现在在岸市场。截至目前，我国政府已经为提高人民币离岸市场的流动性建立了点心债券、RQFII、国内银行间市场、跨境人民币贷款、沪港通五条回流渠道。根据 2016 年 8 月证监会发布的《内地与香港股票市场交易互联互通机制若干规定》公开征求意见稿，我国将进一步扩展人民币回流渠道，于 2016 年 11 月中下旬，正式开通深港通市场，为人民币离岸市场提供更深层次的流动性。除打通了港深市场外，还将优化现有互联互通渠道，

包括取消了总额度限制，并逐渐将投资范围从现券交易、债券回购扩展到债券借贷、债券远期以及利率互换等更多衍生品种。随着人民币债券市场的地位提升，离岸人民币清算中心的建设也在如火如荼地开展中。离岸清算中心银行可以直接将当地货币转换为人民币而无须先转换成美元，节省了金融机构和企业与中国进行贸易或交易的时间和成本。将来会有更多国家加入离岸人民币清算中心的建设，人民币将实现"日不落式"国际繁荣交易市场。

和离岸人民币市场相呼应，在岸市场的发展也迎来高峰期。截至2015 年末，在控制风险的前提下，我国已将人民币资本项目可兑换、金融市场利率市场化、人民币跨境使用等创新举措由上海推广至天津、广东、福建等多个自由贸易试验园区。未来短期内，我国仍将继续致力于人民币资本项目可兑换、人民币跨境使用等创新在试验区的推广。同时，建设一个多元化、流动性强以及交易活跃的在岸人民币债券市场至关重要。人民币加入 SDR，使沉寂近 10 年之久的熊猫债市场迎来快速发展期。2015 年 12 月 15 日，韩国政府在中国银行间债券市场发行 30 亿元三年期人民币债券，成为首笔主权"熊猫债"。未来一年，我国将进一步扩大境内债券市场发行规模，继韩国、波兰等亚洲、欧洲国家代表陆续进入中国大陆发行熊猫债后，加拿大、尼日利亚有望作为北美洲、非洲国家代表进入中国大陆债券市场。同时，我国还将发行主体从国际开发机构扩展至国际性商业银行、境外非金融企业、外国地方政府以及外国中央政府，以满足海外人民币持有人的需求。Wind 数据显示，截至 2016 年 10 月底，全年已发行 56 只熊猫债，发行规模已达 1093.2 亿元，较 2015 年全年的 130 亿元大幅增长。熊猫债市场会持续繁荣局面，到 2020 年熊猫债市场有望超过 3000亿元。

（五）人民币稳定性进一步提升

货币稳定性可以从通货膨胀率和汇率两个维度来考量，通货膨胀率反映了币值对内的稳定性。最近十几年来，中国的物价涨幅平均在 2% ~

3%，而经济增长保持在 7% 以上，实现了相对的高增长、低通胀。金融危机后，一些新兴国家通货膨胀率高涨，而中国通货膨胀水平仍然较低。这与中国政府的调控能力、经济发展稳健程度密切相关。这种较低通胀、较高增速的发展模式较长时期不会发生改变。一方面，中国宏观调控经验将进一步丰富，调控理念、方法和手段进一步成熟。另一方面，中国进入转型发展期，经济发展速度由过去的两位数到现在的 7% 左右的水平，通货膨胀压力不大。同时，中国目前生产能力普遍相对过剩，一定程度上抑制通货膨胀过高发展。

维持汇率稳定则关系币值的对外稳定。自 2015 年 "8·11 汇改" 至 2016 年第三季度末，受美联储加息预期影响，人民币对美元汇率累计贬值幅度已达 7.2%，境外投资者持有人民币意愿大幅下滑。但从美元近期加息状况看，未来一段时间内，尽管美元仍有加息预期，但加息空间十分有限。因此，我们预计未来一年内，人民币兑美元汇率将在 6.7~7 保持稳定，国内经济保持中高速平稳增长、货物贸易保持顺差、外商直接投资持续增长、汇率相对稳定、资本流动趋于平衡的状态不会改变。以市场供求为基础、参考一篮子货币进行调节、有管理的浮动汇率制度能够继续发挥作用，达到人民币保持对一篮子货币稳定的目的。

（六）人民币作为储备资产的规模进一步增加，人民币海外存款余额将稳定在 1.5 万亿元左右

人民币入篮为境外投资者进一步持有人民币释放了一个积极的信号，使一些持有 SDR 资产的境外机构投资者需要根据新的 SDR 篮子调整其资产配置，一些境外央行也将增持人民币作为储备资产。人民币加入 SDR 后，成为国际硬通货，一方面会促使各国官方机构在其储备构成中考虑增加人民币储备资产的比重。另一方面也会刺激人民币在国际金融市场交易中的使用，推动私人机构投资者更多持有人民币资产。尽管 "8·11" 汇改后，以香港为代表的离岸市场的人民币存款规模曾一度回落，但我们认为，随着央行对境外金融机构征收存款准备金等政策的正常化，加之市场对美联储近期加息预期减弱，人民币贬值压力有望

继续缓解。人民币作为储备资产的规模将稳定增长，人民币海外存款余额将很快达 3 万亿元。

四 提升人民币国际化水平的措施建议

（一）把握"入篮"机遇，释放在岸与离岸市场人民币流动性

人民币加入 SDR，为释放人民币在岸与离岸市场的流动性提供了良好的契机。我国可从在以下两方面提升人民币在国内与国际市场的流动性，一是加深资本项目下人民币与外币的可兑换程度。为实现这个目标，央行已经采取了不少政策措施，未来在人民币可兑换方面做更多工作，包括推动中国企业在对外直接投资中利用人民币、推动金融机构在对外借贷时使用人民币或加入人民币的组合。例如，可以将"一带一路"建设和推动人民币国际化结合起来，以"一带一路"投资与贸易圈作为基础，通过加强与"一带一路"沿线国家的资本与贸易往来，推广区域内的贸易人民币结算，对外输出人民币资本，逐步发挥人民币在该区域的计价结算、投资储备等功能。由人民币周边化推进人民币区域化，进而加速人民币国家化的进程。

二是加深人民币本身无兑换出入境的便利程度。在人民币无兑换跨境流动下，人民币自身更加便利的跨境流动，可形成完整的人民币境内外循环通道。一方面，我国应进一步拓展境外机构参与银行间债券市场的主体范围和规模，减少准入限制，允许更多符合条件的境外机构在境内市场融资。另一方面，应为离岸市场上人民币回流提供更多渠道，加快深港通等其他渠道的建设步伐，并不断优化现有的互联互通渠道。

（二）完善金融基础设施建设，提升人民币使用的效率与便利性

随着人民币跨境支付、结算需求迅速增长，交易双方对金融基础设施的要求均越来越高。CIPS 系统一期的建设和推出在一定程度上满足

了全球各主要时区人民币业务发展的需要，进一步整合了现有人民币跨境支付结算渠道和资源，提高了人民币跨境支付结算效率，为我国完善金融基础设施建设提供了宝贵经验。未来我国应继续加强对金融基础设施建设的重视度，完善统计信息与监测分析，完善跨境支付、结算等金融基础设施建设。在CIPS（二期）中采用更为节约流动性的混合结算方式，提高人民币跨境和离岸资金的清算、结算效率。加强政策沟通，接轨国际惯例，降低人民币跨境使用成本，提升使用效率，增强便利性。

（三）各类金融市场均衡发展，建设开放融合的金融体系

首先，应注重中国境内债券市场的发展，成熟的债券市场在一定程度上可解决融资难、融资成本高的问题。同时，适度发展境内国际债券市场，既要注重期限结构的完整，又要打破刚性兑付。既要保证有完整的收益率曲线可以作为金融市场的定价标准，又要保证收益率曲线代表了真正的风险水平。其次，应大力推动银行资产证券化工作。此举将加快银行业"去杠杆"进程，有利于降低资本金压力和风险，不断提升银行的服务能力。再次，尊重市场规律，大力发展股票市场，同时做好相关监管工作。最后，逐步打通境内外货币市场和资本市场。通过货币市场、债券市场、信贷市场和股票市场的融合，逐步打通离岸和在岸人民币市场，为稳定离岸市场汇率、利率预期发挥作用。

（四）加强区域货币金融合作，扩大人民币使用范围与规模

历史经验表明，货币合作在货币国际化中的作用巨大。人民币在东亚地区具有贸易结算和金融投资的基础。但是要想推动人民币成为亚洲区域内真正的"锚货币"，还需要加强区域间的货币金融合作。具体措施包括以下三点。第一，重视与区域内其他国家间发展自由贸易伙伴关系。签署区域性的双边和多边自由贸易协定有利于降低交易成本，提高风险防范能力，使区域内国家的货币联系更加紧密。第二，完善区域经济监控和政策对话机制，建立区域性金融合作组织。例如，由我国

2016 年倡议发起的亚洲金融合作协会，旨在推动一系列的人民币亚洲化和国际化，有助于将人民币发展成为区域内主要的流通和储备货币。第三，重视全球范围内离岸人民币金融中心的建设与布局，推动人民币国际化的均衡发展。例如，英国脱欧后，聚集在伦敦的金融机构获取来自欧盟地区的金融服务的成本提高，包括中国企业在内的金融机构可以考虑重新分散到卢森堡、巴黎和法兰克福等地，利用不同城市的优势，推动离岸人民币市场的均衡发展。

（五）把握发展与稳定关系，提升金融体系抗风险水平

随着人民币国际化进程加深，如何平衡好发展与稳定的关系成为我国必须面对的重要挑战。一方面，我国应根据经济发展需要、国际收支等情况，把握时间窗口有序推进国内金融市场开放，调整完善监管体系与政策工具，搭建有中国特色的宏观审慎管理框架。以发展实体经济和对外开放需要为立足点，以不发生系统性金融风险为底线，进一步完善跨境人民币使用政策，降低跨境经贸活动的金融风险。另一方面，应对国际资本流动特别是短期资本流动保持高度警惕。重点识别和监测跨境资本流动引起的国内金融市场连锁反应，加强宏观审慎金融监管，避免发生系统性金融危机。随着科技进步，进一步提高监管水平，将大数据、云计算等新的技术平台应用到国际金融监管的监测和预警中去，大大提高我国国际金融数据的互联互通能力。

参考文献

[1] 白贵、张静伟：《内蒙古自治区新型城镇化质量评价研究》[J]，《财经理论研究》2017年第3期，第48~61页。

[2] 蔡翠红：《"互联网+"美国数字版图》[J]，《互联网经济》2015年第4期，第58~61页。

[3] 蔡拓：《球治理的中国视角与实践》[J]，《中国社会科学》2004年第1期，第94~106页。

[4] 曹慧：《全球气候治理中的中国与欧盟：理念、行动、分歧与合作》[J]，《欧洲研究》2015年第5期，第50~65页。

[5] 曾培炎、张晓强、陈文玲等：《推进中美BITT谈判迈向更深层次的中美经贸合作》[C]，《国际经济分析与展望》，2015。

[6] 常清：《仅从三月份数据不能断言"滞胀"》[J]，《价格理论与实践》2012年第4期，第11~11页。

[7] 陈奇星：《强化事中事后监管：上海自贸试验区的探索与思考》[J]，《中国行政管理》2015年第6期。

[8] 陈文玲：《"一带一路"给香港带来的重大机遇与建议》[J]，《全球化》2015年第12期，第5~16页。

[9] 陈文玲：《"一带一路"建设开启新全球化伟大进程》[J]，《人民论坛·学术前沿》2017年第8期。

[10] 陈文玲：《打造全方位对外开放新格局》[J]，《求是》2015年第10期，第26~27页。

[11] 陈文玲：《绝不能错失一带一路给香港带来的重大机遇》[J]，《开放导报》2015年第5期，第16~22页。

[12] 陈文玲：《未来 10 年全球经济形势研判》[J]，《全球化》2013 年第 12 期，第 27~37 页。

[13] 陈文玲：《携手推进"一带一路"建设共同迎接更加美好的新未来》[J]，《全球化》2015 年第 6 期，第 5~29 页。

[14] 陈文玲：《以长效机制推进"一带一路"建设》[N]，《光明日报》2015 年 4 月 15 日（016）。

[15] 陈妍：《加快实施自由贸易区战略——第 80 期"经济每月谈"综述》[C]，《中国智库经济观察》，2017。

[16] 陈有川、陈朋、尹宏玲：《中小城市总体规划实施评估中的问题及对策——以山东省为例》[J]，《城市规划》2013 年第 37（9）期，第 51~54 页。

[17] 崔宏伟：《"一带一路"倡议与容克投资计划对接前景探析》[J]，《德国研究》2016 年第 1 期，第 51~61 页。

[18] 达丽雅：《外资并购反垄断审查法律制度研究》[D]，复旦大学，2013。

[19] 刁大明：《美国学界对中美新型大国关系的讨论》[J]，《国际政治科学》2015 年第 1 期，第 78~99 页。

[20] 董瑞青：《德国制造业最新情报：继续保持复苏态势》[J]，《中国机电工业》2014 年第 1 期，第 76~79 页。

[21] 房秋晨：《"一带一路"支撑半壁江山"走出去"步伐稳健》[J]，《建筑》2017 年第 3 期，第 8~11 页。

[22] 冯洁：《"走出去"：浙江企业的"全球时代"——访浙江大学国际经济研究所所长赵伟教授》[J]，《浙江经济》2007 年第 17 期，第 28~31 页。

[23] 冯绍雷：《中国与欧盟在联合国的合作：背景、成就与前景》[C]，《联合国改革与发展欧亚视角国际会议》，2010。

[24] 冯仲平、黄静：《中欧"一带一路"合作的动力、现状与前景》[J]，《现代国际关系》2016 年第 2 期，第 9~15 页。

[25] 高凛：《自贸试验区负面清单模式下事中事后监管》[J]，《国际

商务研究》2017 年第 1 期，第 30～40 页。

[26] 高鹏：《关于筹建亚洲基础设施投资银行的思考》［J］，《新疆社科论坛》2015 年第 3 期，第 29～35 页。

[27] 高鹏：《亚投行的性质定位、筹建意义及未来挑战问题研究》［J］，《中共济南市委党校学报》2015 年第 3 期，第 35～38 页。

[28] 高鹏：《亚洲基础设施投资银行（AIIB）：筹建背景、性质定位、面临挑战及对策》［J］，《中国市场》2015 年第（31）期，第 30～35 页。

[29] 何颖、霍建国：《全球治理对人权保障与发展双重作用的分析》［J］，《中国行政管理》2010 年第 12 期，第 40～42 页。

[30] 胡波：《国际海洋政治发展趋势与中国的战略抉择》［J］，《国际问题研究》2017 年第 2 期，第 85～101 页。

[31] 胡红云：《G20 峰会：背景、主旨和机遇》［J］，《浙江经济》2016 年第 5 期，第 26～29 页。

[32] 胡键：《马克思世界历史理论视野下的全球治理》［J］，《世界经济与政治》2012 年第 11 期，第 31～49 页。

[33] 江时学：《中国与欧盟在网络安全领域的合作探讨》［J］，《国际论坛》2016 年第 4 期，第 41～48 页。

[34] 蒋序怀：《基于人民币国际化视角的亚投行（AIIB）与东亚货币金融合作》［J］，《学术研究》2015 年第 7 期，第 88～93 页。

[35] 接玉芹：《基于亚投行体系探索人民币国际化新路径》［J］，《中国流通经济》2015 年第 29（7）期，第 109～113 页。

[36] 康晓：《中欧多层气候合作探析?》［J］，《国际展望》2017 年第 1 期，第 90～108 页。

[37] 李传健、邓良：《新型城镇化与中国房地产业可持续发展》［J］，《经济问题》2015 年第 1 期，第 119～123 页。

[38] 李国昌：《美国工业互联网》［J］，《经营者：汽车商业评论》2015 年第 14 期，第 83～84 页。

[39] 李衡：《中国企业对外直接投资风险与防范对策分析》［D］，北

京邮电大学，2008。

[40] 李坚：《中国制造2025、德国工业4.0、美国工业互联网战略与我国塑料机械行业》[J]，《橡塑技术与装备》2015年第20期，第1~14页。

[41] 李昆：《黑龙江省对俄经贸合作政策存在问题与对策》[D]，黑龙江大学，2016。

[42] 梁达：《优化双向投资构建开放型经济新体制》[N]，《上海证券报》2017年7月13日（008）。

[43] 梁绮利：《亚投行应坚持专业化方向》[N]，《第一财经日报》2015年5月20日（A15）。

[44] 林乐芬、王少楠：《"一带一路"建设与人民币国际化》[J]，《世界经济与政治》2015年第11期，第72~90页。

[45] 刘斌：《"一带一路"战略下我国企业能源国际合作的风险控制研究》[J]，《当代经济》2017年第22期。

[46] 刘国斌：《论亚投行在推进"一带一路"建设中的金融支撑作用》[J]，《东北亚论坛》2016年第2期，第58~66页。

[47] 刘翔峰：《亚投行与"一带一路"战略》[J]，《中国金融》2015年第9期，第41~42页。

[48] 刘向东、张焕波：《抓住机遇扩大中俄贸易、投资和科技合作》[C]，《中国智库经济观察》，2015。

[49] 刘英奎：《2016年外经贸：推动中国高水平对外开放迈上新台阶》[J]，《中国对外贸易》2016年第12期，第8~13页。

[50] 孟梦：《我国外商投资分析与趋势预测研究》[J]，《中国商论》2017年第2期，第69~71页。

[51] 米里亚姆·坎帕内拉、蔡云飞：《人民币国际化和多极货币体系的崛起》[J]，《国际经济评论》2015年第2期，第154~156页。

[52] 倪宁宁：《关于新时期进一步深化金融体制改革的几点思考》[J]，《中国集体经济》2016年第15期，第55~56页。

[53] 潘忠岐、朱鸣：《共有观念的缺失与构建——"概念分歧与中欧

关系"国际研讨会综述》［J］，《欧洲研究》2011 年第 2 期，第 88 ~ 97 页。

［54］庞中英：《全球治理转型中的中欧"战略伙伴"关系》［J］，《当代世界》2015 年第 7 期，第 30 ~ 33 页。

［55］潜旭明：《全球能源与气候治理视野下的 G20》［J］，《教学与研究》2016 年第 V50（10）期，第 71 ~ 78 页。

［56］潜旭明：《中国参与 G20 能源治理：机制、进程与展望》［J］，《国际石油经济》2016 年第 24（9）期，第 9 ~ 15 页。

［57］乔鹤鸣：《国际金融体系变迁视角下的亚投行及其展望》［J］，《郑州大学学报（哲学社会科学版）》2016 年第 1 期，第 57 ~ 62 页。

［58］任彦、吴刚、王如君：《人民币"入篮"为国际货币体系添活力》［J］，《中国产经》2016 年第 10 期，第 62 ~ 65 页。

［59］商务部外国投资管理司：《商务部外资司：构建外资新体制打造开放新格局》［J］，《中国外资》2017 年第 1 期，第 22 ~ 23 页。

［60］商务部新闻办公室：《2015 全国商务工作综述撷英之引进外资规模再创新高》［J］，《中国外资》2016 年第 3 期，第 18 ~ 19 页。

［61］沈四宝、伏军：《构建我国境外投资促进立法的若干思考》［J］《法学家》2006 年第 1（4）期，第 121 ~ 127 页。

［62］施明浩：《外国投资国家安全审查立法研究》［D］，华东政法大学，2015。

［63］宋金一：《外资并购中的国家安全审查制度研究》［D］，山东大学，2010。

［64］孙福军：《外资并购国家安全审查制度比较研究》［J］，《经济研究导刊》2014 年第 32 期，第 177 ~ 178 页。

［65］孙兴杰：《亚投行的前景与挑战》［J］，《中国经济和信息化》2014 年第 10 期，第 16 ~ 18 页。

［66］孙玉才：《"走出去"与行业协会新定位》［J］，《中国电力企业管理》2011 年第 9 期，第 12 ~ 17 页。

[67] 唐双宁：《国际货币基金组织及其改革》[J]，《红旗文稿》2010年第19期，第14~17页。

[68] 《天津经济》课题组：《早谋划、早布局、早下手——抢占"互联网+"制高点》[J]，《天津经济》2015年第4期，第22~29页。

[69] 汪燕：《国际技术外溢渠道对我国技术创新的影响研究》[D]，安徽大学，2016。

[70] 王达：《亚投行的中国考量与世界意义》[J]，《东北亚论坛》2015年第24（03）期，第48~64+127页。

[71] 王辉耀：《中国企业国际化报告》[M]，社会科学文献出版社，2014。

[72] 王茂林：《论我国外资并购国家安全审查法律制度的完善》[J]，《商场现代化》2010年第36期，第118~119页。

[73] 王岩、杨仲山：《国际比较项目（ICP）高估发展中国家实际消费水平了吗》[J]，《统计研究》2017年第34（7）期，第3~14页。

[74] 王玥：《"一带一路"战略为人民币国际化带来的机遇研究》[J]，《时代经贸》2017年第12期，第26~28页。

[75] 巫云仙：《"德国制造"模式：特点、成因和发展趋势》[J]，《政治经济学评论》2013年第4（3）期，第144~166页。

[76] 吴涧生、姚淑梅：《金融支持"走出去"面临的形势、问题及相关建议》[J]，《中国经贸导刊》2013年第6期，第58~59页。

[77] 伍文伟：《我国外资并购国家安全审查制度研究》[D]，上海师范大学，2015。

[78] 武文卿：《2016：中国实际使用外资1260亿美元》[J]，《中国招标》2017年第10期，第16~18页。

[79] 谢来辉：《从"扭曲的全球治理"到"真正的全球治理"——全球发展治理的转变》[J]，《国外理论动态》2015年第12期，第2~13页。

[80] 谢亚轩：《从国际经验看中国债券市场的国际资本流动形势》
[J]，《金融市场研究》2016 年第 12 期，第 1～9 页。

[81] 徐奇渊：《亚投行发展融资理念：应以全球价值链合作为出发点》
[J]，《国际经济评论》2015 年第 4 期，第 41～45 页。

[82] 薛乔：《市场竞争结构，技术差距与 FDI 关联溢出效应》[D]，
吉林大学，2017。

[83] 亚历克斯·库克曼、沈仲凯：《全球金融危机与人民币国际化》
[J]，《国际经济评论》2015 年第 2 期，第 156～159 页。

[84] 闫海潮、杨丽：《社会组织参与全球治理研究述评》[J]，《社会
科学》2017 年第 6 期，第 38～46 页。

[85] 杨博：《美国工业 4.0 着眼"软"实力》[N]，《中国证券报》
2014 年 12 月 18 日（A04）。

[86] 叶江：《试论欧盟的全球治理理念、实践及影响——基于全球气
候治理的分析》[J]，《欧洲研究》2014 年第 3 期，第 69～84 页。

[87] 叶江：《试论全球治理、亚欧会议及中欧合作间的相互关系》
[J]，《国际观察》2009 年第 3 期，第 8～14 页。

[88] 叶江：《中欧全面战略伙伴关系面临新挑战》[J]，《国际问题研
究》2011 年第 3 期，第 1～9 页。

[89] 尹蔚民：《更好实施人才强国战略　为全面建成小康社会提供人
才支撑》[J]，《中国人才》2013 年第 11 期，第 21～23 页。

[90] 于洪君：《中美构建新型大国关系的意义与前景》[J]，《国际问
题研究》2013 年第 5 期，第 1～9 页。

[91] 袁征：《借助中美对话管控重大分歧》[J]，《瞭望》2010 年第 21
期，第 56～56 页。

[92] 詹晓宁：《全球投资治理新路径——解读〈G20 全球投资政策指
导原则〉》[J]，《世界经济与政治》2016 年第 10 期，第 4～18
页。

[93] 张冰：《商务英语在国际经济与贸易中的应用价值》[J]，《商场
现代化》2017 年第 4 期，第 3～4 页。

[94] 张焕波、杜靖文:《完善负面清单管理模式下的事中事后监管体系》[C],《中国经济分析与展望》,2016。

[95] 张焕波、杜靖文:《以五大发展理念推动国际产能合作》[J],《中国经贸导刊》2016 年第 11 期,第 7~9 页。

[96] 张焕波、史晨、杜靖文等:《负面清单管理模式下我国外商投资监管体系研究》[J],《全球化》2017 年第 4 期,第 63~78 页。

[97] 张焕波:《国际货币体系趋势与人民币国际化展望分析》[J],《中国经贸导刊》2014 年第 32 期,第 30~33 页。

[98] 张焕波:《开启亚欧互联互通大战略 谱写亚欧产业合作新篇章》[J],《重庆与世界》2015 年第 11 期,第 24~27 页。

[99] 张焕波:《全球制造业发展形势分析与展望》[C],《国际经济分析与展望》,2016。

[100] 张焕波:《以金融创新推动中蒙俄经济走廊建设》[J],《北方经济》2017 年第 1 期,第 8~10 页。

[101] 张林文:《"工业 4.0"与复合材料工业发展——一个复合材料行业工作者的梦想》[J],《玻璃钢/复合材料》2015 年第 8 期,第 93~95 页。

[102] 张茉楠:《"特朗普主义"下的逆全球化冲击与新的全球化机遇》[J],《求知》2017 年第 4 期,第 41~43 页。

[103] 张晓慧:《中欧能源合作的未来——基于能源安全与气候变化的分析》[J],《国际经济合作》2012 年第 3 期,第 11~16 页。

[104] 张晓强:《推进中美 BITT 谈判迈向更深层次的中美经贸合作》[J],《经济研究参考》2014 年第 63 期,第 66~69 页。

[105] 张自楚、郑腊香:《中欧在气候变化问题上的合作研究》[J],《战略决策研究》2016 年第 4 期,第 68~83 页。

[106] 赵瑾:《G20:新机制、新议题与中国的主张和行动》[J],《国际经济评论》,2010 年第 5 期,第 7~22 页。

[107] 赵柯:《中欧如何在国际货币体系改革中合作?》[J],《现代国际关系》2011 年第 3 期,第 56~62 页。

［108］ 赵周贤、刘光明：《关于改革强军基本规律的若干思考》［J］，《中国军事科学》2016 年第 1 期。

［109］ 中共中央组织部：《国家中长期人才发展规划纲要：2010~2020年》［M］，党建读物出版社，2010。

［110］ 中国（海南）改革发展研究院课题组：《全球化要改变旧模式开创新局面》［N］，《上海证券报》2017 年 3 月 10 日（009）。

［111］ 中国国际经济交流中心"一带一路"课题组：《"一带一路"：全球共同的需要人类共同的梦想》［C］，《国际经济分析与展望》，2015。

［112］ 中国国际经济交流中心课题组、曾培炎、张晓强、陈文玲等：《推进中美双边投资和贸易协定谈判迈向更深层次的中美经贸合作》［J］，《全球化》2014 年第 12 期，第 5~14 页。

［113］ 中国国际经济交流中心课题组陈文玲、徐占忱等：《"一带一路"创造经济全球化共赢发展的新境界》［J］，《全球化》2017 年第 7 期，第 20~38 页。

［114］ 中华人民共和国国务院：《国务院关于加强政务诚信建设的指导意见》［J］，《中华人民共和国国务院公报》2017 年第 2 期，第 68~71 页。

［115］ 中华人民共和国国务院：《国务院关于印发进一步深化中国（上海）自由贸易试验区改革开放方案的通知　国发〔2015〕21号》，［J］，《中华人民共和国国务院公报》2015 年第 13 期，第 33~38 页。

［116］ 中央人才工作协调小组办公室：《走中国特色的人才强国之路》［N］，《人民日报》2011 年 9 月 1 日（022）。

［117］ 朱之鑫：《把握和用好新常态蕴涵的新机遇——中国经济年会（2014~2015）述要之二》［C］，《中国智库经济观察》，2015。

［118］ 宗良、李建军：《人民币国际化的目标与路线图》［J］，《中国金融》2012 年第 13 期，第 56~57 页。

附　录

附录1　国务院办公厅关于印发自由贸易试验区外商投资准入特别管理措施（负面清单）（2017年版）的通知

国办发〔2017〕51号

各省、自治区、直辖市人民政府，国务院各部委、各直属机构：

《自由贸易试验区外商投资准入特别管理措施（负面清单）（2017年版）》已经国务院同意，现印发给你们。此次修订进一步放宽外商投资准入，是实施新一轮高水平对外开放的重要举措。各地区、各部门要认真贯彻执行，增强服务意识，提高监管水平，有效防控风险。实施中的重大问题，要及时向国务院请示报告。

《自由贸易试验区外商投资准入特别管理措施（负面清单）（2017年版）》自2017年7月10日起实施。2015年4月8日印发的《自由贸易试验区外商投资准入特别管理措施（负面清单）》同时废止。

国务院办公厅

2017年6月5日

（此件公开发布）

自由贸易试验区外商投资准入
特别管理措施（负面清单）（2017年版）

说 明

一、《自由贸易试验区外商投资准入特别管理措施（负面清单）（2017年版）》（以下简称《自贸试验区负面清单》）依据现行有关法律法规制定，已经国务院批准，现予以发布。负面清单列明了不符合国民待遇等原则的外商投资准入特别管理措施，适用于自由贸易试验区（以下简称自贸试验区）。

二、《自贸试验区负面清单》依据《国民经济行业分类》（GB/T 4754—2011）划分为15个门类、40个条目、95项特别管理措施，与上一版相比，减少了10个条目、27项措施。其中特别管理措施包括具体行业措施和适用于所有行业的水平措施。

三、《自贸试验区负面清单》中未列出的与国家安全、公共秩序、公共文化、金融审慎、政府采购、补贴、特殊手续、非营利组织和税收相关的特别管理措施，按照现行规定执行。自贸试验区内的外商投资涉及国家安全的，须按照《自由贸易试验区外商投资国家安全审查试行办法》进行安全审查。

四、《自贸试验区负面清单》之内的非禁止投资领域，须进行外资准入许可。《自贸试验区负面清单》之外的领域，在自贸试验区内按照内外资一致原则实施管理。

五、香港特别行政区、澳门特别行政区、台湾地区投资者在自贸试验区内投资参照《自贸试验区负面清单》执行。内地与香港特别行政区、澳门特别行政区关于建立更紧密经贸关系的安排及其补充协议，《海峡两岸经济合作框架协议》，我国签署的自贸协定中适用于自贸试验区并对符合条件的投资者有更优惠的开放措施的，按照相关协议或协定的规定执行。

自由贸易试验区外商投资准入
特别管理措施（负面清单）（2017年版）

序号	领域	特别管理措施
一、农、林、牧、渔业		
（一）	种业	1. 禁止投资中国稀有和特有的珍贵优良品种的研发、养殖、种植以及相关繁殖材料的生产（包括种植业、畜牧业、水产业的优良基因）。 2. 禁止投资农作物、种畜禽、水产苗种转基因品种选育及其转基因种子（苗）生产。 3. 农作物新品种选育和种子生产须由中方控股。 4. 未经批准，禁止采集农作物种质资源。
（二）	渔业	5. 在中国境内及其管辖水域从事渔业活动，须经中国政府批准；不得注册登记中国籍渔业船舶。
二、采矿业		
（三）	专属经济区、大陆架和其他管辖海域勘探开发	6. 对中国专属经济区、大陆架及其他管辖海域的勘查、钻探、开发活动，须经中国政府批准。
（四）	石油和天然气开采及开采辅助活动	7. 投资石油、天然气、煤层气的勘探、开发，须通过与中国政府批准的具有对外合作专营权的油气公司签署产品分成合同方式进行。
（五）	有色金属矿和非金属矿采选和开采辅助活动	8. 禁止投资稀土勘查、开采及选矿；未经允许，禁止进入稀土矿区或取得矿山地质资料、矿石样品及生产工艺技术。 9. 禁止投资钨、钼、锡、锑、萤石的勘查、开采。 10. 禁止投资放射性矿产的勘查、开采、选矿。
（六）	金属矿及非金属矿采选	11. 石墨的勘查、开采。
三、制造业		
（七）	航空制造	12. 干线、支线飞机设计、制造与维修，须由中方控股；6吨9座（含）以上通用飞机设计、制造与维修，限于合资、合作；地面、水面效应飞机制造及无人机、浮空器设计与制造，须由中方控股。
（八）	船舶制造	13. 船舶（含分段）修理、设计与制造须由中方控股。
（九）	汽车制造	14. 汽车整车、专用汽车制造，中方股比不低于50%；同一家外商可在国内建立两家以下（含两家）生产同类（乘用车类、商用车类）整车产品的合资企业，如与中方合资伙伴联合兼并国内其他汽车生产企业可不受两家的限制。
（十）	通信设备制造	15. 卫星电视广播地面接收设施及关键件生产。
（十一）	有色金属冶炼和压延加工及放射性矿产冶炼、加工	16. 钨冶炼。 17. 稀土冶炼、分离限于合资、合作。 18. 禁止投资放射性矿产冶炼、加工。

续表

序号	领域	特别管理措施
（十二）	中药饮片加工及中成药生产	19. 禁止投资中药饮片的蒸、炒、炙、煅等炮制技术的应用及中成药保密处方产品的生产。
（十三）	核燃料及核辐射加工	20. 核燃料、核材料、铀产品以及相关核技术的生产经营和进出口由具有资质的中央企业实行专营。 21. 国有或国有控股企业才可从事放射性固体废物处置活动。
（十四）	其他制造业	22. 禁止投资象牙雕刻、虎骨加工、宣纸和墨锭生产等民族传统工艺。
四、电力、热力、燃气及水生产和供应业		
（十五）	核力发电	23. 核电站的建设、经营须由中方控股。
（十六）	管网设施	24. 城市人口 50 万以上的城市燃气、热力和供排水管网的建设、经营须由中方控股。 25. 电网的建设、经营须由中方控股。
五、批发和零售业		
（十七）	专营及特许经营	26. 禁止投资烟叶、卷烟、复烤烟叶及其他烟草制品的生产、批发、零售、进出口。 27. 对中央储备粮（油）实行专营制度。中国储备粮管理总公司具体负责中央储备粮（油）的收购、储存、经营和管理。 28. 对免税商品销售业务实行特许经营和集中统一管理。 29. 对彩票发行、销售实行特许经营，禁止在中华人民共和国境内发行、销售境外彩票。
六、交通运输、仓储和邮政业		
（十八）	铁路运输	30. 铁路干线路网的建设、经营须由中方控股。 31. 铁路旅客运输公司须由中方控股。
（十九）	水上运输	32. 水上运输公司（上海自贸试验区内设立的国际船舶运输企业除外）须由中方控股，且不得经营或以租用中国籍船舶或者舱位等方式变相经营国内水路运输业务及其辅助业务（包括国内船舶管理、国内船舶代理、国内水路旅客运输代理和国内水路货物运输代理业务等）。 33. 水路运输经营者不得使用外国籍船舶经营国内水路运输业务，但经中国政府批准，在国内没有能够满足所申请运输要求的中国籍船舶，并且船舶停靠的港口或者水域为对外开放的港口或者水域的情况下，水路运输经营者可以在中国政府规定的期限或者航次内，临时使用外国籍船舶经营中国港口之间的海上运输和拖航。 34. 国际、国内船舶代理企业外资股比不超过 51%。
（二十）	航空客货运输	35. 公共航空运输企业须由中方控股，单一外国投资者（包括其关联企业）投资比例不超过 25%。企业法定代表人须由中国籍公民担任。只有中国公共航空运输企业才能经营国内航空服务（国内载运权），并作为中国指定承运人提供定期和不定期国际航空服务。

续表

序号	领域	特别管理措施
(二十一)	通用航空服务	36. 通用航空企业限于合资,除专门从事农、林、渔作业的通用航空企业以外,其他通用航空企业须由中方控股。企业法定代表人须由中国籍公民担任。外籍航空器或者外籍人员使用中国航空器在中国境内进行通用航空飞行活动须取得批准。
(二十二)	机场与空中交通管理	37. 禁止投资和经营空中交通管制系统。 38. 民用机场的建设、经营须由中方相对控股。
(二十三)	邮政业	39. 禁止投资邮政企业和经营邮政服务。 40. 禁止投资经营信件的国内快递业务。
七、信息传输、软件和信息技术服务业		
(二十四)	电信	41. 电信公司限于从事中国入世承诺开放的电信业务,其中:增值电信业务(电子商务除外)外资比例不超过50%,基础电信业务经营者须为依法设立的专门从事基础电信业务的公司,且公司国有股权或股份不少于51%(上海自贸试验区原有区域〔28.8平方公里〕按既有政策执行)。
(二十五)	互联网和相关服务	42. 禁止投资互联网新闻信息服务、网络出版服务、网络视听节目服务、网络文化经营(音乐除外)、互联网公众发布信息服务(上述服务中,中国入世承诺中已开放的内容除外)。 43. 禁止从事互联网地图编制和出版活动(上述服务中,中国入世承诺中已开放的内容除外)。 44. 互联网新闻信息服务单位与外国投资者进行涉及互联网新闻信息服务业务的合作,应报经中国政府进行安全评估。
八、金融业		
(二十六)	银行服务	45. 境外投资者投资银行业金融机构,应为金融机构或特定类型机构。具体要求: (1)外商独资银行股东、中外合资银行外方股东应为金融机构,且外方唯一或者控股/主要股东应为商业银行; (2)投资中资商业银行、信托公司的应为金融机构; (3)投资农村商业银行、农村合作银行、农村信用(合作)联社、村镇银行的应为境外银行; (4)投资金融租赁公司的应为金融机构或融资租赁公司; (5)消费金融公司的主要出资人应为金融机构; (6)投资货币经纪公司的应为货币经纪公司; (7)投资金融资产管理公司的应为金融机构,且不得参与发起设立金融资产管理公司; (8)法律法规未明确的应为金融机构。 46. 境外投资者投资银行业金融机构须符合一定数额的总资产要求,具体要求如下: (1)取得银行控股权益的外国投资者,以及投资中资商业银行、农村商业银行、农村合作银行、村镇银行、贷款公司和其他银行的外国投资者,提出申请前1年年末总资产应不少于100亿美元;

续表

序号	领域	特别管理措施
（二十六）	银行服务	（2）投资农村信用（合作）联社、信托公司的外国投资者，提出申请前1年年末总资产应不少于10亿美元； （3）拟设分行的外国银行，提出申请前1年年末总资产应不少于200亿美元； （4）在中国境外注册的具有独立法人资格的融资租赁公司作为金融租赁公司发起人，最近1年年末总资产应不低于100亿元人民币或等值的可自由兑换货币； （5）法律法规未明确不适用的其他银行业金融机构的境外投资者，提出申请前1年年末总资产应不少于10亿美元。 47. 境外投资者投资货币经纪公司须从事货币经纪业务20年以上，并具有从事货币经纪业务所必需的全球机构网络和资讯通信网络等特定条件。 48. 单个境外金融机构及被其控制或共同控制的关联方作为发起人或战略投资者向单个中资商业银行、农村商业银行、农村合作银行、农村信用（合作）联社、金融资产管理公司等银行业金融机构投资入股比例不得超过20%，多个境外金融机构及被其控制或共同控制的关联方作为发起人或战略投资者向单个中资商业银行、农村商业银行、农村合作银行、农村信用（合作）联社、金融资产管理公司等银行业金融机构投资入股比例合计不得超过25%。 49. 除符合股东机构类型要求和资质要求外，外资银行还受限于以下条件： （1）外国银行分行不可从事《中华人民共和国商业银行法》允许经营的"代理收付款项"、"从事银行卡业务"，除可以吸收中国境内公民每笔不少于100万元人民币的定期存款外，外国银行分行不得经营对中国境内公民的人民币业务； （2）外国银行分行应当由总行无偿拨付不少于2亿元人民币或等值的自由兑换货币，营运资金的30%应以指定的生息资产形式存在，以定期存款形式存在的生息资产应当存放在中国境内3家或3家以下的中资银行； （3）外国银行分行营运资金加准备金等项之和中的人民币份额与其人民币风险资产的比例不可低于8%。
（二十七）	资本市场服务	50. 期货公司外资比例不超过49%。 51. 证券公司外资比例不超过49%。 52. 单个境外投资者持有（包括直接持有和间接控制）上市内资证券公司股份的比例不超过20%；全部境外投资者持有（包括直接持有和间接控制）上市内资证券公司股份的比例不超过25%。 53. 证券投资基金管理公司外资比例不超过49%。 54. 不得成为证券交易所的普通会员和期货交易所的会员。 55. 除中国政府另有规定的情况外，不得申请开立A股证券账户以及期货账户。

序号	领域	特别管理措施
（二十八）	保险业	56. 寿险公司外资比例不超过 50%；境内保险公司合计持有保险资产管理公司的股份不低于 75%。 57. 向保险公司投资入股，全部外资股东出资或者持股比例占公司注册资本不足 25% 的，全部外资股东应为境外金融机构（通过证券交易所购买保险公司股票的除外），提出申请前 1 年年末总资产不少于 20 亿美元。 申请设立外资保险公司的外国保险公司，应当具备下列条件： （1）经营保险业务 30 年以上； （2）在中国境内已经设立代表机构 2 年以上； （3）提出设立申请前 1 年年末总资产不少于 50 亿美元。
九、租赁和商务服务业		
（二十九）	法律服务	58. 外国律师事务所只能以代表机构的方式进入中国，在华设立代表机构、派驻代表，须经中国司法行政部门许可。 59. 禁止从事中国法律事务，不得成为国内律师事务所合伙人。 60. 外国律师事务所驻华代表机构不得聘用中国执业律师，聘用的辅助人员不得为当事人提供法律服务。
（三十）	咨询与调查	61. 禁止投资社会调查。 62. 市场调查限于合资、合作，其中广播电视收听、收视调查须由中方控股。
十、科学研究和专业技术服务		
（三十一）	专业技术服务	63. 禁止投资大地测量、海洋测绘、测绘航空摄影、行政区域界线测绘，地形图、世界政区地图、全国政区地图、省级及以下政区地图、全国性教学地图、地方性教学地图和真三维地图编制，导航电子地图编制，区域性的地质填图、矿产地质、地球物理、地球化学、水文地质、环境地质、地质灾害、遥感地质等调查。 64. 测绘公司须由中方控股。 65. 禁止投资人体干细胞、基因诊断与治疗技术的开发和应用。 66. 禁止设立和运营人文社会科学研究机构。
十一、水利、环境和公共设施管理业		
（三十二）	野生动植物资源保护	67. 禁止投资国家保护的原产于中国的野生动植物资源开发。 68. 禁止采集或收购国家重点保护野生植物和微生物资源。
十二、教育		
（三十三）	教育	69. 外国教育机构、其他组织或者个人不得单独设立以中国公民为主要招生对象的学校及其他教育机构（不包括非学制类职业技能培训）。 70. 外国教育机构可以同中国教育机构合作举办以中国公民为主要招生对象的教育机构，中外合作办学者可以合作举办各级各类教育机构，但是： （1）不得举办实施义务教育机构；

续表

序号	领域	特别管理措施
（三十三）	教育	(2)外国宗教组织、宗教机构、宗教院校和宗教教职人员不得在中国境内从事合作办学活动,中外合作办学机构不得进行宗教教育和开展宗教活动;不得在中国境内投资宗教教育机构; (3)普通高中教育机构、高等教育机构和学前教育须由中方主导(校长或者主要行政负责人应当具有中国国籍,在中国境内定居;理事会、董事会或者联合管理委员会的中方组成人员不得少于1/2;教育教学活动和课程教材须遵守我国相关法律法规及有关规定)。

十三、卫生和社会工作

序号	领域	特别管理措施
（三十四）	卫生	71. 医疗机构限于合资、合作。

十四、文化、体育和娱乐业

序号	领域	特别管理措施
（三十五）	广播电视播出、传输、制作、经营	72. 禁止投资设立和经营各级广播电台(站)、电视台(站)、广播电视频率频道和时段栏目、广播电视传输覆盖网(广播电视发射台、转播台〔包括差转台、收转台〕、广播电视卫星、卫星上行站、卫星收转站、微波站、监测台〔站〕及有线广播电视传输覆盖网等),禁止从事广播电视视频点播业务和卫星电视广播地面接收设施安装服务。 73. 禁止投资广播电视节目制作经营公司。 74. 对境外卫星频道落地实行审批制度。禁止投资电影及广播电视节目的引进业务,引进境外影视剧和以卫星传送方式引进其他境外电视节目由新闻出版广电总局指定的单位申报。 75. 对中外合作制作电视剧(含电视动画片)实行许可制度。
（三十六）	新闻出版、广播影视、金融信息	76. 禁止投资设立通讯社、报刊社、出版社以及新闻机构。 77. 外国新闻机构在中国境内设立常驻新闻机构、向中国派遣常驻记者者,须经中国政府批准。 78. 外国通讯社在中国境内提供新闻的服务业务须由中国政府审批。 79. 禁止投资经营图书、报纸、期刊、音像制品和电子出版物的编辑、出版、制作业务;禁止经营报刊版面。但经中国政府批准,在确保合作中方的经营主导权和内容终审权并遵守中国政府批复的其他条件下,中外出版单位可进行新闻出版中外合作项目。 80. 中外新闻机构业务合作须中方主导,且须经中国政府批准。 81. 出版物印刷须由中方控股。 82. 未经中国政府批准,禁止在中国境内提供金融信息服务。 83. 境外传媒(包括外国和港澳台地区报社、期刊社、图书出版社、音像出版社、电子出版物出版公司以及广播、电影、电视等大众传播机构)不得在中国境内设立代理机构或编辑部。未经中国政府批准,不得设立办事机构,办事机构仅可从事联络、沟通、咨询、接待服务。

续表

序号	领域	特别管理措施
（三十七）	电影制作、发行、放映	84. 禁止投资电影制作公司、发行公司、院线公司,但经批准,允许中外企业合作摄制电影。 85. 电影院的建设、经营须由中方控股。放映电影片,应当符合中国政府规定的国产电影片与进口电影片放映的时间比例。放映单位年放映国产电影片的时间不得低于年放映电影片时间总和的 2/3。
（三十八）	文物及非物质文化遗产保护	86. 禁止投资和经营文物拍卖的拍卖企业、文物购销企业。 87. 禁止投资和运营国有文物博物馆。 88. 禁止不可移动文物及国家禁止出境的文物转让、抵押、出租给外国人。 89. 禁止设立与经营非物质文化遗产调查机构。 90. 境外组织或个人在中国境内进行非物质文化遗产调查和考古调查、勘探、发掘,应采取与中国合作的形式并经专门审批许可。
（三十九）	文化娱乐	91. 禁止设立文艺表演团体。 92. 演出经纪机构须中方控股(为设有自贸试验区的省市提供服务的除外)。
十五、所有行业		
（四十）	所有行业	93. 不得作为个体工商户、个人独资企业投资人、农民专业合作社成员,从事经营活动。 94.《外商投资产业指导目录》中的禁止类以及标注有"限于合资"、"限于合作"、"限于合资、合作"、"中方控股"、"中方相对控股"和有外资比例要求的项目,不得设立外商投资合伙企业。 95. 境内公司、企业或自然人以其在境外合法设立或控制的公司并购与其有关联关系的境内公司,涉及外商投资项目和企业设立及变更事项的,按现行规定办理。

自由贸易试验区外商投资准入
特别管理措施（负面清单）（2017年版）
比上一版减少的措施

大类	领域	比上一版减少的特别管理措施
采矿业	金属矿及非金属矿采选	1. 贵金属(金、银、铂族)勘查、开采,属于限制类。 2. 锂矿开采、选矿,属于限制类。

续表

大类	领域	比上一版减少的特别管理措施
制造业	航空制造	3. 3 吨级及以上民用直升机设计与制造需中方控股。
		4. 6 吨 9 座以下通用飞机设计、制造与维修限于合资、合作。
	船舶制造	5. 船用低、中速柴油机及曲轴制造,须由中方控股。
		6. 海洋工程装备(含模块)制造与修理,须由中方控股。
	汽车制造	7. 新建纯电动乘用车生产企业生产的产品须使用自有品牌,拥有自主知识产权和已授权的相关发明专利。
	轨道交通设备制造	8. 轨道交通运输设备制造限于合资、合作(与高速铁路、铁路客运专线、城际铁路配套的乘客服务设施和设备的研发、设计与制造,与高速铁路、铁路客运专线、城际铁路相关的轨道和桥梁设备研发、设计与制造,电气化铁路设备和器材制造,铁路客车排污设备制造等除外)。
		9. 城市轨道交通项目设备国产化比例须达到70%及以上。
	通信设备制造	10. 民用卫星设计与制造、民用卫星有效载荷制造须由中方控股。
	矿产冶炼和压延加工	11. 钼、锡(锡化合物除外)、锑(含氧化锑和硫化锑)等稀有金属冶炼属于限制类。
	医药制造	12. 禁止投资列入《野生药材资源保护管理条例》和《中国稀有濒危保护植物名录》的中药材加工。
交通运输业	道路运输	13. 公路旅客运输公司属于限制类。
	水上运输	14. 外轮理货属于限制类,限于合资、合作。
信息技术服务业	互联网和相关服务	15. 禁止投资互联网上网服务营业场所。
金融业	银行服务	16. 外国银行分行不可从事《中华人民共和国商业银行法》允许经营的"代理发行、代理兑付、承销政府债券"。
		17. 外资银行获准经营人民币业务须满足最低开业时间要求。
		18. 境外投资者投资金融资产管理公司须符合一定数额的总资产要求。
	保险业务	19. 非经中国保险监管部门批准,外资保险公司不得与其关联企业从事再保险的分出或者分入业务。
租赁和商务服务业	会计审计	20. 担任特殊普通合伙会计师事务所首席合伙人(或履行最高管理职责的其他职务),须具有中国国籍。
	统计调查	21. 实行涉外调查机构资格认定制度和涉外社会调查项目审批制度。
		22. 评级服务属于限制类。
	其他商务服务	23. 因私出入境中介机构法定代表人须为具有境内常住户口、具有完全民事行为能力的中国公民。
教育	教育	24. 不得举办实施军事、警察、政治和党校等特殊领域教育机构。

大类	领域	比上一版减少的特别管理措施
文化、体育和娱乐业	新闻出版、广播影视、金融信息	25. 禁止从事美术品和数字文献数据库及其出版物等文化产品进口业务（上述服务中，中国入世承诺中已开放的内容除外）。
	文化娱乐	26. 演出经纪机构属于限制类，须由中方控股（由"为本省市提供服务的除外"调整为"为设有自贸试验区的省份提供服务的除外"）。
		27. 大型主题公园的建设、经营属于限制类。

注：《自由贸易试验区外商投资准入特别管理措施（负面清单）（2017 年版）》与上一版相比，共减少了 10 个条目、27 项措施。其中，减少的条目包括轨道交通设备制造、医药制造、道路运输、保险业务、会计审计、其他商务服务等 6 条，同时整合减少了 4 条。

附录 2　外商投资产业指导目录
（2017 年修订）

外商投资产业指导目录（2017年修订）
鼓励外商投资产业目录

一　农、林、牧、渔业

1. 木本食用油料、调料和工业原料的种植及开发、生产

2. 绿色、有机蔬菜（含食用菌、西甜瓜）、干鲜果品、茶叶栽培技术开发及产品生产

3. 糖料、果树、牧草等农作物栽培新技术开发及产品生产

4. 花卉生产与苗圃基地的建设、经营

5. 橡胶、油棕、剑麻、咖啡种植

6. 中药材种植、养殖

7. 农作物秸秆资源综合利用、有机肥料资源的开发生产

8. 水产苗种繁育（不含我国特有的珍贵优良品种）

9. 防治荒漠化及水土流失的植树种草等生态环境保护工程建设、

经营

10. 水产品养殖、深水网箱养殖、工厂化水产养殖、生态型海洋增养殖

二 采矿业

11. 石油、天然气的勘探、开发和矿井瓦斯利用

12. 提高原油采收率（以工程服务形式）及相关新技术的开发应用

13. 物探、钻井、测井、录井、井下作业等石油勘探开发新技术的开发与应用

14. 提高矿山尾矿利用率的新技术开发和应用及矿山生态恢复技术的综合应用

15. 我国紧缺矿种（如钾盐、铬铁矿等）的勘探、开采和选矿

三　制造业

（一）农副食品加工业

16. 安全高效环保饲料及饲料添加剂（含蛋氨酸）开发及生产

17. 水产品加工、贝类净化及加工、海藻保健食品开发

18. 蔬菜、干鲜果品、禽畜产品加工

（二）食品制造业

19. 婴幼儿配方食品、特殊医学用途配方食品及保健食品的开发、生产

20. 森林农产品加工

21. 天然食品添加剂、天然香料新技术开发与生产

（三）酒、饮料和精制茶制造业

22. 果蔬饮料、蛋白饮料、茶饮料、咖啡饮料、植物饮料的开发、生产

（四）纺织业

23. 采用非织造、机织、针织及其复合工艺技术的轻质、高强、耐高/低温、耐化学物质、耐光等多功能化的产业用纺织品生产

24. 采用先进节能减排技术和装备的高档织物印染及后整理加工

25. 符合生态、资源综合利用与环保要求的特种天然纤维（包括山羊绒等特种动物纤维、竹纤维、麻纤维、蚕丝、彩色棉花等）产品加工

（五）纺织服装、服饰业

26. 采用计算机集成制造系统的服装生产

27. 功能性特种服装生产

（六）皮革、毛皮、羽毛及其制品和制鞋业

28. 皮革和毛皮清洁化技术加工

29. 皮革后整饰新技术加工

30. 皮革废弃物综合利用

（七）木材加工和木、竹、藤、棕、草制品业

31. 林业三剩物，"次、小、薪"材和竹材的综合利用新技术、新产品开发与生产

（八）文教、工美、体育和娱乐用品制造业

32. 高档地毯、刺绣、抽纱产品生产

（九）石油加工、炼焦和核燃料加工业

33. 酚油加工、洗油加工、煤沥青高端化利用（不含改质沥青）

（十）化学原料和化学制品制造业

34. 聚氯乙烯和有机硅新型下游产品开发与生产

35. 合成材料的配套原料：过氧化氢氧化丙烯法环氧丙烷、过氧化氢氧化氯丙烯法环氧氯丙烷、萘二甲酸二甲酯（NDC）、1，4－环己烷二甲醇（CHDM）、5 万吨/年及以上丁二烯法己二腈、己二胺生产

36. 合成纤维原料：尼龙 66 盐、1，3－丙二醇生产

37. 合成橡胶：聚氨酯橡胶、丙烯酸酯橡胶、氯醇橡胶，以及氟橡胶、硅橡胶等特种橡胶生产

38. 工程塑料及塑料合金：6 万吨/年及以上非光气法聚碳酸酯（PC）、均聚法聚甲醛、聚苯硫醚、聚醚醚酮、聚酰亚胺、聚砜、聚醚砜、聚芳酯（PAR）、聚苯醚及其改性材料、液晶聚合物等产品生产

39. 精细化工：催化剂新产品、新技术，染（颜）料商品化加工技术，电子化学品和造纸化学品，皮革化学品（N－N 二甲基甲酰胺除外），油田助剂，表面活性剂，水处理剂，胶粘剂，无机纤维、无机纳米材料生产，颜料包膜处理深加工

40. 水性油墨、电子束固化紫外光固化等低挥发性油墨、环保型有机溶剂生产

41. 天然香料、合成香料、单离香料生产

42. 高性能涂料，高固体份、无溶剂涂料，水性工业涂料及配套水性树脂生产

43. 高性能氟树脂、氟膜材料，医用含氟中间体，环境友好型含氟制冷剂、清洁剂、发泡剂生产

44. 从磷化工、铝冶炼中回收氟资源生产

45. 林业化学产品新技术、新产品开发与生产

46. 环保用无机、有机和生物膜开发与生产

47. 新型肥料开发与生产：高浓度钾肥、复合型微生物接种剂、复合微生物肥料、秸秆及垃圾腐熟剂、特殊功能微生物制剂

48. 高效、安全、环境友好的农药新品种、新剂型、专用中间体、助剂的开发与生产，以及相关清洁生产工艺的开发和应用（甲叉法乙草胺、水相法毒死蜱工艺、草甘膦回收氯甲烷工艺、定向合成法手性和立体结构农药生产、乙基氯化物合成技术）

49. 生物农药及生物防治产品开发与生产：微生物杀虫剂、微生物杀菌剂、农用抗生素、昆虫信息素、天敌昆虫、微生物除草剂

50. 废气、废液、废渣综合利用和处理、处置

51. 有机高分子材料生产：飞机蒙皮涂料、稀土硫化铈红色染料、无铅化电子封装材料、彩色等离子体显示屏专用系列光刻浆料、小直径大比表面积超细纤维、高精度燃油滤纸、锂离子电池隔膜、表面处理自我修复材料、超疏水纳米涂层材料

（十一）医药制造业

52. 新型化合物药物或活性成分药物的生产（包括原料药和制剂）

53. 氨基酸类：发酵法生产色氨酸、组氨酸、蛋氨酸等生产

54. 新型抗癌药物、新型心脑血管药及新型神经系统用药的开发及生产

55. 采用生物工程技术的新型药物生产

56. 艾滋病疫苗、丙肝疫苗、避孕疫苗及宫颈癌、疟疾、手足口病等新型疫苗生产

57. 海洋药物的开发及生产

58. 药品制剂：采用缓释、控释、靶向、透皮吸收等新技术的新剂型、新产品生产

59. 新型药用辅料的开发及生产

60. 动物专用抗菌原料药生产（包括抗生素、化学合成类）

61. 兽用抗菌药、驱虫药、杀虫药、抗球虫药新产品及新剂型生产

62. 新型诊断试剂的开发及生产

（十二）化学纤维制造业

63. 差别化化学纤维及芳纶、碳纤维、高强高模聚乙烯、聚苯硫醚（PPS）等高新技术化纤（粘胶纤维除外）生产

64. 纤维及非纤维用新型聚酯生产：聚对苯二甲酸丙二醇酯（PTT）、聚葵二甲酸乙二醇酯（PEN）、聚对苯二甲酸环己烷二甲醇酯

（PCT）、二元醇改性聚对苯二甲酸乙二醇酯（PETG）

65. 利用新型可再生资源和绿色环保工艺生产生物质纤维，包括新溶剂法纤维素纤维（Lyocell）、以竹、麻等为原料的再生纤维素纤维、聚乳酸纤维（PLA）、甲壳素纤维、聚羟基脂肪酸酯纤维（PHA）、动植物蛋白纤维等

66. 尼龙 11、尼龙 12、尼龙 1414、尼龙 46、长碳链尼龙、耐高温尼龙等新型聚酰胺开发与生产

67. 子午胎用芳纶纤维及帘线生产

（十三）橡胶和塑料制品业

68. 新型光生态多功能宽幅农用薄膜开发与生产

69. 废旧塑料的回收和再利用

70. 塑料软包装新技术、新产品（高阻隔、多功能膜及原料）开发与生产

（十四）非金属矿物制品业

71. 节能、环保、利废、轻质高强、高性能、多功能建筑材料开发生产

72. 以塑代钢、以塑代木、节能高效的化学建材品生产

73. 年产 1000 万平方米及以上弹性体、塑性体改性沥青防水卷材，宽幅（2 米以上）三元乙丙橡胶防水卷材及配套材料，宽幅（2 米以上）聚氯乙烯防水卷材，热塑性聚烯烃（TPO）防水卷材生产

74. 新技术功能玻璃开发生产：屏蔽电磁波玻璃、微电子用玻璃基板、透红外线无铅硫系玻璃及制品、电子级大规格石英玻璃制品（管、板、坩埚、仪器器皿等）、光学性能优异多功能风挡玻璃、信息技术用极端材料及制品（包括波导级高精密光纤预制棒石英玻璃套管和陶瓷基板）、高纯（≥99.998%）超纯（≥99.999%）水晶原料提纯加工

75. 薄膜电池导电玻璃、太阳能集光镜玻璃、建筑用导电玻璃生产

76. 玻璃纤维制品及特种玻璃纤维生产：低介电玻璃纤维、石英玻璃纤维、高硅氧玻璃纤维、高强高弹玻璃纤维、陶瓷纤维等及其制品

77. 光学纤维及制品生产：传像束及激光医疗光纤、超二代和三代微通道板、光学纤维面板、倒像器及玻璃光锥

78. 陶瓷原料的标准化精制、陶瓷用高档装饰材料生产

79. 水泥、电子玻璃、陶瓷、微孔炭砖等窑炉用环保（无铬化）耐火材料生产

80. 多孔陶瓷生产

81. 无机非金属新材料及制品生产：复合材料、特种陶瓷、特种密封材料（含高速油封材料）、特种摩擦材料（含高速摩擦制动制品）、特种胶凝材料、特种乳胶材料、水声橡胶制品、纳米材料

82. 有机-无机复合泡沫保温材料生产

83. 高技术复合材料生产：连续纤维增强热塑性复合材料和预浸料、耐温 >300℃ 树脂基复合材料成型用工艺辅助材料、树脂基复合材料（包括体育用品、轻质高强交通工具部件）、特种功能复合材料及制品（包括深水及潜水复合材料制品、医用及康复用复合材料制品）、碳/碳复合材料、高性能陶瓷基复合材料及制品、金属基和玻璃基复合材料及制品、金属层状复合材料及制品、压力 ≥320MPa 超高压复合胶管、大型客机航空轮胎

84. 精密高性能陶瓷原料生产：碳化硅（SiC）超细粉体（纯度 >99%，平均粒径 <1μm）、氮化硅（Si_3N_4）超细粉体（纯度 >99%，平均粒径 <1μm）、高纯超细氧化铝微粉（纯度 >99.9%，平均粒径 <0.5μm）、低温烧结氧化锆（ZrO_2）粉体（烧结温度 <1350℃）、高纯氮化铝（AlN）粉体（纯度 >99%，平均粒径 <1μm）、金红石型 TiO_2 粉体（纯度 >98.5%）、白炭黑（粒径 <100nm）、钛酸钡（纯度 >99%，粒径 <1μm）

85. 高品质人工晶体及晶体薄膜制品开发生产：高品质人工合成水晶（压电晶体及透紫外光晶体）、超硬晶体（立方氮化硼晶体）、耐高温高绝缘人工合成绝缘晶体（人工合成云母）、新型电光晶体、大功率

激光晶体及大规格闪烁晶体、金刚石膜工具、厚度 0.3mm 及以下超薄人造金刚石锯片

86. 非金属矿精细加工（超细粉碎、高纯、精制、改性）

87. 超高功率石墨电极生产

88. 珠光云母生产（粒径 3~150μm）

89. 多维多向整体编制织物及仿形织物生产

90. 利用新型干法水泥窑无害化处置固体废弃物

91. 建筑垃圾再生利用

92. 工业副产石膏等产业废弃物综合利用

93. 非金属矿山尾矿综合利用的新技术开发和应用及矿山生态恢复

（十五）有色金属冶炼和压延加工业

94. 直径 200mm 以上硅单晶及抛光片生产

95. 高新技术有色金属材料生产：化合物半导体材料（砷化镓、磷化镓、磷化铟、氮化镓），高温超导材料，记忆合金材料（钛镍、铜基及铁基记忆合金材料），超细（纳米）碳化钙及超细（纳米）晶硬质合金，超硬复合材料，贵金属复合材料，轻金属复合材料及异种材结合，散热器用铝箔，中高压阴极电容铝箔，特种大型铝合金型材，铝合金精密模锻件，电气化铁路架空导线，超薄铜带，耐蚀热交换器铜合金材，高性能铜镍、铜铁合金带，铍铜带、线、管及棒加工材，耐高温抗衰钨丝，镁合金铸件，无铅焊料，镁合金及其应用产品，泡沫铝，钛合金冶炼及加工，原子能级海绵锆，钨及钼深加工产品

（十六）金属制品业

96. 航空、航天、汽车、摩托车轻量化及环保型新材料研发与制造（专用铝板、铝镁合金材料、摩托车铝合金车架等）

97. 轻金属半固态快速成型材料研发与制造

98. 用于包装各类粮油食品、果蔬、饮料、日化产品等内容物的金属包装制品（应为完整品，容器壁厚度小于 0.3 毫米）的制造及加工

（包括制品的内外壁印涂加工）

99. 节镍不锈钢制品的制造

（十七）通用设备制造业

100. 高档数控机床及关键零部件制造：五轴联动数控机床、数控坐标镗铣加工中心、数控坐标磨床

101. 1000 吨及以上多工位镦锻成型机制造

102. 报废汽车拆解、破碎及后处理分选设备制造

103. FTL 柔性生产线制造

104. 垂直多关节工业机器人、焊接机器人及其焊接装置设备制造

105. 亚微米级超细粉碎机制造

106. 400 吨及以上轮式、履带式起重机械制造

107. 工作压力≥35MPa 高压柱塞泵及马达、工作压力≥35MPa 低速大扭矩马达的设计与制造

108. 工作压力≥25MPa 的整体式液压多路阀，电液比例伺服元件制造

109. 阀岛、功率 0.35W 以下气动电磁阀、200Hz 以上高频电控气阀设计与制造

110. 静液压驱动装置设计与制造

111. 压力 10MPa 以上非接触式气膜密封、压力 10MPa 以上干气密封（包括实验装置）的开发与制造

112. 汽车用高分子材料（摩擦片、改型酚醛活塞、非金属液压总分泵等）设备开发与制造

113. 第三代及以上轿车轮毂轴承、高中档数控机床和加工中心轴承、高速线材和板材轧机轴承、高速铁路轴承、振动值 Z4 以下低噪音轴承、各类轴承的 P4 和 P2 级轴承、风力发电机组轴承、航空轴承制造

114. 高密度、高精度、形状复杂的粉末冶金零件及汽车、工程机械等用链条的制造

115. 风电、高速列车用齿轮变速器，船用可变桨齿轮传动系统，

大型、重载齿轮箱的制造

116. 耐高温绝缘材料（绝缘等级为 F、H 级）及绝缘成型件制造

117. 蓄能器胶囊、液压气动用橡塑密封件开发与制造

118. 高精度、高强度（12.9 级以上）、异形、组合类紧固件制造

119. 微型精密传动联结件（离合器）制造

120. 大型轧机连接轴制造

121. 机床、工程机械、铁路机车装备等机械设备再制造，汽车零部件再制造，医用成像设备关键部件再制造，复印机等办公设备再制造

122. 1000 万像素以上或水平视场角 120 度以上数字照相机及其光学镜头、光电模块的开发与制造

123. 办公机械（含工业用途）制造：多功能一体化办公设备（复印、打印、传真、扫描），打印设备，精度 2400dpi 及以上高分辨率彩色打印机头，感光鼓 124. 电影机械制造：2K、4K 数字电影放映机，数字电影摄像机，数字影像制作、编辑设备

（十八）专用设备制造业

125. 矿山无轨采、装、运设备制造：200 吨及以上机械传动矿用自卸车，移动式破碎机，5000 立方米/小时及以上斗轮挖掘机，8 立方米及以上矿用装载机，2500 千瓦以上电牵引采煤机设备等

126. 物探（不含重力、磁力测量）、测井设备制造：MEME 地震检波器，数字遥测地震仪，数字成像、数控测井系统，水平井、定向井、钻机装置及器具，MWD 随钻测井仪

127. 石油勘探、钻井、集输设备制造：工作水深大于 1500 米的浮式钻井系统和浮式生产系统及配套海底采油、集输设备

128. 口径 2 米以上深度 30 米以上大口径旋挖钻机、直径 1.2 米以上顶管机、回拖力 300 吨以上大型非开挖铺设地下管线成套设备、地下连续墙施工钻机制造

129. 520 马力及以上大型推土机设计与制造

130. 100 立方米/小时及以上规格的清淤机、1000 吨及以上挖泥船

的挖泥装置设计与制造

131. 防汛堤坝用混凝土防渗墙施工装备设计与制造

132. 水下土石方施工机械制造：水深 9 米以下推土机、装载机、挖掘机等

133. 公路桥梁养护、自动检测设备制造

134. 公路隧道营运监控、通风、防灾和救助系统设备制造

135. 铁路大型施工、铁路线路、桥梁、隧道维修养护机械和检查、监测设备及其关键零部件的设计与制造

136. （沥青）油毡瓦设备、镀锌钢板等金属屋顶生产设备制造

137. 环保节能型现场喷涂聚氨酯防水保温系统设备、聚氨酯密封膏配制技术与设备、改性硅酮密封膏配制技术和生产设备制造

138. 高精度带材轧机（厚度精度 10 微米）设计与制造

139. 多元素、细颗粒、难选冶金属矿产的选矿装置制造

140. 100 万吨/年及以上乙烯成套设备中的关键设备制造：年处理能力 40 万吨以上混合造粒机，直径 1000 毫米及以上螺旋卸料离心机，小流量高扬程离心泵

141. 金属制品模具（铜、铝、钛、锆的管、棒、型材挤压模具）设计、制造

142. 汽车车身外覆盖件冲压模具，汽车仪表板、保险杠等大型注塑模具，汽车及摩托车夹具、检具设计与制造

143. 汽车动力电池专用生产设备的设计与制造

144. 精密模具（冲压模具精度高于 0.02 毫米、型腔模具精度高于 0.05 毫米）设计与制造

145. 非金属制品模具设计与制造

146. 6 万瓶/小时及以上啤酒灌装设备、5 万瓶/小时及以上饮料中温及热灌装设备、3.6 万瓶/小时及以上无菌灌装设备制造

147. 氨基酸、酶制剂、食品添加剂等生产技术及关键设备制造

148. 10 吨/小时及以上的饲料加工成套设备及关键部件制造

149. 楞高 0.75 毫米及以下的轻型瓦楞纸板及纸箱设备制造

150. 单张纸多色胶印机（幅宽≥750毫米，印刷速度：单面多色≥16000张/小时，双面多色≥13000张/小时）制造

151. 单幅单纸路卷筒纸平版印刷机印刷速度大于75000对开张/小时（787×880毫米）、双幅单纸路卷筒纸平版印刷机印刷速度大于170000对开张/小时（787×880毫米）、商业卷筒纸平版印刷机印刷速度大于50000对开张/小时（787×880毫米）制造

152. 多色宽幅柔性版印刷机（印刷宽度≥1300毫米，印刷速度≥350米/秒），喷墨数字印刷机（出版用：印刷速度≥150米/分，分辨率≥600dpi；包装用：印刷速度≥30米/分，分辨率≥1000dpi；可变数据用：印刷速度≥100米/分，分辨率≥300dpi）制造

153. 计算机墨色预调、墨色遥控、水墨速度跟踪、印品质量自动检测和跟踪系统、无轴传动技术、速度在75000张/小时的高速自动接纸机、给纸机和可以自动遥控调节的高速折页机、自动套印系统、冷却装置、加硅系统、调偏装置等制造

154. 电子枪自动镀膜机制造

155. 平板玻璃深加工技术及设备制造

156. 新型造纸机械（含纸浆）等成套设备制造

157. 皮革后整饰新技术设备制造

158. 农产品加工及储藏新设备开发与制造：粮食、油料、蔬菜、干鲜果品、肉食品、水产品等产品的加工储藏、保鲜、分级、包装、干燥等新设备，农产品品质检测仪器设备，农产品品质无损伤检测仪器设备，流变仪，粉质仪，超微粉碎设备，高效脱水设备，五效以上高效果汁浓缩设备，粉体食品物料杀菌设备，固态及半固态食品无菌包装设备，碟片式分离离心机

159. 农业机械制造：农业设施设备（温室自动灌溉设备、营养液自动配置与施肥设备、高效蔬菜育苗设备、土壤养分分析仪器），配套发动机功率200千瓦以上拖拉机及配套农具，低油耗低噪音低排放柴油机，大型拖拉机配套的带有残余雾粒回收装置的喷雾机，高性能水稻插秧机，棉花采摘机及棉花采摘台，适应多种行距的自走式玉米联合收割

机（液压驱动或机械驱动），花生收获机，油菜籽收获机，甘蔗收割机，甜菜收割机

160. 林业机具新技术设备制造

161. 农作物秸秆收集、打捆及综合利用设备制造

162. 农用废物的资源化利用及规模化畜禽养殖废物的资源化利用设备制造

163. 节肥、节（农）药、节水型农业技术设备制造

164. 机电井清洗设备及清洗药物生产设备制造

165. 电子内窥镜制造

166. 眼底摄影机制造

167. 医用成像设备（高场强超导型磁共振成像设备、X 线计算机断层成像设备、数字化彩色超声诊断设备等）关键部件的制造

168. 医用超声换能器（3D）制造

169. 硼中子俘获治疗设备制造

170. 图像引导适型调强放射治疗系统制造

171. 血液透析机、血液过滤机制造

172. 全自动生化监测设备、五分类血液细胞分析仪、全自动化学发光免疫分析仪、高通量基因测序系统制造

173. 药品质量控制新技术、新设备制造

174. 天然药物有效物质分析的新技术、提取的新工艺、新设备开发与制造

175. 非 PVC 医用输液袋多层共挤水冷式薄膜吹塑装备制造

176. 新型纺织机械、关键零部件及纺织检测、实验仪器开发与制造

177. 电脑提花人造毛皮机制造

178. 太阳能电池生产专用设备制造

179. 大气污染防治设备制造：耐高温及耐腐蚀滤料、低 NO_x 燃烧装置、烟气脱氮催化剂及脱氮成套装置、烟气脱硫设备、烟气除尘设备、工业有机废气净化设备、柴油车排气净化装置、含重金属废气处理

装置

180. 水污染防治设备制造：卧式螺旋离心脱水机、膜及膜材料、50kg/h 以上的臭氧发生器、10kg/h 以上的二氧化氯发生器、紫外消毒装置、农村小型生活污水处理设备、含重金属废水处理装置

181. 固体废物处理处置设备制造：污水处理厂污泥处置及资源利用设备、日处理量 500 吨以上垃圾焚烧成套设备、垃圾填埋渗滤液处理技术装备、垃圾填埋场防渗土工膜、建筑垃圾处理和资源化利用装备、危险废物处理装置、垃圾填埋场沼气发电装置、废钢铁处理设备、污染土壤修复设备

182. 铝工业赤泥综合利用设备开发与制造

183. 尾矿综合利用设备制造

184. 废旧塑料、电器、橡胶、电池回收处理再生利用设备制造

185. 废旧纺织品回收处理设备制造

186. 废旧机电产品再制造设备制造

187. 废旧轮胎综合利用装置制造

188. 水生生态系统的环境保护技术、设备制造

189. 移动式组合净水设备制造

190. 非常规水处理、重复利用设备与水质监测仪器

191. 工业水管网和设备（器具）的检漏设备和仪器

192. 日产 10 万立方米及以上海水淡化及循环冷却技术和成套设备开发与制造

193. 特种气象观测及分析设备制造

194. 地震台站、台网和流动地震观测技术系统开发及仪器设备制造

195. 四鼓及以上子午线轮胎成型机制造

196. 滚动阻力试验机、轮胎噪音试验室制造

197. 供热计量、温控装置新技术设备制造

198. 氢能制备与储运设备及检查系统制造

199. 新型重渣油气化雾化喷嘴、漏气率 0.5% 及以下高效蒸汽疏水

阀、1000℃及以上高温陶瓷换热器制造

200. 海上溢油回收装置制造

201. 低浓度煤矿瓦斯和乏风利用设备制造

202. 洁净煤技术产品的开发利用及设备制造（煤炭气化、液化、水煤浆、工业型煤）

203. 大型公共建筑、高层建筑、石油化工设施、森林、山岳、水域和地下设施消防灭火救援技术开发与设备制造

204. 智能化紧急医学救援设备制造

205. 水文监测传感器制造

（十九）汽车制造业

206. 汽车发动机制造及发动机研发机构建设：升功率不低于 70 千瓦的汽油发动机、升功率不低于 50 千瓦的排量 3 升以下柴油发动机、升功率不低于 40 千瓦的排量 3 升以上柴油发动机、燃料电池和混合燃料等新能源发动机

207. 汽车关键零部件制造及关键技术研发：双离合器变速器（DCT）、无级自动变速器（CVT）、电控机械变速器（AMT）、汽油发动机涡轮增压器、粘性连轴器（四轮驱动用）、自动变速器执行器（电磁阀）、液力缓速器、电涡流缓速器、汽车安全气囊用气体发生器、燃油共轨喷射技术（最大喷射压力大于 2000 帕）、可变截面涡轮增压技术（VGT）、可变喷嘴涡轮增压技术（VNT）、达到中国第五阶段污染物排放标准的发动机排放控制装置、智能扭矩管理系统（ITM）及耦合器总成、线控转向系统、颗粒捕捉器、低地板大型客车专用车桥、吸能式转向系统、大中型客车变频空调系统、汽车用特种橡胶配件，以及上述零部件的关键零件、部件

208. 汽车电子装置制造与研发：发动机和底盘电子控制系统及关键零部件，车载电子技术（汽车信息系统和导航系统），汽车电子总线网络技术，电子控制系统的输入（传感器和采样系统）输出（执行器）部件，电动助力转向系统电子控制器、嵌入式电子集成系统、电控式空

气弹簧，电子控制式悬挂系统，电子气门系统装置，电子组合仪表，ABS/TCS/ESP 系统，电路制动系统（BBW），变速器电控单元（TCU），轮胎气压监测系统（TPMS），车载故障诊断仪（OBD），发动机防盗系统，自动避撞系统，汽车、摩托车型试验及维修用检测系统

209. 新能源汽车关键零部件制造：电池隔膜（厚度 15~40μm，孔隙率 40%~60%）；电池管理系统，电机管理系统，电动汽车电控集成；电动汽车驱动电机（峰值功率密度≥2.5kW/kg，高效区：65%工作区效率≥80%），车用 DC/DC（输入电压 100V~400V），大功率电子器件（IGBT，电压等级≥600V，电流≥300A）；插电式混合动力机电耦合驱动系统；燃料电池低铂催化剂、复合膜、膜电极、增湿器控制阀、空压机、氢气循环泵、70MPa 氢瓶

（二十）铁路、船舶、航空航天和其他运输设备制造业

210. 达到中国摩托车第四阶段污染物排放标准的大排量（排量 > 250ml）摩托车发动机排放控制装置制造

211. 民用飞机设计、制造与维修：干线、支线飞机，通用飞机

212. 民用飞机零部件制造与维修

213. 民用直升机设计与制造

214. 民用直升机零部件制造

215. 地面、水面效应航行器制造及无人机、浮空器设计与制造

216. 航空发动机及零部件、航空辅助动力系统设计、制造与维修

217. 民用航空机载设备设计与制造

218. 航空地面设备制造：民用机场设施、民用机场运行保障设备、飞行试验地面设备、飞行模拟与训练设备、航空测试与计量设备、航空地面试验设备、机载设备综合测试设备、航空制造专用设备、航空材料试制专用设备、民用航空器地面接收及应用设备、运载火箭地面测试设备、运载火箭力学及环境实验设备

219. 民用卫星设计与制造，民用卫星有效载荷制造

220. 民用卫星零部件制造

221. 星上产品检测设备制造

222. 豪华邮轮及深水（3000 米以上）海洋工程装备的设计

223. 船舶低、中速柴油机及其零部件的设计

224. 船舶舱室机械的设计

225. 船舶通信导航设备的设计

226. 游艇的设计

（二十一）电气机械和器材制造业

227. 100 万千瓦超超临界火电机组用关键辅机设备制造：安全阀、调节阀

228. 钢铁行业烧结机脱硝技术装备制造

229. 火电设备的密封件设计、制造

230. 燃煤电站、水电站设备用大型铸锻件制造

231. 水电机组用关键辅机设备制造

232. 输变电设备制造

233. 新能源发电成套设备或关键设备制造：光伏发电、地热发电、潮汐发电、波浪发电、垃圾发电、沼气发电、2.5 兆瓦及以上风力发电设备

234. 斯特林发电机组制造

235. 直线和平面电机及其驱动系统开发与制造

236. 高技术绿色电池制造：动力镍氢电池、锌镍蓄电池、锌银蓄电池、锂离子电池、太阳能电池、燃料电池等（新能源汽车能量型动力电池除外）

237. 电动机采用直流调速技术的制冷空调用压缩机、采用 CO_2 自然工质制冷空调压缩机、应用可再生能源（空气源、水源、地源）制冷空调设备制造

238. 太阳能空调、采暖系统、太阳能干燥装置制造

239. 生物质干燥热解系统、生物质气化装置制造

240. 交流调频调压牵引装置制造

(二十二)计算机、通信和其他电子设备制造业

241. 高清数字摄录机、数字放声设备制造

242. TFT－LCD、PDP、OLED 等平板显示屏、显示屏材料制造（6
代及 6 代以下 TFT－LCD 玻璃基板除外）

243. 大屏幕彩色投影显示器用光学引擎、光源、投影屏、高清晰
度投影管和微显投影设备模块等关键件制造

244. 数字音、视频编解码设备，数字广播电视演播室设备，数字
有线电视系统设备，数字音频广播发射设备，数字电视上下变换器，数
字电视地面广播单频网（SFN）设备，卫星数字电视上行站设备制造

245. 集成电路设计，线宽 28 纳米及以下大规模数字集成电路制
造，0.11 微米及以下模拟、数模集成电路制造，MEMS 和化合物半导
体集成电路制造及 BGA、PGA、FPGA、CSP、MCM 等先进封装与测试

246. 大中型电子计算机、万万亿次高性能计算机、便携式微型计
算机、大型模拟仿真系统、大型工业控制机及控制器制造

247. 计算机数字信号处理系统及板卡制造

248. 图形图像识别和处理系统制造

249. 大容量光、磁盘驱动器及其部件开发与制造

250. 高速、容量 100TB 及以上存储系统及智能化存储设备制造

251. 计算机辅助设计（三维 CAD）、电子设计自动化（EDA）、辅
助测试（CAT）、辅助制造（CAM）、辅助工程（CAE）系统及其他计
算机应用系统制造

252. 软件产品开发、生产

253. 电子专用材料开发与制造（光纤预制棒开发与制造除外）

254. 电子专用设备、测试仪器、工模具制造

255. 新型电子元器件制造：片式元器件、敏感元器件及传感器、
频率控制与选择元件、混合集成电路、电力电子器件、光电子器件、新
型机电元件、高分子固体电容器、超级电容器、无源集成元件、高密度
互连积层板、多层挠性板、刚挠印刷电路板及封装载板

256. 触控系统（触控屏幕、触控组件等）制造

257. 虚拟现实（VR）、增强现实（AR）设备研发与制造

258. 发光效率 140lm/W 以上高亮度发光二极管、发光效率 140lm/W 以上发光二极管外延片（蓝光）、发光效率 140lm/W 以上且功率 200mW 以上白色发光管制造

259. 高密度数字光盘机用关键件开发与生产

260. 可录类光盘生产

261. 3D 打印设备关键零部件研发与制造

262. 卫星通信系统设备制造

263. 光通信测量仪表、速率 40Gbps 及以上光收发器制造

264. 超宽带（UWB）通信设备制造

265. 无线局域网（含支持 WAPI）、广域网设备制造

266. 100Gbps 及以上速率时分复用设备（TDM）、密集波分复用设备（DWDM）、宽带无源网络设备（包括 EPON、GPON、WDM - PON 等）、下一代 DSL 芯片及设备、光交叉连接设备（OXC）、自动光交换网络设备（ASON）、40Gbps 以上 SDH 光纤通信传输设备制造

267. 基于 IPv6 的下一代互联网系统设备、终端设备、检测设备、软件、芯片开发与制造

268. 第四代及后续移动通信系统手机、基站、核心网设备以及网络检测设备开发与制造

269. 整机处理能力大于 6.4Tbps（双向）的高端路由器、交换容量大于 40Tbps 的交换机开发与制造

270. 空中交通管制系统设备制造

271. 基于声、光、电、触控等计算机信息技术的中医药电子辅助教学设备，虚拟病理、生理模型人设备的开发与制造

（二十三）仪器仪表制造业

272. 工业过程自动控制系统与装置制造：现场总线控制系统，大型可编程控制器（PLC），两相流量计，固体流量计，新型传感器及现

场测量仪表

273. 大型精密仪器、高分辨率显微镜（分辨率小于 200nm）开发与制造

274. 高精度数字电压表、电流表制造（显示量程七位半以上）

275. 无功功率自动补偿装置制造

276. 安全生产新仪器设备制造

277. VXI 总线式自动测试系统（符合 IEEE1155 国际规范）制造

278. 煤矿井下监测及灾害预报系统、煤炭安全检测综合管理系统开发与制造

279. 工程测量和地球物理观测设备制造

280. 环境监测仪器制造

281. 水文数据采集、处理与传输和防洪预警仪器及设备制造

282. 海洋勘探监测仪器和设备制造

（二十四）废弃资源综合利用业

283. 煤炭洗选及粉煤灰（包括脱硫石膏）、煤矸石等综合利用

284. 全生物降解材料的生产

285. 废旧电器电子产品、汽车、机电设备、橡胶、金属、电池回收处理

四　电力、热力、燃气及水生产和供应业

286. 单机 60 万千瓦及以上超超临界机组电站的建设、经营

287. 采用背压型热电联产、热电冷多联产、30 万千瓦及以上热电联产机组电站的建设、经营

288. 缺水地区单机 60 万千瓦及以上大型空冷机组电站的建设、经营

289. 整体煤气化联合循环发电等洁净煤发电项目的建设、经营

290. 单机 30 万千瓦及以上采用流化床锅炉并利用煤矸石、中煤、煤泥等发电项目的建设、经营

291. 发电为主水电站的建设、经营

292. 核电站的建设、经营

293. 新能源电站（包括太阳能、风能、地热能、潮汐能、潮流能、波浪能、生物质能等）建设、经营

294. 电网的建设、经营

295. 海水利用（海水直接利用、海水淡化）

296. 供水厂建设、经营

297. 再生水厂建设、经营

298. 污水处理厂建设、经营

299. 机动车充电站、电池更换站建设、经营

300. 加氢站建设、经营

五 交通运输、仓储和邮政业

301. 铁路干线路网的建设、经营

302. 城际铁路、市域（郊）铁路、资源型开发铁路和支线铁路及其桥梁、隧道、轮渡和站场设施的建设、经营

303. 高速铁路、城际铁路基础设施综合维修

304. 公路、独立桥梁和隧道的建设、经营

305. 公路货物运输公司

306. 港口公用码头设施的建设、经营

307. 民用机场的建设、经营

308. 公共航空运输公司

309. 农、林、渔业通用航空公司

310. 国际海上运输公司

311. 国际集装箱多式联运业务

312. 输油（气）管道、油（气）库的建设、经营

313. 煤炭管道运输设施的建设、经营

314. 自动化高架立体仓储设施，包装、加工、配送业务相关的仓储一体化设施建设、经营

六　批发和零售业

315. 一般商品的共同配送、鲜活农产品和特殊药品低温配送等物流及相关技术服务

316. 农村连锁配送

317. 托盘及集装单元共用系统建设、经营

七　租赁和商务服务业

318. 国际经济、科技、环保、物流信息咨询服务

319. 以承接服务外包方式从事系统应用管理和维护、信息技术支持管理、银行后台服务、财务结算、软件开发、离岸呼叫中心、数据处理等信息技术和业务流程外包服务

320. 创业投资企业

321. 知识产权服务

322. 家庭服务业

八　科学研究和技术服务业

323. 生物工程与生物医学工程技术、生物质能源开发技术

324. 同位素、辐射及激光技术

325. 海洋开发及海洋能开发技术、海洋化学资源综合利用技术、相关产品开发和精深加工技术、海洋医药与生化制品开发技术

326. 海洋监测技术（海洋浪潮、气象、环境监测）、海底探测与大洋资源勘查评价技术

327. 综合利用海水淡化后的浓海水制盐、提取钾、溴、镁、锂及其深加工等海水化学资源高附加值利用技术

328. 海上石油污染清理与生态修复技术及相关产品开发，海水富营养化防治技术，海洋生物爆发性生长灾害防治技术，海岸带生态环境修复技术

329. 节能环保技术开发与服务

330. 资源再生及综合利用技术、企业生产排放物的再利用技术开发及其应用

331. 环境污染治理及监测技术

332. 化纤生产及印染加工的节能降耗、三废治理新技术

333. 防沙漠化及沙漠治理技术

334. 草畜平衡综合管理技术

335. 民用卫星应用技术

336. 研究开发中心

337. 高新技术、新产品开发与企业孵化中心

338. 物联网技术开发与应用

339. 工业设计、建筑设计、服装设计等创意产业

九 水利、环境和公共设施管理业

340. 城市封闭型道路的建设、经营

341. 城市地铁、轻轨等轨道交通的建设、经营

342. 垃圾处理厂，危险废物处理处置厂（焚烧厂、填埋场）及环境污染治理设施的建设、经营

343. 城市停车设施建设、经营

十 教育

344. 非学制类职业培训机构

十一 卫生和社会工作

345. 老年人、残疾人和儿童服务机构

346. 养老机构

十二 文化、体育和娱乐业

347. 演出场所经营

348. 体育场馆经营、健身、竞赛表演及体育培训和中介服务

外商投资准入特别管理措施
（外商投资准入负面清单）

说　明

一、外商投资准入特别管理措施（外商投资准入负面清单）统一列出股权要求、高管要求等外商投资准入方面的限制性措施。内外资一致的限制性措施以及不属于准入范畴的限制性措施，不列入外商投资准入特别管理措施（外商投资准入负面清单）。

二、境外投资者不得作为个体工商户、个人独资企业投资人、农民专业合作社成员，从事经营活动。

三、境外投资者不得从事外商投资准入特别管理措施（外商投资准入负面清单）中的禁止类项目；从事限制类有外资比例要求的项目，不得设立外商投资合伙企业。

四、境内公司、企业或自然人以其在境外合法设立或控制的公司并购与其有关联关系的境内公司，涉及外商投资项目和企业设立及变更事项的，按现行规定办理。

五、鼓励外商投资产业目录与外商投资准入特别管理措施（外商投资准入负面清单）重合的条目，享受鼓励类政策，同时须遵循相关准入规定。

六、《内地与香港关于建立更紧密经贸关系的安排》及其补充协议和服务贸易协议、《内地与澳门关于建立更紧密经贸关系的安排》及其补充协议和服务贸易协议、《海峡两岸经济合作框架协议》及其后续协议、我国与有关国家签订的自由贸易区协议和投资协定、我国参加的国际条约、我国法律法规另有规定的，从其规定。

七、境外服务提供者在中国境内提供新闻、文化服务（包括与互联网相关的新闻、文化服务），须履行相关审批和安全评估、高管要求的，按照现行相关规定执行。

第一部分　限制外商投资产业目录

1. 农作物新品种选育和种子生产（中方控股）

2. 石油、天然气（含煤层气，油页岩、油砂、页岩气等除外）的勘探、开发（限于合资、合作）

3. 特殊和稀缺煤类勘查、开采（中方控股）

4. 石墨勘查、开采

5. 出版物印刷（中方控股）

6. 稀土冶炼、分离（限于合资、合作），钨冶炼

7. 汽车整车、专用汽车制造：中方股比不低于50%，同一家外商可在国内建立两家及两家以下生产同类（乘用车类、商用车类）整车产品的合资企业，如与中方合资伙伴联合兼并国内其他汽车生产企业以及建立生产纯电动汽车整车产品的合资企业可不受两家的限制

8. 船舶（含分段）的设计、制造与修理（中方控股）

9. 干线、支线飞机设计、制造与维修，3吨级及以上直升机设计与制造，地面、水面效应航行器制造及无人机、浮空器设计与制造（中方控股）

10. 通用飞机设计、制造与维修（限于合资、合作）

11. 卫星电视广播地面接收设施及关键件生产

12. 核电站的建设、经营（中方控股）

13. 电网的建设、经营（中方控股）

14. 城市人口50万以上的城市燃气、热力和供排水管网的建设、经营（中方控股）

15. 铁路干线路网的建设、经营（中方控股）

16. 铁路旅客运输公司（中方控股）

17. 国内水上运输公司（中方控股），国际海上运输公司（限于合资、合作）

18. 民用机场的建设、经营（中方相对控股）

19. 公共航空运输公司（中方控股，且一家外商及其关联企业投资

比例不得超过 25%，法定代表人须具有中国国籍）

20. 通用航空公司（法定代表人须具有中国国籍，其中农、林、渔业通用航空公司限于合资，其他通用航空公司限于中方控股）

21. 电信公司：限于 WTO 承诺开放的业务，增值电信业务（外资比例不超过 50%，电子商务除外），基础电信业务（中方控股）

22. 稻谷、小麦、玉米收购、批发

23. 船舶代理（中方控股）

24. 加油站（同一外国投资者设立超过 30 家分店、销售来自多个供应商的不同种类和品牌成品油的连锁加油站，由中方控股）建设、经营

25. 银行（单个境外金融机构及被其控制或共同控制的关联方作为发起人或战略投资者向单个中资商业银行投资入股比例不得超过 20%，多个境外金融机构及被其控制或共同控制的关联方作为发起人或战略投资者投资入股比例合计不得超过 25%；投资农村中小金融机构的境外金融机构必须是银行类金融机构；设立外国银行分行、外商独资银行、中外合资银行的境外投资者、唯一或控股股东必须为境外商业银行，非控股股东可以为境外金融机构）

26. 保险公司（寿险公司外资比例不超过 50%）

27. 证券公司（设立时限于从事人民币普通股、外资股和政府债券、公司债券的承销与保荐，外资股的经纪，政府债券、公司债券的经纪和自营；设立满 2 年后符合条件的公司可申请扩大业务范围；中方控股）、证券投资基金管理公司（中方控股）

28. 期货公司（中方控股）

29. 市场调查（限于合资、合作，其中广播电视收听、收视调查要求中方控股）

30. 测绘公司（中方控股）

31. 学前、普通高中和高等教育机构（限于中外合作办学、中方主导①）

---

① 中方主导是指校长或者主要行政负责人应当具有中国国籍，中外合作办学机构的理事会、董事会或者联合管理委员会的中方组成人员不得少于 1/2。

32. 医疗机构（限于合资、合作）

33. 广播电视节目、电影的制作业务（限于合作）

34. 电影院的建设、经营（中方控股）

35. 演出经纪机构（中方控股）

第二部分　禁止外商投资产业目录

1. 我国稀有和特有的珍贵优良品种的研发、养殖、种植以及相关繁殖材料的生产（包括种植业、畜牧业、水产业的优良基因）

2. 农作物、种畜禽、水产苗种转基因品种选育及其转基因种子（苗）生产

3. 我国管辖海域及内陆水域水产品捕捞

4. 钨、钼、锡、锑、萤石勘查、开采

5. 稀土勘查、开采、选矿

6. 放射性矿产的勘查、开采、选矿

7. 中药饮片的蒸、炒、炙、煅等炮制技术的应用及中成药保密处方产品的生产

8. 放射性矿产冶炼、加工，核燃料生产

9. 武器弹药制造

10. 宣纸、墨锭生产

11. 空中交通管制

12. 邮政公司、信件的国内快递业务

13. 烟叶、卷烟、复烤烟叶及其他烟草制品的批发、零售

14. 社会调查

15. 中国法律事务咨询（提供有关中国法律环境影响的信息除外）

16. 人体干细胞、基因诊断与治疗技术开发和应用

17. 大地测量、海洋测绘、测绘航空摄影、地面移动测量、行政区域界线测绘、地形图、世界政区地图、全国政区地图、省级及以下政区地图、全国性教学地图、地方性教学地图和真三维地图编制、导航电子地图编制，区域性的地质填图、矿产地质、地球物理、地球化学、水文

地质、环境地质、地质灾害、遥感地质等调查

18. 国家保护的原产于我国的野生动、植物资源开发

19. 义务教育机构

20. 新闻机构（包括但不限于通讯社）

21. 图书、报纸、期刊的编辑、出版业务

22. 音像制品和电子出版物的编辑、出版、制作业务

23. 各级广播电台（站）、电视台（站）、广播电视频道（率）、广播电视传输覆盖网（发射台、转播台、广播电视卫星、卫星上行站、卫星收转站、微波站、监测台、有线广播电视传输覆盖网），广播电视视频点播业务和卫星电视广播地面接收设施安装服务

24. 广播电视节目制作经营（含引进业务）公司

25. 电影制作公司、发行公司、院线公司

26. 互联网新闻信息服务、网络出版服务、网络视听节目服务、互联网上网服务营业场所、互联网文化经营（音乐除外）、互联网公众发布信息服务

27. 经营文物拍卖的拍卖企业、文物商店

28. 人文社会科学研究机构

备注：《外商投资产业指导目录（2017 年修订）》所称的"以上"、"以下"，不包括本数；所称的"及以上"、"及以下"，包括本数。

附录 3　中西部地区外商投资优势产业目录

中西部地区外商投资优势产业目录（2017年修订）

山西省

1. 牧草饲料作物种植及深加工

2. 小杂粮、马铃薯种植及产品开发、生产

3. 畜禽规模化养殖、病死畜无害化处理（列入《外商投资产业指导目录》限制类、禁止类的除外）

4. 退耕还林还草、天然林保护等国家重点生态工程后续产业开发

5. 节水灌溉和旱作节水技术、保护性耕作技术开发与应用

6. 矿区生态系统恢复与重建工程

7. 非金属矿（高岭土、石灰石、硅石、石英砂）综合利用（勘探、开采除外）

8. 煤层气和煤炭伴生资源综合开发利用

9. 焦炭副产品综合利用

10. 高档棉、毛、麻、丝、化纤的纺织、针织及服装加工生产

11. 天然药、原料药、中成药的深加工（列入《外商投资产业指导目录》限制类、禁止类的除外）

12. 包装装潢印刷品印刷

13. 大型、高压、高纯度工业气体的生产和供应

14. 高档玻璃制品、高技术陶瓷（含工业陶瓷）技术开发和产品生产

15. 特殊品种（超白、超薄、在线 Low－E、中空、超厚）优质浮法玻璃技术开发及深加工

16. 不锈钢制品生产

17. 高速列车用钢、非晶带材等钢铁新材料

18. 铝合金材料及制品生产

19. 钢丝绳芯橡胶输运带生产

20. 液压技术系统及模具生产

21. 旱地、山地中小农业机械及配套机具制造

22. 三轴以上联动的高速、精密数控机床及配套数控系统、伺服电机及驱动装置、功能部件、刀具、量具、量仪及高档磨具磨料生产

23. 大型煤矿综采设备和防爆机电产品生产

24. 新型医疗器械设备及医用材料生产加工

25. 第三代及后续移动通信系统手机零部件生产

26. 洗中煤、焦炉煤气余热发电、供热等综合利用

27. 火电厂废弃物等的综合利用

28. 物流业务相关的仓储设施建设和商贸服务

29. 宽带业务和增值电信业务（需在我国入世承诺框架内）

30. 公路旅客运输公司

31. 城市燃气、热力和供排水管网建设、经营（人口50万以上城市中方控股）

32. 中等高等职业院校（含技工院校，高等职业院校限于合作、中方主导）

33. 医疗机构（限于合资、合作）

34. 汽车加气站、充电设施建设和运营

35. 艺术表演培训和中介服务及文化用品、设备等产业化开发

36. 旅游景区（点）保护、开发和经营及其配套设施建设

内蒙古自治区

1. 标准化设施蔬菜基地、集约化蔬菜育苗场建设

2. 绿色农畜产品（乳、肉、绒、皮毛、粮油、马铃薯、果蔬）生产及加工（列入《外商投资产业指导目录》限制类、禁止类的除外）

3. 退耕还林还草、退牧还草、天然林保护、退田还湖、退耕还湿、沙漠治理等国家重点生态工程后续产业开发

4. 节水灌溉和旱作节水技术、保护性耕作、中低产田改造、盐碱地改良等技术开发与应用

5. 铜、铅、锌、镁、铝等有色金属精深加工

6. 非金属矿（高岭土、红柱石、膨润土、白云石、石墨、珍珠岩、沸石）综合利用、精加工及应用（勘探、开采除外）

7. 毛纺织、针织品高新技术产品开发

8. 煤层气和煤炭伴生资源综合开发利用

9. 稀土高端应用产品加工

10. 天然气下游化工产品开发和利用（列入《天然气利用政策》限制类和禁止类的除外）

11. 利用乙烯与氯气通过氧氯化法生产 30 万吨/年以上 PVC，废盐酸制氯气等综合利用技术开发及利用

12. 大型、高压、高纯度工业气体的生产和供应

13. 高性能硅油、硅橡胶、树脂，高品质氟树脂，高性能氟橡胶，含氟精细化学品和高品质含氟无机盐等

14. 硅材料生产及其应用

15. 动植物药材资源开发、保护和可持续利用：内蒙古道地药材和特色蒙药材种植基地建设、濒危药用植物保育基地建设、种子种苗基地建设、道地药材提取物工厂研发中心建设（列入《外商投资产业指导目录》限制类、禁止类的除外）

16. 少数民族特需用品、工艺美术品、包装容器材料及日用玻璃制品及代表民族特色的旅游商品纪念品生产

17. 碳纤维产品生产及其应用

18. 天然气压缩机（含煤层气压缩机）制造

19. 蒙医药、蒙医医疗设备研究与开发

20. 汽车整车制造（外资比例不高于 50%），专用汽车（不包括普通半挂车、自卸车、罐式车、厢式车和仓栅式汽车）制造（外资比例不高于 50%）

21. 汽车零部件制造：六档以上自动变速箱、商用车用高功率密度驱动桥、随动前照灯系统、LED 前照灯、轻量化材料应用（高强钢、铝镁合金、复合塑料、粉末冶金、高强度复合纤维等）、离合器、液压减震器、中控盘总成、座椅

22. 智能机器人研发与制造

23. 大型储能技术研发与生产应用（蓄能电池、抽水蓄能技术、空气储能技术、风电与后夜供热等）

24. 太阳能、风能发电设备及零部件制造

25. 洗中煤、焦炉煤气余热发电、供热等综合利用

26. 宽带业务和增值电信业务（需在我国入世承诺框架内）

27. 公路旅客运输公司

28. 汽车加气站、充电设施建设和运营

29. 城市燃气、热力和供排水管网建设、经营（人口 50 万以上城市中方控股）

30. 高等教育、普通高中教育、学前教育机构（限于合作，中方主导）

31. 医疗机构（限于合资、合作）

32. 动漫创作、制作（广播影视动漫制作业务限于合作）及衍生品开发（音像制品和电子出版物的出版、制作业务除外）

33. 文化演出场所建设、艺术表演培训等服务

34. 体育场馆设施建设、体育产业运营及体育健身休闲服务

35. 健康医疗旅游开发

36. 冰雪、森林、草原、沙漠生态旅游资源开发、建设和经营

37. 旅游景区（点）保护、开发和经营及其配套设施建设

辽宁省

1. 肉鸡、生猪、肉牛和肉羊饲养及产品深加工

2. 节水灌溉和旱作节水技术、保护性耕作技术开发与应用

3. 退耕还林还草等国家重点生态工程后续产业开发

4. 镁、锆石加工及综合利用

5. 高档棉、毛、麻、丝、化纤的纺织、针织及服装加工生产

6. 天然药、原料药、中成药的深加工（列入《外商投资产业指导目录》限制类、禁止类的除外）

7. 高性能子午线轮胎的生产。包括无内胎载重子午胎，低断面和扁平化（低于 55 系列）、大轮辋高性能轿车子午胎（15 吋以上），航空轮胎及农用子午胎的生产

8. 金属包装、自动化立体仓库及仓储物流设备制造

9. 环保设备（大气、污水、固废处理设备）制造及其解决方案应用

10. 智能测控装置及关键零部件制造

11. 智能机器人研发与制造

12. 汽车零部件制造：六档以上自动变速箱、商用车用高功率密度驱动桥、随动前照灯系统、LED 前照灯、轻量化材料应用（高强钢、铝镁合金、复合塑料、粉末冶金、高强度复合纤维等）、离合器、液压减震器、中控盘总成、座椅、汽车主被动安全保护装置、汽车启停电机、新能源汽车驱动装置及控制系统

13. 医疗设备及关键部件开发及生产

14. 高精度铜、铝及合金板带材深加工

15. 非易失性存储器设计、研发及制造

16. 数字医疗系统、社区护理、个人健康维护相关产品开发和应用

17. 大型储能技术研发与生产应用（蓄能电池、抽水蓄能技术、空气储能技术、风电与后夜供热等）

18. 生物质能开发、生产和利用

19. 宽带业务和增值电信业务（需在我国入世承诺框架内）

20. 城市燃气、热力和供排水管网建设、经营（人口 50 万以上城市中方控股）

21. 大型农产品批发市场建设、经营

22. 加气站建设、经营

23. 医疗机构（限于合资、合作）

24. 数字视听与数字家庭产品（有线电视网络、网络视听节目服务除外）

25. 旅游景区（点）保护、开发和经营及其配套设施建设

26. 经国家投资主管部门批准的资源枯竭型城市资源精深加工和接续产业等项目

吉林省

1. 节水灌溉和旱作节水技术、保护性耕作技术开发与应用

2. 肉鸡、肉鹅、生猪、肉牛、肉羊和梅花鹿饲养及产品深加工

3. 人参、鹿茸、山葡萄、果仁、山野菜、菌类、林蛙、柞蚕、蜂蜜等长白山特色生态食品、饮品的开发和加工

4. 饮用天然矿泉水生产

5. 硅藻土资源开发及综合利用（勘探、开采除外）

6. 高档棉、毛、麻、丝、化纤的纺织、针织及服装加工生产

7. 褐煤蜡萃取

8. 动植物药材资源开发、保护和可持续利用（列入《外商投资产业指导目录》限制类、禁止类的除外）

9. 特殊品种（超白、超薄、在线 Low - E、中空、超厚）优质浮法玻璃技术开发及深加工

10. 碳纤维原丝、碳纤维生产及其生产所需辅助材料、碳纤维复合材料及其制品生产

11. 玄武岩纤维新材料的生产、开发

12. 高性能子午线轮胎的生产。包括无内胎载重子午胎，低断面和扁平化（低于55系列）、大轮辋高性能轿车子午胎（15吋以上），航空轮胎及农用子午胎的生产

13. 蓝宝石基板、LED 节能产品

14. 医疗设备及关键部件开发及生产

15. 冰雪体育和旅游用品生产

16. 索道缆车、游乐设施等旅游装备制造

17. 换热器设备的生产制造

18. 汽车零部件制造：六档以上自动变速箱、商用车用高功率密度驱动桥、随动前照灯系统、LED 前照灯、轻量化材料应用（高强钢、铝镁合金、复合塑料、粉末冶金、高强度复合纤维等）、离合器、液压减震器、中控盘总成、座椅

19. 专用汽车（不包括普通半挂车、自卸车、罐式车、厢式车和仓栅式汽车）制造（外资比例不高于50%）

20. 生物质能开发、生产和利用

21. 宽带业务和增值电信业务（需在我国入世承诺框架内）

22. 公路旅客运输公司

23. 智能物流港、内陆港的建设、经营

24. 汽车金融服务

25. 城市燃气、热力和供排水管网建设、经营（人口 50 万以上城市中方控股）

26. 医疗机构（限于合资、合作）

27. 动漫创作、制作（广播影视动漫制作业务限于合作）及衍生品开发（音像制品和电子出版物的出版、制作业务除外）

28. 冰雪旅游资源开发及滑雪场建设、经营

29. 旅游景区（点）保护、开发和经营及其配套设施建设

30. 经国家投资主管部门批准的资源枯竭型城市资源精深加工和接续产业等项目

黑龙江省

1. 退耕还林还草、天然林保护等国家重点生态工程后续产业开发

2. 节水灌溉和旱作节水技术、保护性耕作技术开发与应用

3. 利用境外资源的木材加工

4. 饮用天然矿泉水生产

5. 日处理甜菜 3000 吨及以上甜菜制糖及副产品综合利用

6. 马铃薯深加工

7. 肉鹅、肉鸡、生猪、肉牛和肉羊饲养及产品加工

8. 绿色食品加工

9. 营养性豆奶粉、传统豆制品、功能性蛋白产品、大豆磷脂等非转基因大豆制品生产和加工

10. 天然药、原料药、中成药的深加工（列入《外商投资产业指导目录》限制类、禁止类的除外）

11. 冰雪体育和旅游用品生产

12. 工艺陶瓷生产

13. 石墨的高端应用和精深加工

14. 硅基及光伏新材料

15. 钛矿冶炼及钛制品加工

16. 切削刀具、量具、刃具制造

17. 智能机器人研发与制造

18. 现代农业装备及配套农机具的生产：大马力拖拉机配套零部件、水稻插秧机及其他种植机械、玉米收获机、谷物联合收获机、其他收获机及配套零部件

19. 高性能子午线轮胎的生产。包括无内胎载重子午胎，低断面和扁平化（低于55系列）、大轮辋高性能轿车子午胎（15吋以上），航空轮胎及农用子午胎的生产

20. 燃气轮机研发与制造

21. 汽车零部件制造：六档以上自动变速箱、商用车用高功率密度驱动桥、随动前照灯系统、LED前照灯、轻量化材料应用（高强钢、铝镁合金、复合塑料、粉末冶金、高强度复合纤维等）、离合器、液压减震器、中控盘总成、座椅

22. 医疗设备及关键部件开发及生产

23. 生物质能开发、生产和利用

24. 核电装备的生产：核电电机、电缆、核岛堆内构件等关键配套部件研发生产

25. 电网智能管理控制系统设备制造

26. 宽带业务和增值电信业务（需在我国入世承诺框架内）

27. 公路旅客运输公司

28. 大型农产品批发市场建设、经营

29. 医疗机构（限于合资、合作）

30. 城市燃气、热力和供排水管网建设、经营（人口50万以上城市中方控股）

31. 动漫创作、制作（广播影视动漫制作业务限于合作）及衍生品开发（音像制品和电子出版物的出版、制作业务除外）

32. 森林、冰雪旅游资源开发及滑雪场建设、经营

33. 旅游景区（点）保护、开发和经营及其配套设施建设

34. 经国家投资主管部门批准的资源枯竭型城市资源精深加工和接续产业等项目

安徽省

1. 节水灌溉和旱作节水技术、保护性耕作技术开发与应用

2. 高岭土、煤层气（瓦斯）、矿井水及天然焦等煤炭伴生资源综合利用（勘探、开采除外）

3. 非金属矿（方解石、膨润土、高岭土、凹凸棒黏土、石灰石、石英砂）综合利用（勘查、开采除外）

4. 高档棉、毛、麻、丝、化纤的纺织、针织及服装加工生产

5. 皮鞋、运动鞋等整鞋制造

6. 天然药、原料药、中成药的深加工（列入《外商投资产业指导目录》限制类、禁止类的除外）

7. 煤焦油深加工

8. 纳米材料等新材料研发与制造

9. 耐火材料生产

10. 铜、锌、铝等有色金属精深加工及综合利用

11. 高档无缝钢管、石油油井管制造

12. 包装装潢印刷品印刷

13. 特殊品种（超白、超薄、在线 Low－E、中空、超厚）优质浮法玻璃技术开发及深加工

14. 利用木薯、麻风树、橡胶籽等非粮植物为原料的生物液体燃料（燃料乙醇、生物柴油）生产（中方控股）

15. 智能机器人研发与制造

16. 高性能子午线轮胎的生产。包括无内胎载重子午胎，低断面和扁平化（低于 55 系列）、大轮辋高性能轿车子午胎（15 吋以上），航空轮胎及农用子午胎的生产

17. 汽车用钢、线材、棒材开发与制造

18. 汽车零部件制造：六档以上自动变速箱、商用车用高功率密度驱动桥、随动前照灯系统、LED 前照灯、轻量化材料应用（高强钢、铝镁合金、复合塑料、粉末冶金、高强度复合纤维等）、离合器、液压减震器、中控盘总成、座椅

19. 新型干法水泥成套设备制造

20. 电动叉车、30 吨以上液压挖掘机及零部件开发与制造

21. 燃气轮机研发与制造

22. 500 万吨/年及以上矿井、薄煤层综合采掘设备，1000 万吨级/年及以上大型露天矿关键装备；大型冶金成套设备等重大技术装备用分散型控制系统（DCS）

23. 难选金属矿产选矿设备和大型冶金成套设备制造

24. 医疗设备及关键部件开发及生产

25. 家用电器、家电用板材及零部件制造

26. 半导体照明材料上下游产品及相关设备的研发与制造

27. 智能语音、量子通信等设备研发与制造

28. 工程勘察设计、平面设计和自动控制系统设计等创意产业

29. 大型、高压、高纯度工业气体的生产和供应

30. 公路旅客运输公司

31. 水上运输公司（中方控股）

32. 高等教育机构（限于合作、中方主导）

33. 动漫创作、制作（广播影视动漫制作业务限于合作）及衍生品开发（音像制品和电子出版物的出版、制作业务除外）

34. 城市燃气、热力和供排水管网建设、经营（人口 50 万以上城市中方控股）

35. 旅游景区（点）保护、开发和经营及其配套设施建设

江西省

1. 脐橙、蜜橘、油茶、苎麻、竹、山药、荞头、莲、葛等特色、优势植物及道地药材和药食两用作物种植及深加工

2. 铜矿选矿、伴生元素提取及精深加工及循环利用

3. 高岭土、粉石英、硅灰石、海泡石、化工用白云石等非金属矿产品精深加工

4. 高档棉、毛、麻、丝、化纤的纺织、针织及服装加工生产

5. 利用境外木材资源的木质家具设计、加工

6. 皮鞋、运动鞋等整鞋制造

7. 利用钨、镍、钴、钽、铌等稀有金属资源深加工、应用产品生产及循环利用

8. 利用乙烯与氯气通过氧氯化法生产 30 万吨/年以上 PVC，废盐酸制氯气等综合利用技术开发及利用

9. 稀土高端应用产品加工

10. 天然药、原料药、中成药的研发与生产（列入《外商投资产业指导目录》限制类、禁止类的除外），满足我国重大、多发性疾病防治需求的通用名药物首次开发和利用

11. 艺术陶瓷、日用陶瓷、工业陶瓷、特种陶瓷等高技术陶瓷的研发与生产

12. 高性能子午线轮胎的生产。包括无内胎载重子午胎，低断面和扁平化（低于 55 系列）、大轮辋高性能轿车子午胎（15 吋以上），航空轮胎及农用子午胎的生产

13. 包装装潢印刷品印刷

14. 智能机器人研发与制造

15. 触控显示和通讯终端产品及零部件的研发与生产

16. 汽车零部件制造：六档以上自动变速箱、商用车用高功率密度驱动桥、随动前照灯系统、LED 前照灯、轻量化材料应用（高强钢、铝镁合金、复合塑料、粉末冶金、高强度复合纤维等）、离合器、液压减震器、中控盘总成、座椅

17. 医疗设备及关键部件开发及生产

18. 空调、高效节能压缩机及零部件生产

19. 太阳能发电设备及零部件制造

20. 半导体照明材料上下游产品及相关设备的研发与制造

21. 锂电池等锂产品生产专用设备的研发与制造

22. 光学部件及镀膜技术的研发、应用及制造

23. 宽带业务和增值电信业务（需在我国入世承诺框架内）

24. 公路旅客运输公司

25. 加气站建设、经营

26. 医疗机构（限于合资、合作）

27. 动漫创作、制作（广播影视动漫制作业务限于合作）及衍生品开发（音像制品和电子出版物的出版、制作业务除外）

28. 旅游景区（点）保护、开发和经营及其配套设施建设

河南省

1. 生猪、肉牛、肉羊、小家禽饲养

2. 优质粮油、茶、柳条等种植与加工（列入《外商投资产业指导目录》限制类、禁止类的除外）

3. 退耕还林还草、天然林保护等国家重点生态工程后续产业开发

4. 节水灌溉和旱作节水技术、保护性耕作技术开发与应用

5. 镁、锌精深加工

6. 高档棉、毛、麻、丝、化纤的纺织、针织及服装加工生产

7. 煤层气（煤矿瓦斯）抽采和利用技术产品开发与生产

8. 超硬材料产品生产

9. 铝合金材料及制品生产

10. 天然药、原料药、中成药的深加工（列入《外商投资产业指导目录》限制类、禁止类的除外）

11. 数字化包装装潢印刷品印刷

12. 特殊品种（超白、超薄、在线 Low－E、中空、超厚）优质浮法玻璃技术开发及深加工

13. 高性能子午线轮胎的生产。包括无内胎载重子午胎，低断面和扁平化（低于 55 系列）、大轮辋高性能轿车子午胎（15 吋以上），航空

轮胎及农用子午胎的生产

14. 大型、高压、高纯度工业气体的生产和供应

15. 汽车零部件制造：六档以上自动变速箱、商用车用高功率密度驱动桥、随动前照灯系统、LED 前照灯、轻量化材料应用（高强钢、铝镁合金、复合塑料、粉末冶金、高强度复合纤维等）、离合器、液压减震器、中控盘总成、座椅

16. 三轴以上联动的高速、精密数控机床及配套数控系统、伺服电机及驱动装置、功能部件、刀具、量具、量仪及高档磨具磨料生产

17. 300 马力以上配备无级变速器轮式拖拉机，300 马力以上拖拉机关键零部件：无级变速拖拉机发动机、变速箱、液力联合控制系统、双输入双输出无级调速装置

18. 500 万吨/年及以上矿井、薄煤层综合采掘设备，1000 万吨级/年及以上大型露天矿关键装备；12000 米及以上深井钻机、极地钻机、高位移性深井沙漠钻机、沼泽难进入区域用钻机、海洋钻机、车装钻机、特种钻井工艺用钻机等钻机成套设备

19. 电能综合管理自动化设备制造

20. 智能手机、平板电脑等智能终端产品的技术开发及生产

21. 空调、电冰箱、高效节能压缩机及零部件制造

22. 生物医药技术开发与生产

23. 生物质能开发、生产和利用

24. 宽带业务和增值电信业务（需在我国入世承诺框架内）

25. 城市公共停车设施建设、经营

26. 公路货运场站设施的建设和运营

27. 大型农产品批发市场建设、经营

28. 公路旅客运输公司

29. 医疗机构（限于合资、合作）

30. 动漫创作、制作（广播影视动漫制作业务限于合作）及衍生品开发（音像制品和电子出版物的出版、制作业务除外）

31. 城市燃气、热力和供排水管网建设、经营（人口 50 万以上城

市中方控股）

32. 旅游景区（点）保护、开发和经营及其配套设施建设

湖北省

1. 农作物新品种选育和种子生产（中方控股）

2. 保护性耕作技术开发与应用

3. 饮用天然矿泉水生产

4. 高档纺织品及服装工艺技术开发

5. 无纺布及医用纺织品生产

6. 动植物药材、保健品资源的开发、保护和可持续利用，植物花叶根茎产品研发、籽粒榨油深加工（列入《外商投资产业指导目录》限制类、禁止类的除外）

7. 高档棉、毛、麻、丝、化纤的纺织、针织及服装加工生产

8. 包装装潢印刷品印刷

9. 特殊品种（超白、超薄、在线 Low – E、中空、超厚）优质浮法玻璃技术开发及深加工

10. 空调、高效节能压缩机及零部件制造

11. 汽车零部件开发与制造：六档以上自动变速箱、商用车用高功率密度驱动桥、随动前照灯系统、LED 前照灯、轻量化材料应用（高强钢、铝镁合金、碳纤维、复合塑料、粉末冶金、高强度复合纤维等）、离合器、液压减震器、中控盘总成、座椅、燃油共轨喷射系统相关产品、涡轮增压发动机、动力电池、电机及控制系统、主动安全及自动驾驶控制系统

12. 高性能子午线轮胎的生产。包括无内胎载重子午胎，低断面和扁平化（低于 55 系列）、大轮辋高性能轿车子午胎（15 吋以上），航空轮胎及农用子午胎的生产

13. 三轴以上联动的高速、精密数控机床及配套数控系统、伺服电机及驱动装置、功能部件、刀具、量具、量仪及高档磨具磨料生产

14. 特种钢丝绳、钢缆（平均抗拉强度 > 2200MPa）制造

15. 激光医疗设备开发与制造

16. 光电子技术和产品（含光纤预制棒、半导体发光二极管 LED）开发与制造

17. 医药化工原料废气、废液、废渣的综合利用

18. 食品安全追溯体系开发和建设

19. 生物质能开发、生产和利用

20. 大型储能技术研发与生产应用（蓄能电池、抽水蓄能技术、空气储能技术、风电与后夜供热等）

21. 宽带业务和增值电信业务（需在我国入世承诺框架内）

22. 公路旅客运输公司

23. 汽车加气站、充电设施建设和运营

24. 物流业务相关的仓储设施建设和商贸服务

25. 医疗机构（限于合资、合作）

26. 动漫创作、制作（广播影视动漫制作业务限于合作）及衍生品开发（音像制品和电子出版物的出版、制作业务除外）

27. 城市燃气、热力和供排水管网建设、经营（人口 50 万以上城市中方控股）

28. 旅游景区（点）保护、开发和经营及其配套设施建设

湖南省

1. 蔬菜、水果、畜禽产品的生产及深加工

2. 高档棉、毛、麻、丝、化纤的纺织、针织及服装加工生产

3. 皮鞋、运动鞋等整鞋制造

4. 高性能混凝土掺和剂

5. 锌精深加工

6. 铋化合物生产

7. 艺术陶瓷、日用陶瓷、工业陶瓷、特种陶瓷等高技术陶瓷的研发与生产

8. 天然药、中成药的深加工（列入《外商投资产业指导目录》限

制类、禁止类的除外）

9. 激素类药物深度开发（列入《外商投资产业指导目录》限制类、禁止类的除外）

10. 高端建筑用热轧无缝钢管、核电用管、超临界高压锅炉用无缝钢管及成品油套管等大口径钢管材加工

11. 硬质合金精深加工

12. 双金属高速锯切工具

13. 汽车零部件制造：六档以上自动变速箱、商用车用高功率密度驱动桥、随动前照灯系统、LED 前照灯、轻量化材料应用（高强钢、铝镁合金、复合塑料、粉末冶金、高强度复合纤维等）、离合器、液压减震器、中控盘总成、座椅

14. 30 吨以上液压挖掘机、6 米及以上全断面掘进机、320 马力及以上履带推土机、6 吨及以上装载机、600 吨及以上架桥设备（含架桥机、运梁车、提梁机）、400 吨及以上履带起重机、100 吨及以上全地面起重机、钻孔 100 毫米以上凿岩台车、400 千瓦及以上砼冷热再生设备、1 米宽及以上铣刨机；关键零部件：动力换挡变速箱、湿式驱动桥、回转支承、液力变矩器、为电动叉车配套的电机、电控、压力 25 兆帕以上液压马达、泵、控制阀

15. 60C 及以上混凝土输送泵、50 米及以上混凝土泵车、混凝土布料机、混凝土搅拌运输车、混凝土喷射机械手；起升机械：塔式起重机、50 米及以上高空作业车、50 吨级以上轮胎吊；路面机械：12 米及以上沥青路面摊铺机、4 吨以上沥青混凝土搅拌设备、26 吨以上全液压压路机、垃圾收运和处理设备及系统等产品

16. 大型工程机械关键零部件：动力换挡变速箱、湿式驱动桥、回转支承、液力变矩器、为电动叉车配套的电机、电控、压力 25 兆帕以上液压马达、泵、控制阀

17. 新型橡胶机械成套设备制造

18. 电子产品整机、光电子、电子材料、电子元器件、零部件的开发和制造

19. 智能机器人研发与制造

20. 太阳能发电设备及零部件制造

21. 宽带业务和增值电信业务（需在我国入世承诺框架内）

22. 公路旅客运输公司

23. 医疗机构（限于合资、合作）

24. 物流业务相关的仓储设施建设和商贸服务

25. 动漫创作、制作（广播影视动漫制作业务限于合作）及衍生品开发（音像制品和电子出版物的出版、制作业务除外）

26. 城市燃气、热力和供排水管网建设、经营（人口 50 万以上城市中方控股）

27. 旅游景区（点）保护、开发和经营及其配套设施建设

广西壮族自治区

1. 农作物新品种选育和种子生产（中方控股）

2. 退耕还林还草等国家重点生态工程后续产业开发

3. 动植物药材资源开发生产（列入《外商投资产业指导目录》限制类、禁止类的除外）

4. 日处理甘蔗 5000 吨及以上的蔗糖精深加工及副产品综合利用

5. 松香深加工

6. 高档棉、毛、麻、丝、化纤的纺织、针织及服装加工生产

7. 石墨烯技术研发及应用

8. 稀土高端应用产品加工

9. 不锈钢制品生产

10. 铜、铝合金材料及制品生产

11. 锌、锡、锑、钨、锰等金属精深加工

12. 艺术陶瓷、日用陶瓷、工业陶瓷、特种陶瓷等高技术陶瓷的研发与生产

13. 特殊品种（超白、超薄、在线 Low - E、中空、超厚）优质浮法玻璃技术开发及深加工

14. 利用木薯、麻风树、橡胶籽等非粮植物为原料的生物液体燃料（燃料乙醇、生物柴油）生产（中方控股）

15. 高性能子午线轮胎的生产。包括无内胎载重子午胎，低断面和扁平化（低于 55 系列）、大轮辋高性能轿车子午胎（15 吋以上），航空轮胎及农用子午胎的生产

16. 汽车整车制造（外资比例不高于 50%），专用汽车（不包括普通半挂车、自卸车、罐式车、厢式车和仓栅式汽车）制造（外资比例不高于 50%）

17. 汽车零部件制造：六档以上自动变速箱、商用车用高功率密度驱动桥、随动前照灯系统、LED 前照灯、轻量化材料应用（高强钢、铝镁合金、复合塑料、粉末冶金、高强度复合纤维等）、离合器、液压减震器、中控盘总成、座椅

18. 甘蔗种植机、甘蔗收获机等农机具研发及制造

19. 大型工程机械关键零部件：动力换挡变速箱、湿式驱动桥、回转支承、液力变矩器、为电动叉车配套的电机、电控、压力 25 兆帕以上液压马达、泵、控制阀

20. 宽带业务和增值电信业务（需在我国入世承诺框架内）

21. 公路旅客运输公司

22. 水上运输公司（中方控股）

23. 汽车加气站、充电设施建设和经营

24. 物流业务相关的仓储设施建设和商贸服务

25. 会展服务业

26. 医疗机构（限于合资、合作）

27. 城市燃气、热力和供排水管网建设、经营（人口 50 万以上城市中方控股）

28. 动漫创作、制作（广播影视动漫制作业务限于合作）及衍生品开发（音像制品和电子出版物的出版、制作业务除外）

29. 养生休闲服务、民族文化开发、休闲旅游等休闲产业

30. 旅游景区（点）保护、开发和经营及其配套设施建设

海南省

1. 农作物、畜禽优良品种选育和种苗生产（中方控股）

2. 畜、禽规模化养殖

3. 水产品加工及副产品综合利用

4. 海防林恢复、天然林保护、节水灌溉和旱作节水等技术、开发与应用

5. 饮用天然矿泉水生产

6. 海南省中药、民族药的研发、生产（列入《外商投资产业指导目录》限制类、禁止类的除外）

7. 旅游工艺品创意设计及生产

8. 天然气下游化工产品开发和利用（列入《天然气利用政策》限制类和禁止类的除外）

9. 锆、钛精深加工

10. 高性能子午线轮胎的生产。包括无内胎载重子午胎，低断面和扁平化（低于 55 系列）、大轮辋高性能轿车子午胎（15 吋以上），航空轮胎及农用子午胎的生产

11. 邮轮制造

12. 深水海洋工程设备制造

13. 高尔夫用具制造

14. 光电子技术和产品（含光纤预制棒、半导体发光二极管 LED）开发与制造

15. 宽带业务和增值电信业务（需在我国入世承诺框架内）

16. 公路旅客运输公司

17. 国际航线邮轮服务

18. 船舶代理（中方控股）、外轮理货（限于合资、合作）

19. 大型农产品批发市场建设、经营

20. 国际会议展览业

21. 旅行社

22. 高等教育机构、普通高中教育机构、学前教育机构（限于合作、中方主导）

23. 医疗机构（限于合资、合作）

24. 城市燃气、热力和供排水管网建设、经营（人口 50 万以上城市中方控股）

25. 电影院的建设、经营（中方控股）

26. 动漫创作、制作（广播影视动漫制作业务限于合作）及衍生品开发（音像制品和电子出版物的出版、制作业务除外）

27. 演出经纪机构（中方控股）

28. 观光农业、休闲农业的开发和经营及其配套设施建设

29. 旅游景区（点）保护、开发和经营及其配套设施建设

30. 海洋、热带雨林生态旅游资源（国家禁止外商投资的自然保护区等除外）开发、经营及其配套设施建设

重庆市

1. 农林牧渔特色产业发展、技术研发、产品加工及出口（列入《外商投资产业指导目录》限制类、禁止类的除外）

2. 天然气下游化工产品生产和开发（列入《天然气利用政策》限制类和禁止类的除外）

3. 大型、高压、高纯度工业气体的生产和供应

4. 高性能、高附加值聚氨酯和工程塑料产品开发和生产

5. 石墨烯、碳纤维（复合材料）等碳系材料的生产设备（气象沉淀、碳化烧结等）的研发制造，石墨烯、碳纤维（含复合材料）等碳系材料的研发生产及终端产品制造

6. 铝、镁精深加工

7. 页岩气装备制造和油气技术工程服务

8. 智能机器人研发与制造

9. 环保设备（大气、污水、固废处理设备）制造及其解决方案应用

10. 排气量 250ml 及以上高性能摩托车整车（外资比例不高于

50%）

11. 汽车整车制造（外资比例不高于 50%），专用汽车（不包括普通半挂车、自卸车、罐式车、厢式车和仓栅式汽车）制造（外资比例不高于 50%）

12. 高性能子午线轮胎的生产。包括无内胎载重子午胎，低断面和扁平化（低于 55 系列）、大轮辋高性能轿车子午胎（15 吋以上），航空轮胎及农用子午胎以及列入《当前优先发展的高技术产业化重点领域指南》的子午线轮胎关键原材料生产

13. 汽车零部件制造：满足国六排放标准及以上的增压直喷汽油机/清洁高效柴油机、六档以上自动变速箱（AT、DCT、AMT）、新能源专用发动机/变速器；新能源车用动力锂电池、驱动电机、电控系统、电制动、电转向、电仪表、能量回收系统、电空调、远程监控系统等关键零部件；传动/安全/车身/行驶/信息控制系统、高级驾驶辅助系统（ADAS）、自动驾驶系统等智能汽车关键部件；DPF、GPF、SCR 等发动机后处理系统、替代燃料发动机 ECU 控制策略及软硬件、全新新能源汽车/轻量化底盘及车身；行业精密生产装备和相关基础设施生产制造；轻量化材料应用（高强钢、铝镁合金、复合塑料、粉末冶金、高强度复合纤维等）、行业共性技术平台（汽车风洞、智能网联汽车测试评价、安全测试评价、轻量化、行业数据库、全球研发中心等）建设等

14. 天然气分布式能源燃气轮机、内燃机研发及制造

15. 太阳能发电设备及零部件制造

16. 线宽 0.25 微米以下大规模数字集成电路制造

17. 智能手机、平板电脑等智能终端产品的技术开发及生产

18. 新型医疗器械设备及医用材料生产加工

19. 500 千伏及以上高压直流换流变压器研发及制造

20. 三级能效以上节能环保型家电整机，压缩机、电机、变频器、液晶面板等关键零部件生产，无线输电、裸眼 3D、体感输入等新技术开发

21. 半导体照明材料上下游产品及相关设备的研发与制造

22. 二氧化碳回收、一氧化碳等特殊工业气体制备及应用

23. FINEX 技术及高速、无头连轧

24. 会展服务业

25. 物流业务相关的仓储设施建设和商贸服务

26. 跨境电子商务零售中心和大宗商品进出口分拨物流中心建设

27. 宽带业务和增值电信业务（需在我国入世承诺框架内）

28. 高等教育机构、普通高中教育机构、学前教育机构（限于合作、中方主导）

29. 医疗机构（限于合资、合作）

30. 城市燃气、热力和供排水管网建设、经营（人口 50 万以上城市中方控股）

31. 动漫创作、制作（广播影视动漫制作业务限于合作）及衍生品开发（音像制品和电子出版物的出版、制作业务除外）

32. 旅游景区（点）保护、开发和经营及其配套设施建设

四川省

1. 红薯及非粮作物加工和副产物综合利用

2. 畜禽产品加工

3. 节水灌溉和旱作节水技术、保护性耕作技术开发与应用

4. 葡萄酒及特色水果酿酒

5. 利用木薯、麻风树、橡胶籽等非粮植物为原料的生物液体燃料（燃料乙醇、生物柴油）生产（中方控股）

6. 高档棉、毛、麻、丝、化纤的纺织、针织及服装加工生产

7. 以境外木、藤为原材料的高端家具生产

8. 稀土高端应用产品加工

9. 钒钛资源综合利用新技术和新产品开发

10. 天然气下游化工产品生产和开发（列入《天然气利用政策》限制类和禁止类的除外）

11. 含氟精细化学品和高品质含氟无机盐生产

12. 特殊品种（超白、超薄、在线 Low – E、中空、超厚）优质浮法玻璃技术开发及深加工

13. 石墨的高端应用和精深加工

14. 大型、高压、高纯度工业气体的生产和供应

15. 智能机器人研发与制造

16. 汽车整车制造（外资比例不高于50%），专用汽车（不包括普通半挂车、自卸车、罐式车、厢式车和仓栅式汽车）制造（外资比例不高于50%）

17. 高性能子午线轮胎的生产。包括无内胎载重子午胎，低断面和扁平化（低于 55 系列）、大轮辋高性能轿车子午胎（15 吋以上），航空轮胎及农用子午胎的生产

18. 汽车零部件制造：六档以上自动变速箱、商用车用高功率密度驱动桥、随动前照灯系统、LED 前照灯、轻量化材料应用（高强钢、铝镁合金、复合塑料、粉末冶金、高强度复合纤维等）、离合器、液压减震器、中控盘总成、座椅

19. 30 吨以上液压挖掘机、6 米及以上全断面掘进机、320 马力及以上履带推土机、6 吨及以上装载机、600 吨及以上架桥设备（含架桥机、运梁车、提梁机）、400 吨及以上履带起重机、100 吨及以上全地面起重机、钻孔 100 毫米以上凿岩台车、400 千瓦及以上砼冷热再生设备、1 米宽及以上铣刨机；关键零部件：动力换挡变速箱、湿式驱动桥、回转支承、液力变矩器、为电动叉车配套的电机、电控、压力 25 兆帕以上液压马达、泵、控制阀

20. 太阳能发电设备及零部件制造

21. 大型储能技术研发与生产应用（蓄能电池、抽水蓄能技术、空气储能技术、风电与后夜供热等）

22. 3000KW 以上大型、重型燃气轮机高温部件及控制系统研发制造

23. 半导体照明材料上下游产品及相关设备的研发与制造

24. 精密电子注塑产品开发及生产

25. 液晶电视、数字电视、节能环保电冰箱、智能洗衣机等高档家

用电器制造

26. TFT – LCD、OLED 等平板显示屏、显示屏材料制造

27. 医疗设备及关键部件开发及生产

28. 天然气压缩机（含煤层气压缩机）制造

29. 环保设备（大气、污水、固废处理设备）制造及其解决方案应用

30. 物流业务相关的仓储设施建设和商贸服务

31. 跨境电子商务零售中心和大宗商品进出口分拨物流中心建设

32. 宽带业务和增值电信业务（需在我国入世承诺框架内）

33. 道路运输

34. 医疗机构（限于合资、合作）

35. 卫生咨询、健康管理、医疗知识等医疗信息服务

36. 城市燃气、热力和供排水管网建设、经营（人口 50 万以上城市中方控股）

37. 动漫创作、制作（广播影视动漫制作业务限于合作）及衍生品开发（音像制品和电子出版物的出版、制作业务除外）

38. 艺术表演培训和中介服务及文化用品、设备等产业化开发

39. 旅游景区（点）保护、开发和经营及其配套设施建设

贵州省

1. 退耕还林还草、天然林保护等国家重点生态工程后续产业开发

2. 节水灌溉和旱作节水技术开发与应用

3. 马铃薯、魔芋等产品深加工

4. 畜禽、辣椒、苦荞、山药、核桃深加工

5. 高档棉、毛、麻、丝、化纤的纺织、针织及服装加工生产

6. 钛冶炼

7. 用先进技术对固定层合成氨装置进行优化节能技改

8. 利用甲醇开发 M100 新型动力燃料及合成氨生产尾气发展新能源

9. 利用工业生产二氧化碳废气发展工业级、食品级二氧化碳

10. 己二酸生产

11. 采用先进技术建设 30 万吨/年及以上煤制合成氨及配套尿素项目

12. 动植物药材资源开发、保护和可持续利用（列入《外商投资产业指导目录》限制类、禁止类的除外）

13. 特殊品种（超白、超薄、在线 Low - E、中空、超厚）优质浮法玻璃技术开发及深加工

14. 铝等有色金属精深加工

15. 高性能铝合金系列产品开发

16. 新型短流程钢铁冶炼技术开发及应用

17. 非高炉冶炼技术（直接还原法）

18. 大型、高压、高纯度工业气体的生产和供应

19. 磨料磨具产品生产

20. 新型凿岩钎具的开发及用钢材料生产

21. 汽车整车制造（外资比例不高于 50%），专用汽车（不包括普通半挂车、自卸车、罐式车、厢式车和仓栅式汽车）制造（外资比例不高于 50%）

22. 汽车零部件制造：六档以上自动变速箱、商用车用高功率密度驱动桥、随动前照灯系统、LED 前照灯、轻量化材料应用（高强钢、铝镁合金、复合塑料、粉末冶金、高强度复合纤维等）、离合器、液压减震器、中控盘总成、座椅

23. 有特色优势的特种工程机械、架桥铺路机械、破碎机械、液压基础件、数控机床、节能环保装备、4MW 燃气轮机及以下产品等开发及制造

24. 复式永磁电机抽油机系列化开发和产业化

25. 复杂地质条件的矿用开采、掘进、提升、井下运输等特种设备及产品的开发与制造

26. 适用于西部山区的轻便、耐用、低耗中小型耕种收和植保、节水灌溉、小型抗旱设备及粮油作物、茶叶、特色农产品等农业机械开发与制造

27. 太阳能发电设备及零部件制造

28. 宽带业务和增值电信业务（需在我国入世承诺框架内）

29. 公路旅客运输公司

30. 医疗机构（限于合资、合作）

31. 演出经纪机构（中方控股）

32. 城市燃气、热力和供排水管网建设、经营（人口 50 万以上城市中方控股）

33. 茅台生态带综合保护及赤水河流域遥感技术应用示范

34. 旅游景区（点）保护、开发和经营及其配套设施建设

云南省

1. 猪、牛、羊及小家禽畜（含高原畜产品）饲养和深加工

2. 新型天然橡胶开发与应用

3. 天然香料香精生产技术开发及制造

4. 退耕还林还草、天然林保护等国家重点生态工程后续产业开发

5. 节水灌溉和旱作节水技术开发与应用

6. 有色金属精深加工

7. 特色食用资源开发及应用

8. 符合生态与环保要求的亚麻加工、开发及副产品综合利用

9. 利用木薯、麻风树、橡胶籽等非粮植物为原料的生物液体燃料（燃料乙醇、生物柴油）生产（中方控股）

10. 高档棉、毛、麻、丝、化纤的纺织、针织及服装加工生产

11. 动植物药材资源开发、保护和可持续利用（列入《外商投资产业指导目录》限制类、禁止类的除外）

12. 以境外木、藤为原料的高端家具生产

13. 民族特需品、特色工艺品及包装容器材生产

14. 工业大麻加工开发及副产品综合利用

15. 生物医药技术开发与生产

16. 特殊品种（超白、超薄、在线 Low－E、中空、超厚）优质浮

法玻璃技术开发及深加工

17. 生物质能发电设备制造

18. 太阳能、风能发电设备及零部件制造

19. 汽车整车制造（外资比例不高于 50%），专用汽车（不包括普通半挂车、自卸车、罐式车、厢式车和仓栅式汽车）制造（外资比例不高于 50%）

20. 宽带业务和增值电信业务（需在我国入世承诺框架内）

21. 大型农产品批发市场建设、经营

22. 汽车加气站、充电设施建设和经营

23. 物流业务相关的仓储设施建设和商贸服务

24. 医疗机构（限于合资、合作）

25. 民族特色文化产业、艺术表演培训、中介服务，生态旅游资源开发（自然保护区和国际重要湿地的建设、经营除外）

26. 旅游景区（点）保护、开发和经营及其配套设施建设

西藏自治区

1. 退耕还林还草、天然林保护等国家重点生态工程后续产业开发

2. 节水灌溉和旱作节水技术开发与应用

3. 盐湖资源的开发利用

4. 饮用天然矿泉水生产

5. 牛羊绒、皮革产品深加工及藏毯生产

6. 花卉与苗圃基地的建设经营

7. 林下资源的培植技术研发和林下产品深加工

8. 青稞、牧草等农作物新技术的开发利用

9. 高原特色食品资源开发利用

10. 天然药、原料药、中成药的深加工（列入《外商投资产业指导目录》限制类、禁止类的除外）

11. 藏药新品种、新剂型产品生产（列入《外商投资产业指导目录》禁止类的除外）

12. 少数民族特需用品、工艺美术品、包装容器材料、日用玻璃制品及极具藏民族特色的旅游商品纪念品生产

13. 物流业务相关的仓储设施建设和商贸服务

14. 宽带业务和增值电信业务（需在我国入世承诺框架内）

15. 公路旅客运输公司

16. 医疗机构（限于合资、合作）

17. 城市燃气、热力和供排水管网建设、经营（人口 50 万以上城市中方控股）

18. 旅游景区（点）保护、开发和经营及其配套设施建设

陕西省

1. 退耕还林还草、天然林保护、水源地保护等国家重点生态工程后续产业开发

2. 节水灌溉和旱作节水技术、保护性耕作技术开发与应用

3. 清真食品开发加工

4. 高档棉、毛、麻、丝、化纤的纺织、针织及服装加工生产

5. 动植物药材资源开发、保护和可持续利用（列入《外商投资产业指导目录》限制类、禁止类的除外）

6. 天然气下游化工产品的生产与开发（列入《天然气利用政策》限制类和禁止类的除外）

7. 特殊品种（超白、超薄、在线 Low–E、中空、超厚）优质浮法玻璃技术开发及深加工

8. 钒冶炼及钒合金制品生产加工

9. 钛金属精深加工

10. 高炉煤气能量回收透平装置设计制造

11. 大型、高压、高纯度工业气体的生产和供应

12. 汽车零部件制造：商用车用高功率密度驱动桥、随动前照灯系统、LED 前照灯、离合器、液压减震器、中控盘总成、座椅、轻量化材料应用

13. 汽车整车制造（外资比例不高于50%），专用汽车（不包括普通半挂车、自卸车、罐式车、厢式车和仓栅式汽车）制造（外资比例不高于50%）

14. 智能制造及系统集成服务

15. 集成电路及生产设备研发生产

16. 智能手机、平板电脑等智能终端产品及关键零部件的技术开发及生产

17. 一般商品的批发、零售（列入《外商投资产业指导目录》限制类、禁止类的除外）

18. 汽车加气站、充电设施建设和运营

19. 宽带业务和增值电信业务（需在我国入世承诺框架内）

20. 公路旅客运输公司

21. 中等高等职业院校（含技工院校，高等职业院校限于合作、中方主导）

22. 医疗机构（限于合资、合作）

23. 动漫创作、制作（广播影视动漫制作业务限于合作）及衍生品开发（音像制品和电子出版物的出版、制作业务除外）

24. 城市燃气、热力和供排水管网建设、经营（人口50万以上城市中方控股）

25. 旅游景区（点）保护、开发和经营及其配套设施建设

26. 经国家投资主管部门批准的资源枯竭型城市资源精深加工和接续产业等项目

甘肃省

1. 节水灌溉和旱作节水技术、保护性耕作技术开发与应用

2. 瓜果、蔬菜、花卉种子的开发生产（中方控股）

3. 优质酿酒葡萄基地建设

4. 优质啤酒原料种植、加工

5. 特色中药材的种植、养殖及加工（列入《外商投资产业指导目

录》限制类、禁止类的除外）

6. 天然气下游化工产品生产和开发（列入《天然气利用政策》限制类和禁止类的除外）

7. 稀土高端应用产品加工

8. 铝、铜、镍等有色金属精深加工

9. 石油钻采、炼化设备等高端装备制造

10. 汽车整车制造（外资比例不高于50%），专用汽车（不包括普通半挂车、自卸车、罐式车、厢式车和仓栅式汽车）制造（外资比例不高于50%）

11. 三轴以上联动的高速、精密数控机床及配套数控系统、伺服电机及驱动装置、功能部件、刀具、量具、量仪及高档磨具磨料

12. 太阳能发电及设备制造业

13. 宽带业务和增值电信业务（需在我国入世承诺框架内）

14. 公路旅客运输公司

15. 医疗机构（限于合资、合作）

16. 电影院的建设、经营（中方控股）

17. 城市燃气、热力和供排水管网建设、经营（人口50万以上城市中方控股）

18. 旅游景区（点）保护、开发和经营及其配套设施建设

青海省

1. 高原动植物资源保护、种养与加工利用（列入《外商投资产业指导目录》限制类、禁止类的除外）

2. 退耕还林还草、退牧还草、天然林保护、水土保持及水生态综合治理等国家重点生态工程后续产业开发（涉及自然保护区和重要湿地的建设、经营的除外）

3. 节水灌溉和旱作节水技术、保护性耕作技术、设施农业技术、光伏农业技术开发与应用

4. 有机天然农畜产品基地建设和产品精深加工（《外商投资产业指

导目录》限制类、禁止类除外）

5. 铜、铝、镁等有色金属精深加工

6. 中、藏药新品种、新剂型产品生产（列入《外商投资产业指导目录》限制类、禁止类的除外）

7. 特殊品种（超白、超薄、在线 Low – E、中空、超厚）优质浮法玻璃技术开发及深加工

8. 聚甲醛、聚苯硫醚等工程塑料生产

9. 工业尾矿及工业生产废弃物及低品位、复杂、难处理矿的资源化利用

10. 汽车整车制造（外资比例不高于 50%），专用汽车（不包括普通半挂车、自卸车、罐式车、厢式车和仓栅式汽车）制造（外资比例不高于 50%）

11. 半导体照明材料上下游产品及相关设备的研发与制造

12. 太阳能、风能发电设备及零部件制造

13. 锂电产品生产及专用设备研发与制造

14. 宽带业务和增值电信业务（需在我国入世承诺框架内）

15. 公路旅客运输公司

16. 医疗机构（限于合资、合作）

17. 水利工程的建设和运营（综合水利枢纽中方控股）

18. 城市及农村燃气、热力和供排水管网建设、经营（人口 50 万以上城市中方控股）

19. 体育场馆设施建设、体育产业运营及体育健身休闲服务

20. 旅游景区（点）保护、开发和经营及其配套设施建设

宁夏回族自治区

1. 马铃薯种子生产（中方控股）

2. 瓜果、蔬菜、花卉种子的选育生产（中方控股）

3. 退耕还林还草、退牧还草、天然林保护等国家重点生态工程后续产业开发

4. 节水灌溉和旱作节水技术、保护性耕作技术开发与应用

5. 枸杞、葡萄、马铃薯等种植及深加工

6. 沙生中药材、沙区生态经济林、沙区瓜果、沙区设施农业、沙料建材、沙区新能源和沙漠旅游休闲等沙产业

7. 牛羊的养殖及饲料加工（列入《外商投资产业指导目录》限制类、禁止类的除外）

8. 牛乳蛋白、干酪素等高端乳制品深加工

9. 少数民族特需用品及清真食品开发加工

10. 碳基材料开发及生产

11. 石膏和陶瓷粘土的深加工

12. 采用节能低成本工艺的多晶硅生产

13. 钽、铌等金属精深加工

14. 氢氧化镍生产及深加工

15. 铝合金、镁合金等材料的研发及生产

16. 熔体直纺及切片纺彩色涤纶的研发及生产

17. 高性能子午线轮胎的生产。包括无内胎载重子午胎，低断面和扁平化（低于 55 系列）、大轮辋高性能轿车子午胎（15 吋以上），航空轮胎及农用子午胎的生产

18. 汽车整车制造（外资比例不高于 50%），专用汽车（不包括普通半挂车、自卸车、罐式车、厢式车和仓栅式汽车）制造（外资比例不高于 50%）

19. 三轴以上联动的高速、精密数控机床及配套数控系统、伺服电机及驱动装置、功能部件、刀具、量具、量仪及高档磨具磨料 20. 500 万吨/年及以上矿井、薄煤层综合采掘设备，1000 万吨级/年及以上大型露天矿关键装备

21. 宽带业务和增值电信业务（需在我国入世承诺框架内）

22. 公路旅客运输公司

23. 旅行社

24. 医疗机构（限于合资、合作）

25. 城市燃气、热力和供排水管网建设、经营（人口 50 万以上城市中方控股）

26. 旅游景区（点）保护、开发和经营及其配套设施建设

新疆维吾尔自治区（含新疆生产建设兵团）

1. 退耕还林还草、退牧还草、天然林保护等国家重点生态工程后续产业开发

2. 节水灌溉和旱作节水技术、保护性耕作技术、设施农业、有机农业的开发与应用

3. 优质番茄、甜菜、香梨、葡萄、西甜瓜、红枣、核桃、杏子、石榴和枸杞等优质特色农产品的种植及深加工

4. 优质酿酒葡萄基地建设及葡萄酒生产

5. 亚麻、沙棘、薰衣草的种植及其制品生产

6. 高档棉、毛、麻、丝、化纤的纺织、针织及服装加工生产

7. 蛭石、云母、石棉、菱镁矿、石灰石、红柱石、石材等非金属矿产的综合利用（勘探、开发除外）

8. 石墨的高端应用和精深加工

9. 煤炭加工应用技术开发

10. 油气伴生资源综合利用

11. 放空天然气回收利用

12. 民族特色药用植物种植、加工和制药新工艺开发（列入《外商投资产业指导目录》限制类、禁止类的除外）

13. 民族特需用品、工艺美术品、包装容器材料及日用玻璃制品生产

14. 特殊品种（超白、超薄、在线 Low－E、中空、超厚）优质浮法玻璃技术开发及深加工

15. 直径 200mm 以上硅单晶及抛光片、多晶硅生产

16. 铜、锌、铝等有色金属精深加工

17. 汽车整车制造（外资比例不高于 50%），专用汽车（不包括普通半挂车、自卸车、罐式车、厢式车和仓栅式汽车）制造（外资比例

不高于 50%）

    18. 石油及采矿等特种设备制造

    19. 智能电网设备、电气成套控制系统设备制造

    20. 小型清雪设备制造

    21. 宽带业务和增值电信业务（需在我国入世承诺框架内）

    22. 公路旅客运输公司

    23. 商业连锁经营、跨区域代理经营等新型流通业

    24. 农产品批发市场建设、经营

    25. 医疗机构（限于合资、合作）

    26. 城市燃气、热力和供排水设施建设、经营（人口 50 万以上城市中方控股）

    27. 旅游景区（点）保护、开发和经营及其配套设施建设

附录 4　外商投资企业设立及变更备案管理暂行办法（修订）

外商投资企业设立及变更备案管理暂行办法（修订）

第一章　总　则

    第一条　为进一步扩大对外开放，推进外商投资管理体制改革，完善法治化、国际化、便利化的营商环境，根据《中华人民共和国中外合资经营企业法》、《中华人民共和国中外合作经营企业法》、《中华人民共和国外资企业法》、《中华人民共和国公司法》及相关法律、行政法规及国务院决定，制定本办法。

    第二条　外商投资企业的设立及变更，不涉及国家规定实施准入特别管理措施的，适用本办法。

    第三条　国务院商务主管部门负责统筹和指导全国范围内外商投资

企业设立及变更的备案管理工作。

各省、自治区、直辖市、计划单列市、新疆生产建设兵团、副省级城市的商务主管部门，以及自由贸易试验区、国家级经济技术开发区的相关机构是外商投资企业设立及变更的备案机构，负责本区域内外商投资企业设立及变更的备案管理工作。

备案机构通过外商投资综合管理信息系统（以下简称综合管理系统）开展备案工作。

第四条 外商投资企业或其投资者应当依照本办法真实、准确、完整地提供备案信息，填写备案申报承诺书，不得有虚假记载、误导性陈述或重大遗漏。外商投资企业或其投资者应妥善保存与已提交备案信息相关的证明材料。

第二章 备案程序

第五条 设立外商投资企业，属于本办法规定的备案范围的，在取得企业名称预核准后，应由全体投资者（或外商投资股份有限公司的全体发起人，以下简称全体发起人）指定的代表或共同委托的代理人在营业执照签发前，或由外商投资企业指定的代表或委托的代理人在营业执照签发后30日内，通过综合管理系统，在线填报和提交《外商投资企业设立备案申报表》（以下简称《设立申报表》）及相关文件，办理设立备案手续。

由于并购、吸收合并等方式，非外商投资企业转变为外商投资企业，属于本办法规定的备案范围的，按照本条第一款办理设立备案手续，填报《设立申报表》。

第六条 属于本办法规定的备案范围的外商投资企业，发生以下变更事项的，应由外商投资企业指定的代表或委托的代理人在变更事项发生后30日内通过综合管理系统在线填报和提交《外商投资企业变更备案申报表》（以下简称《变更申报表》）及相关文件，办理变更备案手续：

（一）外商投资企业基本信息变更，包括名称、注册地址、企业类型、经营期限、投资行业、业务类型、经营范围、是否属于国家规定的进口设备减免税范围、注册资本、投资总额、组织机构构成、法定代表人、外商投资企业最终实际控制人信息、联系人及联系方式变更；

（二）外商投资企业投资者基本信息变更，包括姓名（名称）、国籍/地区或地址（注册地或注册地址）、证照类型及号码、认缴出资额、出资方式、出资期限、资金来源地、投资者类型变更；

（三）并购设立外商投资企业交易基本信息变更；

（四）股权（股份）、合作权益变更；

（五）合并、分立、终止；

（六）外资企业财产权益对外抵押转让；

（七）中外合作企业外国合作者先行回收投资；

（八）中外合作企业委托经营管理。

其中，合并、分立、减资等事项依照相关法律法规规定应当公告的，应当在办理变更备案时说明依法办理公告手续情况。

前述变更事项涉及最高权力机构作出决议的，以外商投资企业最高权力机构作出决议的时间为变更事项的发生时间；法律法规对外商投资企业变更事项的生效条件另有要求的，以满足相应要求的时间为变更事项的发生时间。

外商投资的上市公司及在全国中小企业股份转让系统挂牌的公司，可仅在外国投资者持股比例变化累计超过5%以及控股或相对控股地位发生变化时，就投资者基本信息或股份变更事项办理备案手续。

第七条　外国投资者战略投资非外商投资的上市公司，属于本办法规定的备案范围的，应于证券登记结算机构证券登记前或登记后30日内办理备案手续，填报《设立申报表》。

外商投资的上市公司引入新的外国投资者战略投资，属于备案范围的，应于证券登记结算机构证券登记前或登记后30日内办理变更备案手续，填报《变更申报表》。

备案完成后，如战略投资备案信息发生变更的，应于《证券法》及相关规定要求的信息披露义务人履行信息披露义务之日起5日内办理变更备案。

第八条　外商投资企业或其投资者办理外商投资企业设立或变更备案手续，需通过综合管理系统上传提交以下文件：

（一）外商投资企业名称预先核准材料或外商投资企业营业执照；

（二）外商投资企业全体投资者（或全体发起人）或其授权代表签署的《外商投资企业设立备案申报承诺书》，或外商投资企业法定代表人或其授权代表签署的《外商投资企业变更备案申报承诺书》；

（三）全体投资者（或全体发起人）或外商投资企业指定代表或者共同委托代理人的证明，包括授权委托书及被委托人的身份证明；

（四）外商投资企业投资者或法定代表人委托他人签署相关文件的证明，包括授权委托书及被委托人的身份证明（未委托他人签署相关文件的，无须提供）；

（五）投资者主体资格证明或自然人身份证明（变更事项不涉及投资者基本信息变更的，无须提供）；

（六）法定代表人自然人身份证明（变更事项不涉及法定代表人变更的，无须提供）；

（七）外商投资企业最终实际控制人股权架构图（变更事项不涉及外商投资企业最终实际控制人变更的，无须提供）；

（八）涉及外国投资者以符合规定的境外公司股权作为支付手段的，需提供获得境外公司股权的境内企业《企业境外投资证书》。

前述文件原件为外文的，应同时上传提交中文翻译件，外商投资企业或其投资者应确保中文翻译件内容与外文原件内容保持一致。

第九条　外商投资企业的投资者在营业执照签发前已提交备案信息的，如投资的实际情况发生变化，应在营业执照签发后 30 日内向备案机构就变化情况履行变更备案手续。

第十条　经审批设立的外商投资企业发生变更，且变更后的外商投资企业不涉及国家规定实施准入特别管理措施的，应办理备案手续；完成备案的，其《外商投资企业批准证书》同时失效。

第十一条　备案管理的外商投资企业发生的变更事项涉及国家规定实施准入特别管理措施的，应按照外商投资相关法律法规办理审批手续。

第十二条　外商投资企业或其投资者在线提交《设立申报表》或《变更申报表》及相关文件后，备案机构对填报信息形式上的完整性和准确性进行核对，并对申报事项是否属于备案范围进行甄别。属于本办法规定的备案范围的，备案机构应在 3 个工作日内完成备案。不属于备案范围的，备案机构应在 3 个工作日内在线通知外商投资企业或其投资者按有关规定办理，并通知相关部门依法处理。

备案机构发现外商投资企业或其投资者填报的信息形式上不完整、不准确，或需要其对经营范围做出进一步说明的，应一次性在线告知其在 15 个工作日内在线补充提交相关信息。提交补充信息的时间不计入备案机构的备案时限。如外商投资企业或其投资者未能在 15 个工作日内补齐相关信息，备案机构将在线告知外商投资企业或其投资者未完成备案。外商投资企业或其投资者可就同一设立或变更事项另行提出备案申请，已实施该设立或变更事项的，应于 5 个工作日内另行提出。

备案机构应通过综合管理系统发布备案结果，外商投资企业或其投资者可在综合管理系统中查询备案结果信息。

第十三条　备案完成后，外商投资企业或其投资者可凭外商投资企业名称预核准材料（复印件）或外商投资企业营业执照（复印件）向备案机构领取《外商投资企业设立备案回执》或《外商投资企业变更备案回执》（以下简称《备案回执》）。

第十四条　备案机构出具的《备案回执》载明如下内容：

（一）外商投资企业或其投资者已提交设立或变更备案申报材料，且符合形式要求；

（二）备案的外商投资企业设立或变更事项；

（三）该外商投资企业设立或变更事项属于备案范围；

（四）是否属于国家规定的进口设备减免税范围。

第三章　监督管理

第十五条　商务主管部门对外商投资企业及其投资者遵守本办法情

况实施监督检查。

商务主管部门可采取抽查、根据举报进行检查、根据有关部门或司法机关的建议和反映的情况进行检查，以及依职权启动检查等方式开展监督检查。

商务主管部门与公安、国有资产、海关、税务、工商、证券、外汇等有关行政管理部门应密切协同配合，加强信息共享。商务主管部门在监督检查的过程中发现外商投资企业或其投资者有不属于本部门管理职责的违法违规行为，应及时通报有关部门。

第十六条　商务主管部门应当按照公平规范的要求，根据外商投资企业的备案编号等随机抽取确定检查对象，随机选派检查人员，对外商投资企业及其投资者进行监督检查。抽查结果由商务主管部门通过商务部外商投资信息公示平台予以公示。

第十七条　公民、法人或其他组织发现外商投资企业或其投资者存在违反本办法的行为的，可以向商务主管部门举报。举报采取书面形式，有明确的被举报人，并提供相关事实和证据的，商务主管部门接到举报后应当进行必要的检查。

第十八条　其他有关部门或司法机关在履行其职责的过程中，发现外商投资企业或其投资者有违反本办法的行为的，可以向商务主管部门提出监督检查的建议，商务主管部门接到相关建议后应当及时进行检查。

第十九条　对于未按本办法的规定进行备案，或曾有备案不实、对监督检查不予配合、拒不履行商务主管部门做出的行政处罚决定记录的外商投资企业或其投资者，商务主管部门可依职权对其启动检查。

第二十条　商务主管部门对外商投资企业及其投资者进行监督检查的内容包括：

（一）是否按照本办法规定履行备案手续；

（二）外商投资企业或其投资者所填报的备案信息是否真实、准确、完整；

（三）是否在国家规定实施准入特别管理措施中所列的禁止投资领域开展投资经营活动；

（四）是否未经审批在国家规定实施准入特别管理措施中所列的限制投资领域开展投资经营活动；

（五）是否存在触发国家安全审查的情形；

（六）是否伪造、变造、出租、出借、转让《备案回执》；

（七）是否履行商务主管部门做出的行政处罚决定。

第二十一条　检查时，商务主管部门可以依法查阅或者要求被检查人提供有关材料，被检查人应当如实提供。

第二十二条　商务主管部门实施检查不得妨碍被检查人正常的生产经营活动，不得接受被检查人提供的财物或者服务，不得谋取其他非法利益。

第二十三条　商务主管部门和其他主管部门在监督检查中掌握的反映外商投资企业或其投资者诚信状况的信息，应记入商务部外商投资诚信档案系统。其中，对于未按本办法规定进行备案，备案不实，伪造、变造、出租、出借、转让《备案回执》，对监督检查不予配合或拒不履行商务主管部门做出的行政处罚决定的，商务主管部门应将相关诚信信息通过商务部外商投资信息公示平台予以公示。

商务部与相关部门共享外商投资企业及其投资者的诚信信息。

商务主管部门依据前二款公示或者共享的诚信信息不得含有外商投资企业或其投资者的个人隐私、商业秘密，或国家秘密。

第二十四条　外商投资企业及其投资者可以查询商务部外商投资诚信档案系统中的自身诚信信息，如认为有关信息记录不完整或者有错误的，可以提供相关证明材料并向商务主管部门申请修正。经核查属实的，予以修正。

对于违反本办法而产生的不诚信记录，在外商投资企业或其投资者改正违法行为、履行相关义务后3年内未再发生违反本办法行为的，商务主管部门应移除该不诚信记录。

第四章　法律责任

第二十五条　外商投资企业或其投资者违反本办法的规定，未能按期履行备案义务，或在进行备案时存在重大遗漏的，商务主管部门应责令限期改正；逾期不改正，或情节严重的，处3万元以下罚款。

外商投资企业或其投资者违反本办法的规定，逃避履行备案义务，在进行备案时隐瞒真实情况、提供误导性或虚假信息，或伪造、变造、出租、出借、转让《备案回执》的，商务主管部门应责令限期改正，并处3万元以下罚款。违反其他法律法规的，由有关部门追究相应法律责任。

第二十六条　外商投资企业或其投资者未经审批在国家规定实施准入特别管理措施所列的限制投资领域开展投资经营活动的，商务主管部门应责令限期改正，并处3万元以下罚款。违反其他法律法规的，由有关部门追究相应法律责任。

第二十七条　外商投资企业或其投资者在国家规定实施准入特别管理措施所列的禁止投资领域开展投资经营活动的，商务主管部门应责令限期改正，并处3万元以下罚款。违反其他法律法规的，由有关部门追究相应法律责任。

第二十八条　外商投资企业或其投资者逃避、拒绝或以其他方式阻挠商务主管部门监督检查的，由商务主管部门责令改正，可处1万元以下的罚款。

第二十九条　有关工作人员在备案或监督管理的过程中滥用职权、玩忽职守、徇私舞弊、索贿受贿的，依法给予行政处分；构成犯罪的，依法追究刑事责任。

第五章　附则

第三十条　本办法实施前商务主管部门已受理的外商投资企业设立及变更事项，未完成审批且属于备案范围的，审批程序终止，外商投资企业或其投资者应按照本办法办理备案手续。

第三十一条　外商投资事项涉及反垄断审查的，按相关规定办理。

第三十二条　外商投资事项涉及国家安全审查的，按相关规定办理。备案机构在办理备案手续或监督检查时认为该外商投资事项可能属于国家安全审查范围，而外商投资企业的投资者未向商务部提出国家安全审查申请的，备案机构应及时告知投资者向商务部提出安全审查申请，并暂停办理相关手续，同时将有关情况报商务部。

第三十三条　投资类外商投资企业（包括投资性公司、创业投资企业）视同外国投资者，适用本办法。

第三十四条　香港特别行政区、澳门特别行政区、台湾地区投资者投资不涉及国家规定实施准入特别管理措施的，参照本办法办理。

第三十五条　香港服务提供者在内地仅投资《〈内地与香港关于建立更紧密经贸关系的安排〉服务贸易协议》对香港开放的服务贸易领域，澳门服务提供者在内地仅投资《〈内地与澳门关于建立更紧密经贸关系的安排〉服务贸易协议》对澳门开放的服务贸易领域，其公司设立及变更的备案按照《港澳服务提供者在内地投资备案管理办法（试行）》办理。

第三十六条　商务部于本办法生效前发布的部门规章及相关文件与本办法不一致的，适用本办法。

第三十七条　自由贸易试验区、国家级经济技术开发区的相关机构依据本办法第三章和第四章，对本区域内的外商投资企业及其投资者遵守本办法情况实施监督检查。

第三十八条　本办法自公布之日起施行。《自由贸易试验区外商投资备案管理办法（试行）》（商务部公告 2015 年第 12 号）同时废止。

附录 5　国务院关于促进外资增长
若干措施的通知

国务院关于促进外资增长若干措施的通知

国发〔2017〕39 号

各省、自治区、直辖市人民政府，国务院各部委、各直属机构：

积极利用外资是我国对外开放战略的重要内容。当前经济全球化呈现新特点,我国利用外资面临新形势新任务。为深化供给侧结构性改革,推进简政放权、放管结合、优化服务改革,进一步提升我国外商投资环境法治化、国际化、便利化水平,促进外资增长,提高利用外资质量,现将有关事宜通知如下:

一 进一步减少外资准入限制

(一)全面实施准入前国民待遇加负面清单管理制度。尽快在全国推行自由贸易试验区试行过的外商投资负面清单,进一步增强投资环境的开放度、透明度、规范性。(国家发展改革委、商务部负责)

(二)进一步扩大市场准入对外开放范围。持续推进专用车和新能源汽车制造、船舶设计、支线和通用飞机维修、国际海上运输、铁路旅客运输、加油站、互联网上网服务营业场所、呼叫中心、演出经纪、银行业、证券业、保险业对外开放,明确对外开放时间表、路线图。(中央宣传部、中央网信办、国家发展改革委、工业和信息化部、交通运输部、商务部、文化部、人民银行、银监会、证监会、保监会、国家铁路局、中国民航局、中国铁路总公司按职责分工负责)

二 制定财税支持政策

(三)鼓励境外投资者持续扩大在华投资。对境外投资者从中国境内居民企业分配的利润直接投资于鼓励类投资项目,凡符合规定条件的,实行递延纳税政策,暂不征收预提所得税。(财政部、税务总局按职责分工负责)

(四)发挥外资对优化服务贸易结构的积极作用。将服务外包示范城市符合条件的技术先进型服务企业所得税优惠政策推广到全国,引导外资更多投向高技术、高附加值服务业。(财政部、商务部、税务总局等按职责分工负责)

(五)促进利用外资与对外投资相结合。对我国居民企业(包括跨

国公司地区总部）分回国内符合条件的境外所得，研究出台相关税收支持政策。（财政部、税务总局按职责分工负责）

（六）鼓励跨国公司在华投资设立地区总部。支持各地依法依规出台包括资金支持在内的吸引跨国公司地区总部的政策措施，积极参与全球产业格局调整。（各省级人民政府负责）

（七）促进外资向西部地区和东北老工业基地转移。充分发挥现有财政资金作用，积极支持西部地区及东北老工业基地的国家级开发区（含经济技术开发区、高新技术产业开发区、海关特殊监管区域等，下同）科技创新、生态环保、公共服务等领域建设，改善招商环境，提升引资质量，承接高水平制造业转移。（科技部、财政部、商务部、海关总署按职责分工负责）

（八）支持重点引资平台基础设施和重大项目建设。鼓励省级人民政府发行地方政府债券支持国家级开发区、边境经济合作区、跨境经济合作区基础设施建设。加快试点发展项目收益与融资自求平衡的地方政府专项债券品种，优先保障上述区域符合条件的重大项目融资需求。（科技部、财政部、商务部、海关总署、各省级人民政府按职责分工负责）

三　完善国家级开发区综合投资环境

（九）充分赋予国家级开发区投资管理权限。支持国家级开发区开展相对集中行政许可权改革试点。指导国家级开发区进一步推进简政放权、放管结合、优化服务改革，在营造外商投资优良环境等方面发挥示范引领作用。（中央编办、科技部、商务部、海关总署、国务院法制办按职责分工负责）

（十）支持国家级开发区项目落地。允许各地在符合经济社会发展规划、土地利用总体规划、城市总体规划的前提下，对国家级开发区利用外资项目所需建设用地指标予以优先保障，做到应保尽保。（科技部、国土资源部、住房城乡建设部、商务部、海关总署、各省级人民政府按职责分工负责）

（十一）支持国家级开发区拓展引资空间。对符合条件的国家级开发区，经国务院批准后允许调区、扩区，整合区位相邻、相近的开发区，建立飞地园区，对收储的低效用地，相应提供规划调整、简化审批等便利。（科技部、国土资源部、住房城乡建设部、商务部、海关总署、各地方人民政府按职责分工负责）

（十二）支持国家级开发区提升产业配套服务能力。在条件成熟的地区，引进生产服务型外资企业，试点开展高技术、高附加值项目境内外维修业务，促进加工贸易向全球产业链、价值链中高端延伸。（商务部、海关总署负责）

四　便利人才出入境

（十三）完善外国人才引进制度。在全国实施外国人来华工作许可制度，采用"告知＋承诺"、"容缺受理"等方式，为外国人才办理工作许可提供便利。2018年，制定出台外国人在中国工作管理条例，建立标准统一、程序规范的外国人才来华工作许可制度。（外交部、公安部、国务院法制办、国家外专局等按职责分工负责）

（十四）积极引进国际高端人才。2017年下半年，制定出台外国人才签证实施细则，完善外国人才评价标准，扩大发放范围；放宽外国人才签证有效期限，对符合条件的外国人，签发长期（5~10年）多次往返签证，并可凭该签证办理工作许可、申请工作类居留证件。制定出台外国人永久居留管理条例，明确外国人申请和取得永久居留资格的条件和程序。（外交部、公安部、国务院法制办、国家外专局等按职责分工负责）

五　优化营商环境

（十五）抓紧完善外资法律体系。加快统一内外资法律法规，制定新的外资基础性法律。清理涉及外资的法律、法规、规章和政策性文件，推动限期废止或修订与国家对外开放大方向和大原则不符的法律法规或条款。（有关部门和各省级人民政府按职责分工负责）

（十六）提升外商投资服务水平。完善中央及地方外商投资企业投诉机制，协调解决境外投资者反映的突出问题，加大对外商投资企业享有准入后国民待遇的保障力度，努力营造统一开放、竞争有序的市场环境。建立行政事业性收费和政府性基金、政府定价的涉企经营服务性收费等涉企收费目录清单制度。（国家发展改革委、财政部、商务部等有关部门、各省级人民政府按职责分工负责）

（十七）保障境外投资者利润自由汇出。对于境外投资者在境内依法取得的利润、股息等投资收益，可依法以人民币或外汇自由汇出。（人民银行、国家外汇局按职责分工负责）

（十八）深化外商投资企业管理信息共享和业务协同。积极推进"互联网＋政务服务"，进一步完善"双随机、一公开"监管机制，构建高效便捷的外商投资事中事后监管与服务体系。加大商务部门与工商、海关、质检、外汇等部门之间信息管理系统的互联互通力度，实现外商投资企业从设立到运营的有关信息跨层级、跨部门共享。试点外商投资企业商务备案与工商登记"单一窗口、单一表格"受理新模式。（商务部、海关总署、工商总局、质检总局、国家外汇局等有关部门负责，各地方人民政府按职责分工负责）

（十九）鼓励外资参与国内企业优化重组。简化程序，放宽限制，支持境外投资者以并购方式设立外商投资企业。支持国内企业多渠道引进国际先进技术、管理经验和营销渠道。鼓励外资参与国有企业混合所有制改革。（国家发展改革委、商务部、国务院国资委按职责分工负责）

（二十）完善外商投资企业知识产权保护。针对网络侵权盗版、侵犯专利权、侵犯商标专用权等知识产权问题开展集中整治，强化司法保护和行政执法，加大对侵权违法行为的惩治力度。（全国打击侵权假冒工作领导小组办公室、工商总局、新闻出版广电总局、国家知识产权局等按职责分工负责）

（二十一）提升研发环境国际竞争力。为研发中心运营创造便利条件，依法简化具备条件的研发中心研发用样本样品、试剂等进口手续，促进外资研发投入。（海关总署、质检总局等按职责分工负责）

（二十二）保持外资政策稳定性连续性。地方各级人民政府要严格兑现向投资者及外商投资企业依法做出的政策承诺，认真履行在招商引资等活动中依法签订的各类合同。（各省级人民政府负责）

各地区、各部门要高度重视新形势下利用外资工作，按照职责分工，主动作为，密切配合。商务部要会同有关部门加强督促检查，确保各项措施落到实处，不断提升我国引资新优势，促进利用外资实现稳定增长。

国务院

2017 年 8 月 8 日

附录 6 国务院关于扩大对外开放积极利用外资若干措施的通知

国务院关于扩大对外开放积极利用外资若干措施的通知

国发〔2017〕5 号

各省、自治区、直辖市人民政府，国务院各部委、各直属机构：

利用外资是我国对外开放基本国策和开放型经济体制的重要组成部分，在经济发展和深化改革进程中发挥了积极作用。当前，全球跨国投资和产业转移呈现新趋势，我国经济深度融入世界经济，经济发展进入新常态，利用外资面临新形势新任务。为深入贯彻落实《中共中央国务院关于构建开放型经济新体制的若干意见》，进一步积极利用外资，营造优良营商环境，继续深化简政放权、放管结合、优化服务改革，降低制度性交易成本，实现互利共赢，现将有关事宜通知如下：

一 进一步扩大对外开放

（一）以开放发展理念为指导，推动新一轮高水平对外开放。修订

《外商投资产业指导目录》及相关政策法规，放宽服务业、制造业、采矿业等领域外资准入限制。支持外资参与创新驱动发展战略实施、制造业转型升级和海外人才在华创业发展。（国家发展改革委、商务部牵头）

（二）服务业重点放宽银行类金融机构、证券公司、证券投资基金管理公司、期货公司、保险机构、保险中介机构外资准入限制，放开会计审计、建筑设计、评级服务等领域外资准入限制，推进电信、互联网、文化、教育、交通运输等领域有序开放。（国家发展改革委、商务部牵头，教育部、工业和信息化部、财政部、人力资源社会保障部、住房城乡建设部、交通运输部、文化部、人民银行、新闻出版广电总局、国家网信办、银监会、证监会、保监会等按职责分工负责）

（三）制造业重点取消轨道交通设备制造、摩托车制造、燃料乙醇生产、油脂加工等领域外资准入限制。采矿业放宽油页岩、油砂、页岩气等非常规油气以及矿产资源领域外资准入限制。石油、天然气领域对外合作项目由审批制改为备案制。（国家发展改革委、商务部牵头，工业和信息化部、国土资源部、国家粮食局、国家能源局等按职责分工负责）

（四）外商投资企业和内资企业同等适用"中国制造2025"战略政策措施。鼓励外商投资高端制造、智能制造、绿色制造等，以及工业设计和创意、工程咨询、现代物流、检验检测认证等生产性服务业，改造提升传统产业。（国家发展改革委、工业和信息化部、商务部、质检总局等按职责分工负责）

（五）支持外资依法依规以特许经营方式参与基础设施建设，包括能源、交通、水利、环保、市政公用工程等。相关支持政策同等适用于外资特许经营项目建设运营。（国家发展改革委、财政部、住房城乡建设部、交通运输部、水利部、人民银行等按职责分工负责）

（六）支持内外资企业、科研机构开展研发合作。支持外商投资企业建设研发中心、企业技术中心，申报设立博士后科研工作站。根据对等原则，允许外商投资企业参与承担国家科技计划项目。外商投资企业同等适用研发费用加计扣除、高新技术企业、研发中心等优惠政策。（国家发展改革委、科技部、财政部、人力资源社会保障部、商务部、税务总局等按职责分工负责）

（七）支持海外高层次人才在华创业发展。对持有外国人永久居留证的外籍高层次人才创办科技型企业，给予中国籍公民同等待遇。对外籍高层次人才及其外籍配偶、子女申请办理多次签证或者居留证件的，依法依规提供便利。（科技部、公安部、人力资源社会保障部、国家外专局等按职责分工负责）

二 进一步创造公平竞争环境

（八）各部门制定外资政策，要按照《国务院关于在市场体系建设中建立公平竞争审查制度的意见》（国发〔2016〕34号）规定进行公平竞争审查，原则上应公开征求意见，重要事项要报请国务院批准。各地区各部门要严格贯彻执行国家政策法规，确保政策法规执行的一致性，不得擅自增加对外商投资企业的限制。（各省、自治区、直辖市人民政府和国务院部门按职责分工负责）

（九）除法律法规有明确规定或确需境外投资者提供信息外，有关部门要按照内外资企业统一标准、统一时限的原则，审核外商投资企业业务牌照和资质申请，促进内外资企业一视同仁、公平竞争。（各省、自治区、直辖市人民政府和国务院有关部门按职责分工负责）

（十）促进内外资企业公平参与我国标准化工作。进一步深化标准化工作改革，提高标准制修订的透明度和开放度。推进标准制修订全过程信息公开，强化标准制修订过程中的信息共享和社会监督。（国家标准委牵头）

（十一）深化政府采购改革，坚持公开透明、公平竞争原则，依法依规对外商投资企业在我国境内生产的产品一视同仁、平等对待，促进内外资企业公平参与政府采购招投标。（财政部牵头）

（十二）依法依规严格保护外商投资企业知识产权。健全知识产权执法机制，加强知识产权执法、维权援助和仲裁调解工作。加强知识产权对外合作机制建设，推动相关国际组织在我国设立知识产权仲裁和调解分中心。（商务部、工商总局、国家知识产权局、国家版权局等按职责分工负责）

（十三）支持外商投资企业拓宽融资渠道。外商投资企业可以依法依规在主板、中小企业板、创业板上市，在新三板挂牌，以及发行企业债券、公司债券、可转换债券和运用非金融企业债务融资工具进行融资。（国家发展改革委、商务部、人民银行、证监会等按职责分工负责）

（十四）深化外商投资企业注册资本制度改革。除法律、行政法规另有规定外，取消外商投资公司的最低注册资本要求，落实内外资企业统一的注册资本制度。（国家发展改革委、商务部、工商总局等按职责分工负责）

三　进一步加强吸引外资工作

（十五）各地区要按照创新、协调、绿色、开放、共享的发展理念，结合地方实际，积极开展投资促进活动。允许地方政府在法定权限范围内制定出台招商引资优惠政策，支持对就业、经济发展、技术创新贡献大的项目，降低企业投资和运营成本，依法保护外商投资企业及其投资者权益，营造良好的投资环境。（各省、自治区、直辖市人民政府按职责分工负责）

（十六）支持中西部地区、东北地区承接外资产业转移。修订《中西部地区外商投资优势产业目录》，扩大中西部地区、东北地区鼓励外商投资产业范围。对符合条件的西部地区鼓励类产业外商投资企业实行企业所得税优惠政策。向中西部地区、东北地区转移的外商投资企业享受国家支持产业转移与加工贸易的资金、土地等优惠政策。对东部地区外商投资企业转移到中西部地区、东北地区的，人力资源社会保障部门要依申请及时办理社会保险异地转移接续。（国家发展改革委、商务部牵头，工业和信息化部、财政部、人力资源社会保障部、国土资源部、税务总局等按职责分工负责）

（十七）支持外商投资项目用地。外商投资企业与内资企业同等适用相关用地政策。继续对集约用地的鼓励类外商投资工业项目优先供应土地，在确定土地出让底价时可按不低于所在地土地等别相对应全国工业用地出让最低价标准的70%执行。（国土资源部牵头）

（十八）推进外资跨国公司本外币资金集中运营管理改革。积极吸引跨国公司在我国设立地区总部和采购中心、结算中心等功能性机构，允许外资跨国公司开展本外币资金集中运营，促进资金双向流动，提高资金使用效率和投资便利化水平。（人民银行、国家外汇局等按职责分工负责）

（十九）完善外商投资企业外债管理制度。统一内外资企业外债管理，改进企业外汇管理，提高外商投资企业境外融资能力和便利度。（国家发展改革委、商务部、人民银行、国家外汇局等按职责分工负责）

（二十）深化外商投资管理体制改革。推进对外商投资全面实施准入前国民待遇加负面清单管理模式，简化外商投资项目管理程序和外商投资企业设立、变更管理程序。推进审批环节并联办理，缩短海关登记、申领发票等环节办理时间。加大电子政务建设力度，推行一口受理、限时办结、进度可查询，提升外商投资管理信息化水平。推进自由贸易试验区建设，在更大范围推广复制经验。（国家发展改革委、商务部、海关总署、税务总局、工商总局等按职责分工负责）

各地区、各部门要充分认识新形势下做好利用外资工作的重要意义，高度重视，主动作为，强化责任，密切协作，国家发展改革委、商务部要会同有关部门加强督促检查，确保各项政策措施落到实处。结合各项政策措施实施，大力创造更加开放、便利、透明的营商环境，积极吸引外商投资以及先进技术和管理经验，稳定外商投资规模和速度，提高利用外资水平和质量，着力推动新一轮高水平对外开放，以开放促改革、促发展。

国务院

2017 年 1 月 12 日

附录7　国务院关于加强政务
诚信建设的指导意见

国务院关于加强政务诚信建设的指导意见

国发〔2016〕76 号

各省、自治区、直辖市人民政府，国务院各部委、各直属机构：

为加强政务诚信建设，充分发挥政府在社会信用体系建设中的表率作用，进一步提升政府公信力，推进国家治理体系和治理能力现代化，现提出以下意见。

一　重要意义

加强政务诚信建设，是落实"四个全面"战略布局的关键环节，是深化简政放权、放管结合、优化服务改革和加快转变政府职能、提高政府效能的必然要求，是社会信用体系建设的重要组成部分，对于进一步提升政府公信力、引领其他领域信用建设、弘扬诚信文化、培育诚信社会具有重要而紧迫的现实意义。深入开展政务诚信建设，有利于建立健全以信用为核心的新型市场监管机制，推进供给侧结构性改革，有利于建立一支守法守信、高效廉洁的公务员队伍，树立政府公开、公正、诚信、清廉的良好形象，有利于营造风清气正的社会风气，培育良好经济社会发展环境。

二　总体要求

（一）指导思想。全面贯彻落实党的十八大和十八届三中、四中、五中、六中全会精神，深入贯彻习近平总书记系列重要讲话精神，按照党中央、国务院决策部署，将坚持依法行政、阳光行政和加强监督作为推进政务诚信建设的重要手段，将建立政务领域失信记录和实施失信惩戒措施作为推进政务诚信建设的主要方面，将危害群众利益、损害市场公平交易等政务失信行为作为治理重点，循序渐进，不断提升公务员诚信履职意识和各级人民政府诚信行政水平。

（二）基本原则。

一是坚持依法行政。各级人民政府和公务员要始终坚持依法治国、依法行政，切实履行法定职责必须为、法无授权不可为的要求。健全依法决策机制，将公众参与、专家论证、风险评估、合法性审查、合规性审核、集体讨论决定等作为重大决策的必经程序。要按照权力和责任清单制度要求，切实做到依法决策、依法执行和依法监督。

二是坚持政务公开。推进阳光行政，坚持"以公开为常态，不公开为例外"原则，在保护国家信息安全、国家秘密、商业秘密和个人隐私的前提下，通过各地区各部门政府网站、政务微博微信、政务客户端等途径依法公开政务信息，加快推进决策、执行、管理、服务和结果全过程公开，让权力在阳光下运行。制定法律法规、规章和规范性文件要广泛征求社会意见。严格依法依规开展招商引资、政府采购、招标投标等工作，充分体现公开、公平、公正。

三是坚持勤政高效。进一步优化行政流程，继续清理、削减和调整行政审批事项，推行网上服务、并联服务和服务质量公开承诺等措施，不断提高行政效率和水平。

四是坚持守信践诺。将公平正义作为政务诚信的基本准则，在行政管理和公共服务的各领域贯彻公平正义原则。各级人民政府和公务员要清正廉洁，恪尽职守，敢于担当。要建立健全守信践诺机制，准确记录并客观评价各级人民政府和公务员对职权范围内行政事项以及行政服务质量承诺、期限承诺和保障承诺的履行情况。各级人民政府在债务融资、政府采购、招标投标等市场交易领域应诚实守信，严格履行各项约定义务，为全社会做出表率。

五是坚持失信惩戒。加大对各级人民政府和公务员失信行为的惩处和曝光力度，追究责任，惩戒到人。对社会关注度高、人民群众反映强烈的政务失信易发多发领域进行重点治理。建立健全各级人民政府和公务员政务失信记录机制。加强社会各方对政务诚信的评价监督，形成多方监督的信用约束体系。对公务员在行政过程中懒政怠政，不遵守法律法规和相关制度，以权谋私、失职渎职等行为，特别是严重危害群众利益、有失公平公正、交易违约等行为，要加大查处力度，营造既"亲"又"清"的新型政商关系。

三　探索构建广泛有效的政务诚信监督体系

（一）建立政务诚信专项督导机制。上级人民政府要定期对下级人民政府进行政务诚信监督检查，实施政务诚信考核评价，考评结果作为对下级人民政府绩效考核的重要参考。

（二）建立横向政务诚信监督机制。各级人民政府要依法接受同级人大及其常委会的监督，接受人民政协的民主监督，将办理和落实人大代表建议、政协委员提案的情况作为政务诚信建设的重要考量因素。

（三）建立社会监督和第三方机构评估机制。发挥社会舆论监督作用，畅通民意诉求渠道，对政务失信行为进行投诉举报。实施区域政务诚信大数据监测预警。支持信用服务机构、高校及科研院所等第三方机构对各地区各部门开展政务诚信评价评级并及时公布结果，加强社会监督。

四　建立健全政务信用管理体系

（一）加强公务员诚信教育。以社会主义核心价值观为引领，深入开展公务员诚信、守法和道德教育，编制公务员诚信手册，将信用建设纳入公务员培训和领导干部进修课程，加强公务员信用知识学习，提升公务员信用意识。

（二）建立健全政务失信记录。将各级人民政府和公务员在履职过程中，因违法违规、失信违约被司法判决、行政处罚、纪律处分、问责处理等信息纳入政务失信记录。由各级社会信用体系建设牵头部门负责政务失信记录的采集和公开，将有关记录逐级归集至全国信用信息共享平台和各地方信用信息共享平台。同时，依托"信用中国"网站等依法依规逐步公开各级人民政府和公务员政务失信记录。

（三）健全守信激励与失信惩戒机制。各级人民政府存在政务失信记录的，要根据失信行为对经济社会发展造成的损失情况和社会影响程度，对具体失信情况书面说明原因并限期加以整改，依规取消相关政府部门参加各类荣誉评选资格，予以公开通报批评，对造成政务失信行为的主要负责人依法依规追究责任。社会信用体系建设部际联席会议有关成员单位联合开展区域政务诚信状况评价，在改革试点、项目投资、社会管理等政策领域和绩效考核中应用政务诚信评价结果。对存在政务失信记录的公务员，按照相关规定采取限制评优评先等处理措施。

（四）健全信用权益保护和信用修复机制。完善政务信用信息保护机制，按照法律法规规定采集各级人民政府和公务员政务失信记录。建立健全信用信息异议、投诉制度，探索扩展公务员失信记录信用修复渠道和方式。建立自我纠错、主动自新的关爱机制，公务员在政务失信行为发生后主动挽回损失、消除不良影响或者有效阻止危害结果发生的，可从轻或免于实施失信惩戒措施。

五 加强重点领域政务诚信建设

（一）加强政府采购领域政务诚信建设。完善政府采购诚信体系，建立政府采购方面的政务诚信责任制，加强对采购人在项目履约验收环节信用情况的监督，依法处理采购人及有关责任人在政府采购活动中的违法违规失信行为。完善政府采购管理交易系统，提高政府采购活动透明度。

（二）加强政府和社会资本合作领域政务诚信建设。强化政府有关部门责任，建立政府和社会资本合作失信违约记录。明确政府和社会资本合作项目政府方责任人及其在项目筹备、招标投标、政府采购、融资、实施等阶段的诚信职责，建立项目责任回溯机制，将项目守信履约情况与实施成效纳入项目政府方责任人信用记录。

（三）加强招标投标领域政务诚信建设。建立招标投标信用评价指标和评价标准体系，探索推广和应用第三方信用报告制度。健全招标投标信用信息公开和共享制度，提高政务信息透明度，及时向社会公开各级人民政府掌握的有关招标代理机构资质信息、信用信息及动态监管信息等。

（四）加强招商引资领域政务诚信建设。完善招商引资地方性法规规章等，严格依法依规出台优惠政策，避免恶性竞争。规范地方人民政府招商引资行为，认真履行依法做出的政策承诺和签订的各类合同、协议，不得以政府换届、相关责任人更替等理由毁约。因国家利益、公共利益或其他法定事由需要改变政府承诺和合同约定的，要严格依照法定权限和程序进行，并对相关企业和投资人的财产损失依法予以补偿。

（五）加强地方政府债务领域政务诚信建设。建立地方人民政府信用评级制度，促进政府举债依法依规、规模适度、风险可控和程序透明。强化地方政府债务预算约束，健全地方政府债务监管体系，建立地方政府债务风险评估和预警机制、应急处置机制以及责任追究机制。

（六）加强街道和乡镇政务诚信建设。建立街道和乡镇公开承诺制度，加大街道和乡镇政务、财务等公开力度，确保就业、物业、就学、计生、养老、助残、扶贫、医保、住房、出行、停车、防火防盗、拥军优属、便民服务等公共服务和优惠政策有效落实到社会公众，并将各项工作守信践诺情况纳入街道和乡镇绩效考核体系。鼓励有条件的地区开展诚信街道和诚信乡镇创建活动。

六　健全保障措施

（一）加强组织领导和工作协调。各地区各部门要切实加强对政务诚信建设工作的组织领导，按照职责分工，研究出台工作方案和实施办法，做好本地区本部门政务诚信建设工作。充分发挥社会信用体系建设部际联席会议作用，协调解决政务诚信建设中的重大问题，研究确定并推进政务诚信建设的各项措施，加强各地区各部门协作配合。

（二）加快法规制度建设。逐步建立和完善政务诚信建设法规规范。鼓励有条件的地方出台政务诚信建设地方性法规。加快推进政务诚信管理制度建设，加强政务公开、行政审批制度改革、政府守信践诺机制、公务员诚信、政务诚信评价办法等制度建设。

各地区各部门要加强领导，高度重视，狠抓落实，以政务诚信引领社会诚信，结合实际切实有效开展相关工作。国家发展改革委会同有关部门负责对本意见落实工作的统筹协调、跟踪了解、督促检查，确保各项工作平稳有序推进。

国务院

2016 年 12 月 22 日

图书在版编目（CIP）数据

发展更高层次的开放型经济 / 张焕波著. －－北京：
社会科学文献出版社，2017.12
ISBN 978 - 7 - 5201 - 1886 - 6

Ⅰ.①发…　Ⅱ.①张…　Ⅲ.①中国经济 - 开放经济 -
研究　Ⅳ.①F125

中国版本图书馆 CIP 数据核字（2017）第 290918 号

发展更高层次的开放型经济

著　　者 / 张焕波

出 版 人 / 谢寿光
项目统筹 / 邓泳红　吴　敏
责任编辑 / 吴　敏　吴云苓

出　　版 / 社会科学文献出版社·皮书出版分社（010）59367127
　　　　　地址：北京市北三环中路甲29号院华龙大厦　邮编：100029
　　　　　网址：www. ssap. com. cn
发　　行 / 市场营销中心（010）59367081　59367018
印　　装 / 北京季蜂印刷有限公司

规　　格 / 开 本：787mm × 1092mm　1/16
　　　　　印 张：18　字 数：260 千字
版　　次 / 2017 年 12 月第 1 版　2017 年 12 月第 1 次印刷
书　　号 / ISBN 978 - 7 - 5201 - 1886 - 6
定　　价 / 79.00 元